|光明社科文库|

澳大利亚联邦财政分权研究

胡玉桃◎著

光明日报出版社

图书在版编目（CIP）数据

澳大利亚联邦财政分权研究 / 胡玉桃著. -- 北京：光明日报出版社，2019.12

（光明社科文库）

ISBN 978-7-5194-4989-6

Ⅰ.①澳… Ⅱ.①胡… Ⅲ.①财政分散制—研究—澳大利亚 Ⅳ.①F816.111

中国版本图书馆 CIP 数据核字（2019）第 114083 号

澳大利亚联邦财政分权研究
AODALIYA LIANBANG CAIZHENG FENQUAN YANJIU

著　　者：胡玉桃

责任编辑：史　宁　　　　　　　　责任校对：张晓庆

封面设计：中联学林　　　　　　　责任印制：曹　净

出版发行：光明日报出版社

地　　址：北京市西城区永安路 106 号，100050

电　　话：010-63139890（咨询），010-63131930（邮购）

传　　真：010-63131930

网　　址：http://book.gmw.cn

E - mail：shining@gmw.cn

法律顾问：北京德恒律师事务所龚柳方律师

印　　刷：三河市华东印刷有限公司

装　　订：三河市华东印刷有限公司

本书如有破损、缺页、装订错误，请与本社联系调换，电话：010-63131930

开　　本：170mm×240mm

字　　数：198 千字　　　　　　　印　　张：15

版　　次：2020 年 1 月第 1 版　　　印　　次：2020 年 1 月第 1 次印刷

书　　号：ISBN 978-7-5194-4989-6

定　　价：93.00 元

版权所有　　翻印必究

前　言

财政分权在宪法学研究中具有重要地位，我国的中央与地方财政分权问题也一直不乏关注并且亟待解决。关于财政分权的比较研究可以提供思路和途径方面的参考。澳大利亚存在与我国类似的纵向财政失衡问题，面对联邦财政权力的不断扩张，联邦与州尝试多种途径保障州的财政独立。理论上存在关于收入来源与开支责任分配的最优安排，但实践中难以达到平衡。从一般静态理论到具体动态实践的转化过程，受到各种因素及其相互间作用的影响。这些影响因素主要是联邦与州财政分权的立法规范、高等法院对涉及财政分权条款的解释和政治制度的运作。

财政分权的经典理论阐述了关于财权划分、事权划分和财力配置的基本制度安排。制宪会议对消费税转移、联邦盈余分配、州债分担等问题辩论激烈，体现出集权主义与分权主义、殖民地之间、保守主义与自由主义、联邦制与议会主权及责任内阁等各种力量的博弈，影响联邦宪法中的财政分权规定和其后的财政分权发展。宪法中的联邦主义与分权制衡是联邦与州财政关系演变制度的文化背景。

联邦财政的主导地位，主要体现和影响为联邦与州各自收入与开支责任不平衡、联邦对州财政的过度控制削弱州的责任与独立、联邦利用开支权介入其宪法管辖权之外的领域。联邦与州试图通过拨款和税收分享等措施增加州的收入并分担州的开支责任，以及建立政府间协商机制以改善联邦与州的财政关系。

立法规范是联邦与州财政分权的文本基础。联邦宪法中关于财政收入和支出的条款、商品与服务税法、联邦财政关系法及联邦财政关系政府间协议、调整借贷关系的财政协议等构成主要阶段财政分权的规则来源。高等法院的宪法解释路径和在一系列案件中的裁决，深刻影响着联邦与州财政分权的状态。通过对盈余分配、征税和消费税的含义、拨款的目的与条件、联邦开支权的解释，扩张联邦的财政权力。参议院对州利益的代表性式微，参议院执行审查职能促使政府负责。责任内阁制要求行政对处于支配地位的众议院负责，而联邦制要求与众议院几乎同等权力的参议院保护州权。政党制度影响联邦制的运作，从而也影响着联邦与州之间的财政关系。

规则、司法和政治因素之间也是相互作用的。澳大利亚近年的预算文件、联邦改革白皮书及相关报告，阐述了关于收入分享与责任分担的新安排。基于之前关于影响因素的分析，我国可以通过完善立法等措施，明确中央与地方的收入来源与支出责任，建立中央与地方协议合作的法治机制，保障地方利益的表达，重视运用司法手段调节中央与地方财政关系，统筹安排积极推进相关配套制度改革等途径，改善中央与地方的财政关系。

目 录
CONTENTS

导 论 ··· 1
 一、选题背景 ··· 1
 二、文献综述 ··· 4
 三、创新之处 ·· 16
 四、篇章结构 ·· 17

第一章　背景介绍:财政分权经典理论与澳大利亚联邦宪法 ······· 19
 第一节　关于财政分权的经典理论 ·· 19
  一、分权的优势与条件 ·· 20
  二、财政联邦制度的基本安排 ·· 24
 第二节　澳大利亚联邦制宪历史 ··· 35
  一、殖民地自治运动与联邦运动 ··· 35
  二、制宪会议辩论的主要问题 ·· 38
  三、不同力量的冲突 ··· 44
 第三节　宪法中的联邦主义与分权制衡 ·································· 49

一、宪法中的联邦主义 ································· 50
二、宪法中的分权制衡 ································· 51

第二章 历史变迁:联邦财政权力的扩张与州财政独立的保障 ············ 54
第一节 联邦财政主导地位的形成与巩固 ················ 54
一、纵向财政失衡:联邦与州各自收入与开支责任不平衡 ····· 56
二、联邦对州财政的过度控制削弱州的责任与独立 ·········· 59
三、联邦利用开支权介入其宪法管辖权之外的领域 ·········· 65
第二节 改善州财政地位的措施与成效 ················· 67
一、联邦统一征收所得税后对州进行税收偿还拨款 ········· 67
二、州寻求开发税收资源但成效甚微 ···················· 68
三、1970年代联邦显著增加对州的拨款和接管州债 ········ 70
四、新联邦主义政策 ·································· 71
五、联邦分担州的支出责任 ···························· 75
第三节 从一般理论到具体实践:影响因素分析 ··········· 76

第三章 立法规范:联邦与州财政分权的文本基础 ············ 78
第一节 联邦与州的立法分权和议会两院权力配置 ········· 78
一、联邦与州的立法分权 ······························ 78
二、议会两院的权力配置 ······························ 80
第二节 收入来源与支出职能的宪法配置 ················ 83
一、财政框架 ······································· 84
二、收入来源 ······································· 86
三、支出职能 ······································· 91
第三节 联邦与州财政关系的立法规范 ·················· 92

一、1999年《新税收制度(商品与服务税)法》 ………………… 93
　　二、1999年《新税收制度(联邦与州财政协定)法》 …………… 94
　　三、2009年《联邦财政关系法》 ……………………………………… 95
　第四节　政府间协议及协商机制 ……………………………………… 96
　　一、政府间协议作为调整政府间财政关系的方式 ………………… 97
　　二、1927年财政协议：关于借贷 …………………………………… 99
　　三、2009年《联邦财政关系政府间协议》 ………………………… 100
　　四、政府间协商机制 …………………………………………………… 102

第四章　宪法解释：联邦与州财政分权的司法塑造 …………… 106
　第一节　司法在联邦体系中的地位与作用机制 …………………… 106
　　一、司法作为纵向权力划分争议的裁决者 ………………………… 107
　　二、司法调节纵向权力关系的机制 …………………………………… 108
　第二节　澳大利亚法院的司法审查权与宪法解释路径 …………… 109
　　一、澳大利亚法院的司法审查权 …………………………………… 109
　　二、高等法院关于宪法解释的路径 …………………………………… 113
　第三节　高等法院宪法解释对联邦权力的扩张 …………………… 115
　　一、工程师案——开启 ………………………………………………… 116
　　二、联邦权力扩张的主要体现 ………………………………………… 117
　第四节　高等法院宪法解释对联邦财政权力的扩张 ……………… 119
　　一、盈余分配 …………………………………………………………… 119
　　二、"征税"：法律运作还是实际影响 ……………………………… 121
　　三、"消费税"：广义还是狭义 ……………………………………… 123
　　四、联邦对州财政资助的目的与条件 ……………………………… 127
　　五、开支权 ……………………………………………………………… 136

第五节　高等法院支持联邦权力扩张的可能理由 …………… 154
　　一、法律解释的路径 ………………………………………… 155
　　二、国家发展的政治需要 …………………………………… 155
　　三、遵循先例与判决一致性 ………………………………… 157
　　四、高等法院法官的组成来源 ……………………………… 157

第五章　政治运行：联邦与州财政关系的动态实践 ………… 159
第一节　参议院的职能：是否作为州利益的代表 …………… 160
　　一、代表州的利益 …………………………………………… 161
　　二、执行审查职能 …………………………………………… 163
第二节　责任内阁制与联邦制之间的张力 …………………… 165
　　一、责任内阁制要求行政对处于支配地位的众议院负责 … 166
　　二、联邦制要求与众议院几乎同等权力的参议院保护州权 … 171
第三节　政党制度对纵向政府间关系的影响 ………………… 176
　　一、政党制度通过议会和内阁影响政府纵向权力配置 …… 177
　　二、不同的政党立场影响财政政策及分权状态 …………… 180

第六章　余　论 …………………………………………………… 182
第一节　规则、司法及政治因素之间的相互作用 …………… 182
　　一、联邦平衡背景下的政治博弈 …………………………… 183
　　二、司法与立法因素之间的相互作用 ……………………… 184
第二节　收入分享与责任分担的安排 ………………………… 186
　　一、收入分享安排 …………………………………………… 187
　　二、责任分担安排 …………………………………………… 188
　　三、具体措施 ………………………………………………… 192

第三节　近年关于联邦与州财政分权的改革计划 193
一、2017—2018 年预算文件 193
二、联邦改革白皮书 194
三、《迈向责任政府》——国家审计委员会报告 195

第四节　对我国中央与地方财政分权的启示 196
一、分税制改革与地方财政分权实践 196
二、当前我国财政分权体制存在的法制问题 198
三、完善中央与地方财政关系的法治思考 201

参考文献 209

致　谢 227

导　论

一、选题背景

（一）我国财政分权存在的问题需要解决

"财政宪法为联邦国家结构之核心问题，中央与地方均权之国家亦然。财政宪法用以确保公共事务之不同主体的活动基础，并作为全部经济社会公务之张本。"[①] 财政立宪是宪政的源头，提供公共产品和保护财产权是宪政国家的主要职能，财政收支的合法性、范围和限度是影响政治国家与市民社会关系的关键所在，财政分权的设置也是宪政体制运行的重要保障。[②] 我国

[①] 葛克昌. 税法基本问题——财政宪法篇 [M]. 台北：元照出版有限公司，2005：81.
[②] 李龙，朱孔武. 财政立宪主义论纲 [J]. 法学家，2003（6）：98.

中央与地方的财政分权在国家治理层面和学界研究层面一直都是重要议题。①1994年分税制的目的是提高"两个比重"——全国财政收入占GDP的比重和中央财政收入占全国财政的比重。分税制的实施确实促进了中央和地方财政收入的持续快速增长，但仍然存在不少问题，如分税制没有解决税制不平等问题、按税种划分收入不利于产业结构调整和优化、各地财政收入仍然存在严重不均衡现象，还需要在诸多方面实现财政领域的中央与地方关系法治化。②

近年来，"土地财政"已成为我国经济运行的一个突出问题。地方政府通过各种土地经营手段获得土地出让金、土地税费以及利用土地进行投融资变相举债。"土地财政"问题亟待解决，而这一发展模式与中央和地方之间的财政关系密切相关。首先，分税制实施后原先作为地方财政收入主要来源的地方企业收入将大部分属于中央政府，地方政府陷入财政困境。其次，分税制实施后地方政府的财政收入增长方式发生明显转变，由依靠企业税收变成依靠其他税收尤其是营业税，而建筑业是营业税的第一大户，加上2002年中央进一步实行所得税分享改革，使地方对营业税的倚重进一步加强，因此

---

① 2013年11月中共十八届三中全会会议公报提出财政是国家治理的基础和重要支柱，应完善立法、改进预算管理制度、完善税收制度、建立事权和支出责任相适应的制度。2014年10月中共十八届四中全会通过《中共中央关于全面推进依法治国若干重大问题的决定》，提出制定和完善财政税收方面法律法规，推进各级政府事权规范化、法律化，完善不同层级政府特别是中央和地方政府事权法律制度。2014年8月31日通过《全国人民代表大会常务委员会关于修改＜中华人民共和国预算法＞的决定》，涉及政府预算、分税与转移支付制度及地方举债等问题。有"经济宪法"之称的《预算法》历经漫长的修订过程，也反映了财政分权问题的复杂性与加强研究的必要性。2015年10月中共十八届五中全会会议公报提出建立健全现代财政制度、税收制度。2017年10月党的十九大报告提出"加快建立现代财政制度，建立权责清晰、财力协调、区域均衡的中央和地方财政关系。建立全面规范透明、标准科学、约束有力的预算制度，全面实施绩效管理。深化税收制度改革，健全地方税体系。"

② 张千帆.中央与地方财政分权——中国经验、问题与出路[J].政法论坛，2011(5) 97-98.

地方政府将筹集税收收入的主要精力放于发展建筑业。最后，对于非预算资金一直没有妥善的管理办法，而非预算资金的主体是农业中的提留统筹及与土地开发相关的土地出让收入，这为地方政府以土地敛财留出了制度外的空间。① 如何合理配置中央与地方的财权与事权，并使中央对地方的转移支付制度更为规范和有效，保障在中央宏观经济调控之下地方财政收入足以支撑其履行开支职能，是解决"土地财政"及中央与地方财政关系中其他诸多问题的关键所在。

（二）为什么研究澳大利亚的财政联邦制度

1. 澳大利亚财政联邦制度在其宪政制度中的重要性

澳大利亚宪法制度沿袭英国宪法的议会民主理念与责任内阁制度，同时又借鉴美国联邦制政府的理念并采用美国宪法的部分结构和内容，但其司法系统又有别于美国的二元制，在国家权力结构和组成形式上具有独特性。联邦制是澳大利亚宪法的中心，为稳固的成文宪法提供基本原理。宪法系统规定了联邦与州在立法、行政、司法权力方面的划分。其中，联邦与州之间的财政分权颇具特色。纵向财政分权问题在联邦筹备阶段就是争议焦点。在其后一百余年的发展中，政府间财政关系不断变化，形成联邦财权财力集中同时向州进行转移支付的基本样态。联邦与州的财政分权一直是学界探讨的热点，政府也一直致力于改善政府间的财政关系。

澳大利亚联邦与州的财政分权不仅是一个宪法问题，而且是一个政治问题。财政分权受到来自立法、行政与司法机构的作用力，尤其是在责任内阁制度与联邦制度融合的体制之下。参议院由各州的参议员组成，在议会两院中更多地代表州的权益。参议院不得提出拨款或征税的议案，不得修正征税或拨款维持政府常年工作的议案，不得修正任何议案以导致人民负担的增

---

① 孙秀林，周飞舟. 土地财政与分税制：一个实证解释 [J]. 中国社会科学, 2013 (4)：48 - 49.

加。除此之外对其他议案，参议院与众议院享有同等的权限。同时，澳大利亚沿袭英国实行责任内阁制，政府对联邦人民直接选举产生的成员组成的众议院负责，而政党又在选举过程中发挥着重要作用。研究这些因素之间的关联，可能会发现议会预算权、责任内阁制运作、政党执政理念等与财政联邦制的某些互动关系。对这种相互作用关系的认识又会深化对澳大利亚财政联邦制的理解。法院则通过一系列判决直接影响联邦与州的财政分权状态。

2. 我国对澳大利亚财政联邦制度的研究匮乏

我国对澳大利亚宪法制度的研究不多，着眼于澳大利亚财政联邦制的文献更为零星少见，而这是澳大利亚宪法研究中非常重要又独具特色的内容。本书可能填补国内对澳大利亚财政联邦制度进行系统研究的空白，呈现澳大利亚财政联邦制度在宪政历程中的变迁轨迹，探讨其形成原因、问题与改善措施，揭示并阐述规则、司法及政治因素对澳大利亚联邦与州财政分权的影响。

3. 澳大利亚存在的纵向财政失衡问题值得我们借鉴

澳大利亚为寻求联邦与州财政收入与支出责任之间的平衡做出了各种努力。在收入与开支层面的措施，如联邦与州试图达成协议由州分享所得税收入、联邦分担州的部分开支责任与债务、州试图扩大其征税领域等。此外，对澳大利亚联邦与州财政分权影响因素的分析，也可以为解决我国中央与地方财政分权方面的问题提供借鉴。

二、文献综述

（一）关于财政分权理论与我国财政分权的研究

1. 关于财政分权的理论研究

国内外已有不少著作和文章讨论中央与地方之间的财政分权，涉及财政分权模式、财政权配置的样态以及各国财政分权演变过程等内容，另有从政治学、经济学角度对财政联邦主义的阐述。如《财政联邦主义》[①]从经济学角度论述寻求有效行使财政职能需要的财政支出和财政收入的工具与方式，全面阐述如何在中央与地方政府之间进行最优划分等问题。首先检验高度集权和分权的政府在行使基本经济职能上各自的相对优势，接着评估在实现资源有效利用和收入公平分配的过程中有条件和无条件拨款所起的作用，考虑多层级政府部门的税收和负债财政问题，认为中央政府应该在税收方面发挥相对重要的作用，同时通过运用拨款和收入分享使分权的各级政府保留更大的支出责任。《财政宪法学研究——财政的宪政视角》[②]指出财政地方分权的基本内容包括地方的财政自主立法、地方自主组织和使用财政收入、依法安排财政支出、税收管理自治和享受财政援助。分权模式则主要有以下几种：（1）财权分散、财力相对集中：联邦、州、地方各级政府有独立的税收来源，各自为自己的税收立法，州和地方税法不得与联邦税法抵触。联邦一级收入在各级政府收入格局中占较大比重；（2）财权集中，财力集中：税收管理权限集中于中央，财政立法由中央统一制定，地方只能依照国家的财政法令执行；税收收入划分方面中央收入占大部分，呈现中央主导下的地方分权的分配格局；（3）财权适度分散，财力有效集中。《中央与地方财政分权法律问题研究》[③]从立法权、收益权、征收权、支出权和预算权等五个方面分析财政权配置的具体样态。以财政分权的程度为标准，分为集权型、分权型和混合型财政分权模式；以财政分权背后的民主化程度为标准，分为"立宪性一致同意型"和"行政性一致同意型"财政分权模式；以财权与事权的

[①] [美]华莱士·E. 奥茨. 财政联邦主义[M]. 陆符嘉，译. 南京：译林出版社，2012：目录.
[②] 王世涛. 财政宪法学研究——财政的宪政视角[M]. 北京：法律出版社，2012：103-105.
[③] 刘剑文等. 中央与地方财政分权法律问题研究[M]. 北京：人民出版社，2009：74-101，102-117.

对应程度为标准,分为对称型与非对称型财政分权模式。《财政分权的宪政原理:政府间财政关系之宪法比较研究》[①] 梳理财政分权在单一制政体和联邦制政体中的演变过程,从宪法释义学视野阐释政府间财政关系的宪政内涵。作者认为单一制政体有利于提高中央政府的财政汲取能力,克服地方保护倾向,维护国家利益和社会利益,但中央政府在财政分权上的主导地位可能造成民众对国家的合法性认同危机,中央政府囿于信息劣势,难以提高地方公共服务的效率,地方民众丧失对地方公共事务的主导权不利于遏制地方政府浪费资金等现象。联邦制有助于维护各成员单位的地区差异从而推进区域民主,维持各成员单位对联邦事务的平等参与权从而推进区域平等,维护联邦与其成员之间的区域制衡从而强化宪政民主,但联邦制可能助长民族分离倾向,联邦成员可能阻碍全国统一市场的形成,政治参与机制可能强化特定利益集团的地位。

2. 关于我国财政分权的研究

我国的财政分权问题是学界研究的热点,产生诸多研究成果。从宪法角度的研究主要有:《财政分权的宪政原理:政府间财政关系之宪法比较研究》[②] 概括中国政府间财政关系的制度模式,认为首要问题是地方负债,其经济原因是农村地区经济发展相对滞后无法提供充足税源,直接原因是经济赶超战略导致地方政府公共财政支出扩张与收入有限之间的矛盾,制度原因是宪法制度的结构性缺陷导致财政体制上过度集权与过度分权并存,地方政府的财政权力未能得到合理配置、有效控制和理性运作。我国财政分权体制在财政民主机制、法制机制和监督机制等三个层面存在制度缺失。重构我国政府间财政分权的限制因素,在经济方面体现为区域经济发展严重不平衡,

---

① 周刚志. 财政分权的宪政原理:政府间财政关系之宪法比较研究 [M]. 北京:法律出版社,2010:91-93,135-139.

② 周刚志. 财政分权的宪政原理:政府间财政关系之宪法比较研究 [M]. 北京:法律出版社,2010:158-183,200-229.

体制方面体现为"条块分割"的权力体制,政治方面体现为民主发展相对滞后。作者建议重构行政区划与政府层级,在此条件下进行事权与财权的规范化分权,同时建构政府间权限争议,解决机制与资源整合机制。《财政转型的宪法原理》①阐述财政国家的宪法类型及其中国模式、税收法定、财政预算及纳税人权利,探讨财政宪法秩序守护者和仲裁者及财政宪法规范的适用及其整合功能。作者提出我国代议机关可以通过参与预算编制和监督预算执行来守护财政宪法秩序。在确立各行政机关的职权范围和协调各行政机关之间的关系方面,宪法授予国务院重要权力。可以考虑在国务院设立"政府间权限争议调处委员会",对其决定不服的可以向全国人大常委会申请裁决。我国法院成为财政宪法制度的守护者和仲裁者受到"国家主导"的现代化方略、"行政主导"的社会管理模式和"代议机关主导"的根本政治制度等因素的限制。法院可以在"法律之合宪性推定"前提下通过"合宪性解释",或在部门法规发生冲突时直接适用宪法规范。《中央与地方财政分权——中国经验、问题与出路》②提出分税制的收入划分应遵循效率、公平和适应等原则;税收征管体制必须尽快立法化和司法化;中央和地方的税收立法权必须获得合理分配;在地方获得一定的税收立法权的基础上,中央和地方的税收分界应更加明晰。

从经济学角度的研究如《制度供给失衡和中国财政分权的后果》③提出我国的财政分权是在一个制度供给失衡的环境中进行的,体现为财政分权没有法律保障、财政分权和行政垂直集权矛盾以及分权制度安排本身不规范。

---

① 周刚志. 财政转型的宪法原理 [M]. 北京:中国人民大学出版社,2014:196-227.
② 张千帆. 中央与地方财政分权——中国经验、问题与出路 [J]. 政法论坛,2011 (5):100-101.
③ 姚洋,杨雷. 制度供给失衡和中国财政分权的后果 [J]. 战略与管理,2003 (3):27-32.

应增加有效的制度供给,并调节财政分权和行政集权之间的矛盾。《中国式财政分权的解释逻辑:从理论述评到实践推演》① 概括"中国式财政分权"的特征主要有税收立法权高度集中、地方税收自主权相当有限、税收行政权(或税收征管权)从理论上的集中走向了实践上的集中、从财政收入上的"弱中央—强地方"结构转变为财政支出上的地方财力与事权不相称、财政支出结构优化的步伐滞后于财政收入安排的变革等,提出我国在财政分权的同时出现了地方财政自治权与中央财政控制权同向增加的悖论。

(二) 关于澳大利亚财政分权的研究

1. 我国学界对澳大利亚财政分权的研究

从中国知网数据库搜索国内对澳大利亚宪法的研究仅有书籍数十本和文章几十篇。书籍主要有《澳大利亚宪法权利研究》《澳美宪法权利比较研究》《澳大利亚法律发达史》《澳大利亚政治社会史》《法律、理性与历史——澳大利亚的理念、制度与实践》等。文章则主要集中于议会立法、司法制度、公民权利等方面,对联邦制的研究不多,对财政联邦制的研究更少。

第一,关于澳大利亚联邦制度的研究。《渐进中的转型:联邦运动与澳大利亚民族国家的形成》② 一书对澳大利亚联邦宪法的产生和联邦制度的构建有所阐述。1891 年宪法草案中关于财政的条款受到激烈争论,各州意见分歧大而难以调和。虽然成立的联邦政府必须执行统一关税且实现自由贸易政策势在必行,但若不考虑奉行关税保护政策地区的利益,联邦也难以建成。政治家们提出将关税收入按照各州人口比例或者纳税比例退还各州这两种方案。但由于各地发展不平衡,无论执行哪种办法都难以奏效,该草案未获最终通过。而后在经济危机的冲击下,联邦运动再次兴起且社会基础扩大,更

---

① 刘承礼. 中国式财政分权的解释逻辑:从理论述评到实践推演 [J]. 经济学家, 2011 (7):64 - 66.
② 王宇博. 渐进中的转型:联邦运动与澳大利亚民族国家的形成 [M]. 北京:商务印书馆,2010:194 - 195,206 - 209.

具有民众参与性和民族特性。各方在征税问题、联邦政府收入余额的分配、联邦政府与州政府的关系、大州与小州的关系等问题上仍出现较大分歧,经过长达一年的反复辩论和协商才在诸多问题上达成妥协与认同。《关于联邦制分权结构的比较研究》① 一文概括澳大利亚立法权与行政权的宪法划分模式及司法系统特征。作者指出联邦宪法对行政权的划分,采取联邦法律由联邦执行、地区性政府的法律由地区性政府执行的模式。立法权与行政权的分配是重合的,联邦与地区性政府各自的行政权及于各自立法权所及范围。联邦不具有对州行政的任何有强制力的控制手段。澳大利亚虽然有联邦法院和州法院之分,但两者实际上结合成近一元化的司法系统。联邦法院仅具有有限的初审管辖权,广泛的联邦事务管辖权被授予各级州法院,对任何一级州法院涉及联邦事务的判决都可直接上诉到高等法院。同时不论案件是否涉及联邦宪法或法律,高等法院是各州最高法院所有类型案件的一般上诉法院。

第二,关于澳大利亚联邦与州财政分权的研究。《联邦制国家财政自治的国际比较》② 提到联邦宪法第51条第2款将有关征税的一般立法权限授予联邦议会,并建立联邦向各州的税收返还机制履行平衡功能。这项二次分配制度得到宪法上、制度上和程序上的保障。1933年联邦拨款委员会成立,构成全部财政转移制度的运转轴心。委员会致力于澳大利亚各州财政平衡,在此原则基础上的财政平衡是确保各州提供服务的发展能力上的平衡,而不是财政平衡的结果。州可以与联邦协商转移支付额度及分配方式。文章将财政自治权分为规范自治、收益自治、管理自治、使用自治和分配自治这几个方面,认为以绝对自主到完全依赖的尺度衡量,澳大利亚在其成员国财政自治的程度方面游动于中间位置上。《澳大利亚财政体制概况》③ 指出澳大利亚

---

① 杨利敏. 关于联邦制分权结构的比较研究 [J]. 北大法律评论,2002,5:33,38.
② [德] 汉斯·彼得,施奈德. 联邦制国家财政自治的国际比较 [OL]. 超英,译. 北大法律网.
③ 范勇. 澳大利亚财政体制概况 [J]. 计划经济研究,1990 (6):77-79.

的财政集中程度比较高，财政体制设计的基本原则是财政均衡原则，突出特点是中央财政将大部分税收集中起来再通过拨款有选择地返还给地方。澳大利亚对于各级政府的国内外债务实行集中控制。贷款委员会决定联邦政府的借债水平和各州政府的借债水平及分配。从总体上看，澳大利亚财政体制的突出特点是实行联邦制政体下的中央财政高度集中。其优点有：中央掌握大部分收入源泉并在一定程度上控制地方政府的支出规模和结构，有助于中央宏观调控并保证政策执行；中央财政具有较强能力协调地区间的发展不均衡；通过财政杠杆合理配置资源；通过分税制避免中央与地方之间的收入重叠，保证各级政府收入来源较为稳定。同时该体制也带来一些问题，最突出的是联邦与各州之间财力的纵向不平衡导致财政资金使用效益不佳，州的财政增收积极性不高及过分依赖中央资助。在政治上也有观点，就联邦政体与集中型财政的法律关系提出异议。《澳大利亚财税等方面的管理经验、政策经验及借鉴》[1] 认为澳大利亚各级政府支出主要依据明确的事权划分。联邦一级支出主要是行政、国防等本级支出以及对州级政府的一般性转移支付和社会福利等专项转移支付支出，后两项支出约占联邦支出的60%。州级政府支出主要用于健康、教育、环境等公共服务保障方面。地方政府支出则主要是社区服务等本地化支出。联邦督促公共财政在解决社会公平和促进协调发展方面发挥重大作用。《澳大利亚均等化转移支付制度研究》[2] 一书介绍制度的设置和操作，从理论分析和建模分析两个层面考察制度的有效性，论述该制度的可借鉴之处和环境适应性，提出改进我国均等化转移支付制度的设想。在制度总体设置部分从澳大利亚政府间的事权与财权安排及转移支付的种类与结构两方面介绍制度环境，以指导理念、实施手段、决策流程和分配

---

[1] 陈向明. 澳大利亚财税等方面的管理经验、政策经验及借鉴 [J]. 财政研究, 2007 (7): 78.
[2] 吕晨飞. 澳大利亚均等化转移支付制度研究 [M]. 北京: 北京大学出版社, 2009: 目录.

结果为线呈现制度基本安排，并介绍澳大利亚联邦拨款委员会的演进历史、组织架构和具体运作，概括为渐进持续的均等化实践、专家型领导层与专业化执行层相结合以及工作规范高度法制化。该书更多是从经济学角度运用模型建构的方法讨论制度有效性，从法学角度探讨制度背景等内容较少。《澳大利亚财政转移支付制度》①介绍了财政转移支付制度的背景、形式、决策和协调机制、联邦拨款委员会的职能和工作方式、财政均等化原则和建立财政均等化拨款分配方法的步骤，指出财政资金的分配更多涉及国家统一、社会公平、民族利益等非经济因素，困难在于如何寻找一个恰当的平衡点。

2. 国外学界对澳大利亚财政分权的研究

第一，关于澳大利亚联邦与州的财政分权概述。《澳大利亚联邦制：商业的视角》②（2008）认为澳大利亚已经成为民主世界中财政最集权的联邦制国家，这主要归因于联邦对所得税的统治及高等法院对消费税的解释。纵向财政失衡严重扭曲了联邦的责任制，造成财政管理与服务提供方面的不足。当政府的开支与其征税不一致时，健全的公共政策制定和责任制会出现明显裂痕。《澳大利亚联邦与州财政关系的历史：方法论的回顾》③（2012）总结了联邦与州财政关系历史上的重大变化，阐释了横向与纵向财政转移支付及平衡问题。文章提到根据1927年财政协议建立借贷委员会，联邦接管州债但州仍然负责偿还利息。1933年联邦资助委员会成立，为州提供财政上的特别预算支持进行独立评估。从1942年联邦接管所得税开始，纵向财政失衡变得严重。2000年商品和服务税被引入，以横向财政平衡为基础分配到

---

① 李克平. 澳大利亚财政转移支付制度 [J]. 经济社会体制比较，1996（3）：56 – 60.
② WILSHIRE K. Australian Federalism: The Business Perspective [J]. University of New South Wales Law Journal, 2008, 31 (2)
③ . WILLIAMS R. History of Federal – State Fiscal Relations in Australia: A Review of the Methodologies Used [J]. The Australian Economic Review, 2012, 45 (2): 145 – 157.

各州。

《澳大利亚宪法——文本分析》①（2011）一书在《联邦》专章中介绍了财政权。其一，财政架构。联邦的财政优势使其有能力通过资助和直接开支增强其缺乏立法权事项上的权力。联邦在税收方面事实上的领导权有三个主要形成原因：一是消费税的定义扩展为对所有商品的征税；二是所得税征收权在事实上向联邦转移；三是作为联邦一般财政支持的条件，州逐渐放弃某些征税权。其二，征税权。法院对消费税的广义定义使州失去主要收入来源。统一税案的裁决支持联邦将州放弃某些征税权作为对州资助的条件。2009年联邦财政关系协议中州同意在2013年废除金融机构税和一部分印花税等。这些发展导致州只能征收工资税、土地税、转让税、博彩税和汽车税等有限范围内的小税种，模糊了联邦和州对其议会和选民的责任界限。财政失衡显著削弱州政府的活力。其三，借贷。联邦宪法第105a条规定联邦与州可以就州债订立协议。其四，开支。联邦通过附条件资助对涉及重要开支的州责任领域行使事实上的广泛控制。

《改革澳大利亚联邦制》②（2008）指出对联邦制的不满涉及推诿责任和成本转移，最普遍的改革建议包括联邦与州财政关系的改革。联邦财政制度的不寻常失衡是澳大利亚联邦制的主要问题。接近82%的税收由联邦征收，而州负责至少40%的全国性支出。结果是州依赖联邦资助以承担提供教育、医疗、治安和公共交通等服务的责任。澳大利亚联邦制的一个特别之处在于高度的责任共享，但几乎不存在税收共享。文章提出并分析了两种可能的解决方式，一是给予州对所得税一定程度的共享，二是将州的资金与联邦税收

---

① SAUNDERS C. The Constitution of Australia: A Contextual Analysis [M]. Oxford and Portland, Oregon: Hart Publishing, 2011.
② TWOMEY A. Reforming Australia's Federal System [J]. Federal Law Review, 2008, 36 (1).

总额或国内生产总值的一定比例联系起来。《澳大利亚联邦制：发展与前景》①（1990）阐述了财政联邦制的持续性纵向失衡和霍克政府主动寻求与州更为紧密的合作关系，同时认为由于联邦与州的合作范围受到限制，解决财政失衡更为必要。纵向财政失衡是澳大利亚联邦制中最易引发争论的方面，其形成一是由于联邦持续1942年作为战时措施建立的对所得税的垄断，二是由于高等法院对联邦宪法第90条中"消费税"的广义解释，州不能征收广泛的消费税或营业税。《从合作型联邦主义到压制型联邦主义和回归？》②（1979）指出压制型联邦主义以财政上的激烈争端和不断使用联邦宪法第96条增强联邦对州开支控制的特殊目的资助为特征。协调型联邦主义则体现为1975年开始采用合作计划、减少联邦宪法第96条的附条件资助和进行税收共享安排。新联邦主义在财政方面强调将一部分个人所得税归还给州，财政和其他政府间协议最好留在政治的范围解决，而高等法院以辅助的角色运行。

第二，关于司法对澳大利亚联邦与州财政分权的影响。《澳大利亚高等法院是如何摧毁澳大利亚联邦制的？》③（2008）认为高等法院在联邦与州立法权限争议的案件中将联邦立法权解释为几乎可以对任何事项立法，其解释方法将使联邦立法权以无法预测和原则上不受限制的方式扩展到广泛领域。例如制宪者不会预料到州会被诱导而放弃对所得税的征收权。法院裁决持续支持联邦对大部分重要税收形式的控制、联邦以其认为合适的条件对州提供资助的权力，巩固了联邦对州的财政控制。

---

① GALLIGAN B. WALSH C. Australian Federalism: Developments and Prospects [J]. Publius, 1990, 20 (4): 1-17.
② CRANSTO R. From Co-operative to Coercive Federalism and Back? [J]. Federal Law Review, 1979, 10 (2).
③ ALLAN J, ARONEY N. An Uncommon Court: How the High Court of Australia Has Undermined Australian Federalism [J]. SydneyLaw Review, 2008, 30 (2).

第三，关于澳大利亚联邦制、议会制度与责任内阁制之间的作用关系。《改革澳大利亚联邦制》①（2008）认为在澳大利亚联邦以维持一致性与多样性之间适当平衡的方式分配权力和责任有以下几种途径：权力与责任的宪法性或政治性重新分配、州向联邦的立法事务送交、政府间合作、承认其他管辖区所接受的标准与资格以及联邦制定国家标准的框架结构而州填补细节。宪法性改革的选择涉及澄清联邦宪法第 51 条第 37 项的运用、管辖区的交互授予、行政权的共享和委派、宪法解释和政府间合作的原则、参议院的改革、州际委员会的复兴、宪法性改革的主动性、对高等法院法官的任命、高等法院管辖权和运作的变化等问题。《实用主义联邦制：从霍克到霍华德的澳大利亚联邦制》②（2007）通过检视从霍克到霍华德时期的四个主要议题——联邦制在澳大利亚的概念、政党在塑造联邦制中的角色、政治影响政策制定进而影响联邦制的方式和联邦司法审查的特性——揭示澳大利亚联邦制的特性。对这些主题的考察显示澳大利亚联邦制可以被更精确地定性为实用主义。联邦制受到紧急问题、具体政策安排和优势政治动力而非来自于政治理论和政党意识形态明确表达的联邦制概念的形塑。实用主义联邦制为澳大利亚联邦权力集中提供了一种解释。

《参议院、联邦制与民主》③（1989—1990）指出如果联邦制要求在联邦议会里有州的机构，则参议院必须拥有立法权和对联邦行政机构的管理权力，但如果民主使责任政府为必需，联邦行政权则只对众议院负责。为解决这种不一致做法，学界提出参议员由州政府任命以及调和参议院与责任政府

---

① TWOMEY A. Reforming Australia's Federal System [J]. Federal Law Review, 2008, 36（1）.
② HOLLANDE R, PATAPAN H. Pragmatic Federalism: Australian Federalism from Hawke to Howard [J]. The Australian Journal of Public Administration, 2007, 66（3）.
③ WOOD D. The Senate, Federalism and Democracy [J]. Melbourne University Law Review, 1989, 17（2）.

的关系等建议。作者认为参议院应被授予足够的行政权和立法权，抵抗联邦的行政权和立法权，以保护州的利益。而这样同时也会产生如何区分联邦事务与国家事务、如何决定州利益何时可以高于国家利益等问题。《责任政府、代议制民主与参议院：改革的选择》①（1996—1997）讨论在澳大利亚责任政府概念中参议院的位置。责任政府是政府对议会负责的一种宪法上和政治上的原则，其与代议制民主有密切联系。作者认为行政应对议会两院都负有责任，但以不同的方式负责。

（三）研究现状分析

我国学界对澳大利亚联邦制的研究有限，主要是对澳大利亚联邦建立与宪法产生过程和联邦与州在立法、行政、司法方面分权的基本介绍。具体到对澳大利亚联邦与州财政分权的研究，集中于联邦与州的征税权限划分与财政转移支付制度两方面。前者提及税权集中于联邦和联邦对州的税收返还机制，以及联邦借贷委员会及资助委员会等机构，归纳财政体制的特点并指出其利弊。后者涉及转移支付制度的基本安排及成效分析，但多是从经济学角度且是对制度本身的单一探讨。

就目前所阅读的文献来看，澳大利亚学界对其联邦与州财政分权的研究包括财政体制架构、征税权、开支、借贷及转移支付制度等几个方面的内容，具体涉及纵向财政失衡的原因、联邦资助委员会的运作、横向财政平衡的目标、联邦与州的财政关系历史、改革财政联邦制的建议及相关案例等。在这些研究的基础上还需要深入和全面挖掘财政分权的形成背景，将转移支付制度与预算收入及开支等关联思考，通过详细分析具体案例揭示司法裁决对财政分权的影响。对于财政分权与议会及内阁制度运作的关系、财政分权在纵向分权体系中的角色和在宪政历程中的变迁等内容的研究还很有限，对

---

① LIPTON J. Responsible Government, Representative Democracy and the Senate: Options for Reform [J]. Uuniversity of Queensland Law Journal, 1997, 19 (2).

财政分权现状形成原因背后的原因也值得进一步探讨。

三、创新之处

第一，将财政分权问题放入宪政制度体系考察，探究澳大利亚财政分权与联邦制、责任内阁制、议会两院权力分配、政党制度及司法裁决等因素之间的关联互动关系。已有的研究多是关注具体问题的产生及其解决措施，少有将澳大利亚财政分权与其宪政结构中权力运行联系起来的研究，也缺乏对法院裁决如何影响财政分权的系统梳理及对裁决支持联邦财政权力扩张的原因挖掘。本书认为参议院的财政权力及其对州利益的代表程度、联邦制与责任内阁制之间的张力之下政府与议会之间的关系、政党及选举制度的运行都会对财政分权产生影响。在规范层面参议院在一定程度上代表州的利益，维护联邦平衡。然而实际运行中受到责任政府制度和政党发展的影响，参议院对州利益的代表性减弱。联邦制要求与众议院几乎同等权力的参议院保护州权，而责任内阁制要求行政对处于支配地位的众议院负责，在这种共存的张力之下，行政权的范围问题主要通过联邦开支权的行使影响纵向财政关系。政党制度通过议会和内阁影响政府纵向权力配置，不同的政党立场也会影响财政政策及分权状态。法院支持联邦财政权力扩张的案例涉及联邦盈余分配、对"征税"的理解、对"消费税"的定义、财政资助的目的与条件及联邦开支权的行使等内容，裁决背后可能存在法律解释的路径、国家发展的政治需要、遵循先例与判决一致性及法官来源方面的考虑。

第二，以现状问题、形成原因、所采取的措施、是否达到成效、可能的解决方式为线，勾勒澳大利亚纵向财政分权从制宪时期到如今的变迁历史。已有的相关研究较为零散，缺少对其发展历程的系统梳理。本文从制宪会议辩论和联邦宪法中的规定开始呈现财政分权的初始状态，其后联邦通过统一税立法计划和以拨款及借贷控制州的财政从而巩固其财政主导地位，对此，联邦和州又采取多项措施试图保障州的财政独立。目前政府间财政关系仍是澳大利亚国家治理改革的重要内容。

第三，比较财政分权的经典理论与澳大利亚联邦财政分权的实践，引出从一般理论到具体实践的影响因素分析，归纳为规则因素、司法因素与政治因素。比较澳大利亚与我国的财政分权状况，通过影响因素分析，为解决我国财政分权问题提供参考。我国可以通过完善立法明确中央与地方的收入来源与支出责任、建立中央与地方协议合作的法治机制保障地方利益的表达、重视运用司法手段调节中央与地方财政关系、统筹安排积极推进相关配套制度改革等途径改善中央与地方的财政关系。

四、篇章结构

第一章介绍财政分权的经典理论和澳大利亚联邦宪法。从财权划分、事权划分和财力配置三个方面阐述财政联邦制度的基本安排。制宪会议对消费税转移、联邦盈余分配、州债分担等问题辩论激烈，体现集权主义与分权主义、殖民地之间分歧、保守主义与自由主义、联邦制与议会主权及责任内阁等各种力量的博弈，影响联邦宪法中的财政分权规定和其后的财政分权发展。宪法中的联邦主义与分权制衡是联邦与州财政关系演变的制度文化背景。

第二章梳理澳大利亚财政分权的变迁，概括目前财政分权存在的问题，分析其形成原因、所采取的解决措施以及成效，引出对澳大利亚财政分权影响因素的研究。联邦财政主导地位主要体现和影响为联邦与州各自收入与开支责任不平衡、联邦对州财政的过度控制削弱州的责任与独立、联邦利用开支权介入其宪法管辖权之外的领域。联邦与州试图通过拨款和税收分享等措施增加州的收入并分担州的开支责任，以及建立政府间协商机制以改善联邦与州之间财政关系。

第三章从规则角度看宪法、法律、政府间协议及协商机构对财政分权的影响。介绍联邦与州的立法分权与议会两院权力配置，阐述宪法中关于财政收入和支出的条款、1999年商品与服务税法、2009年联邦财政关系法及联邦财政关系政府间协议、1927年调整借贷关系的财政协议的主要内容，以及总理会议、政府委员会等协商机制的运行对联邦与州之间财政关系的影响。

第四章从司法角度看法院裁决对财政分权的影响。首先分析在普遍理论意义上司法对联邦主义的作用，以及澳大利亚高等法院的宪法解释路径及在各方面对联邦权力的扩张解释。接着以典型案例集中阐释澳大利亚高等法院通过对盈余分配、征税和消费税的含义、拨款的目的与条件、联邦开支权的解释如何扩张联邦的财政权力。最后探讨高等法院支持联邦权力扩张的可能理由。

第五章从政治角度看参议院的职能设置、联邦制与责任内阁制之间的张力及政党制度在实际政治运行中对联邦与州之间财政关系的影响。参议院对州利益的代表性式微，参议院执行审查职能促使政府负责。责任内阁制要求行政对处于支配地位的众议院负责，而联邦制要求与众议院几乎同等权力的参议院保护州权。政党制度影响联邦制的运作，从而也影响着联邦与州之间的财政关系。

第六章为余论。探讨规则、司法及政治因素之间的相互作用，总结关于收入分享与责任分担的安排，分析澳大利亚近年来关于联邦与州财政分权的改革计划。基于之前关于影响因素的分析，提出我国可以通过完善立法明确中央与地方的收入来源与支出责任、建立中央与地方协议合作的法治机制保障地方利益的表达、重视运用司法手段调节中央与地方财政关系、统筹安排积极推进相关配套制度改革等途径改善中央与地方的财政关系。

第一章

背景介绍：财政分权经典理论与澳大利亚联邦宪法

财政分权的经典理论阐述了关于财权划分、事权划分和财力配置的基本制度安排。制宪会议对消费税转移、联邦盈余分配、州债分担等问题辩论激烈，体现集权主义与分权主义、殖民地之间分歧、保守主义与自由主义、联邦制与议会主权及责任内阁等各种力量的博弈，影响联邦宪法中的财政分权规定和其后的财政分权发展。宪法中的联邦主义与分权制衡是联邦与州财政关系演变的制度文化背景。

第一节 关于财政分权的经典理论

财政权的分配是中央与地方关系的关键内容。财政的集权或分权直接关系到中央与地方各自利益的实现程度，是中央与地方关系确立和调整的重要内容。从一定意义上说，中央与地方关系是融洽还是紧张、走向如何，均受财政的影响和制约。[1]"财政制度作为经济基础向上层建筑转化的重要'政治运算'，不仅影响着政府间纵向权力中心的位移，而且成为政府间纵向关

---

[1] 李龙，朱孔武. 财政立宪主义论纲 [J]. 法学家，2003（6），100.

系运行的重要内容。"①

分权是处理政府间财政关系的基本方式,对于权力制衡、权利保障、代议民主和地方自治都具有重要意义。财政权力是政府权力的重要内容,将财政立法权、预算权、征收权、收益权和支出权在各级政府间进行合理配置,能有效降低权力集中和垄断,遏制权力滥用并提高行政效率,实现不同层级政府权力的制衡。实行财政分权,不同性质的公共产品由最适宜层级的政府提供,可以满足居民的不同偏好,保障公民权利的实现。同时由中央提供基本的公共产品也有助于保障公民基本权利的平等实现。政府间财政分权也是民主机制的自然延伸,纳税人能通过民主程序充分表达个人诉求。地方政府拥有适当的财政权力进行自主决策,实现自我治理。

一、分权的优势与条件

分权有助于民主责任制度的实现。② 分权是政治发展更为民主和更多参与的反映,寻求改善政府对选民的回应性和责任性,使公共产品与服务的提供更符合当地居民的受益偏好。同时分权的优势发挥也需要相应的条件。

(一)集权与分权的各自优劣

集权与分权体现政府纵向权力配置集中或分散的程度。中央更为集权抑或地方更为分权对于国家治理各有利弊,需要根据国家经济、政治和社会发展的具体情形寻求最适合的权力配置模式。联邦结构应被视为一个连续体,联邦与州的财政资源与责任的平衡随着时间发展而变化。理论上存在关于各

---

① 张志红. 当代中国政府间纵向关系研究 [M]. 天津:天津人民出版社,2005:144.
② "联邦政府是由全体联邦人民选举出来的,特定州的人民参与但并不决定联邦官员的选择;在普遍意义上,联邦人民也不参与特定州的选举。因此,特定州的人民及其选举的政府不能决定联邦政策,联邦政府也不能决定特定州的政策;否则,就必然打破了民主责任制所建立的平衡。"见张千帆. 宪法学导论 [M]. 北京:法律出版社,2004:217.

层级政府收入来源与开支责任的最优安排,但在实践中难以达到恰当的平衡。① 一般而言,中央集权的优势可能包括以下几点:(1)便于联邦执行关于全国经济发展和稳定的政策,有效配置全国性公共产品;(2)征税管理上的便利;(3)联邦有充足权力拨款促进横向均衡;(4)通过统一税和全国范围内社会福利支付促进个体之间的平衡;(5)降低州之间破坏性税收竞争。相应地,权力集中于中央也可能产生以下弊端:(1)由于开支优先顺序难于反映当地居民利益偏好、关于开支决定缺乏对纳税者的直接责任、各级政府之间互相推诿、拨款协商过程内在的资源浪费,造成政府对地方需求和偏好失去多样性和回应性;(2)州对未来资助等级缺乏稳定预期;(3)州税的征收经常体现成本高、不平等和无效率的特征;(4)可能减少州之间的积极竞争;(5)通过联邦财政权力消解州的政治权力。

分权有利于促进居民参与当地事务,促使地方政府对本地居民负责、发挥地方官员的信息优势,制度创新给人们更多的选择缩小政府的总体规模。但这些优势从可能变为现实需要以下三个先决条件为前提:分权的单位必须足够小、居民必须可以行使以投票影响政府构成的权利、居民必须有自由迁徙的权利。即使满足这三个条件,分权也不是万能的。分权是否有助于缩小政府规模是个实证问题;分权只能在有限范围内促进制度创新;分权无法提供全国性公共物品和服务;分权难以克服跨地区外部效应问题、分权优势无法得到提供共享物品和服务的规模经济效应;分权几乎不可能解决宏观调控问题;分权体制不利于解决收入再分配问题。②

就20世纪的前50年而论,不管是政府支出还是财政收入,大多数国家的整体趋势似乎是越来越走向集权。转移支付的迅速增长、国防经费的大幅

---

① JAMES D W. Intergovernmental Financial Relations in Australia [M]. Sydney:Australian Tax Research Foundation, Information Series No. 3, 1992:19-21.
② 王绍光. 分权的底线 [J]. 战略与管理, 1995 (2):38-40.

增加和社会保障支出重要性的提高,都是驱使财政集权程度提高的重要力量。其后50年里没有发生严重且影响普遍的战争和经济萧条,多层级政府财政朝着日趋分权的方向发展。[①] 随着经济的发展,知识和财富日益增长并灵活流动,分权的各级政府实施独立预算政策的范围会逐渐缩小。分权的税收结构导致的效率缺乏可能会日渐显著,中央政府承担更多的税收职能。技术革新也使得集权体制可能在提供某些公共服务上更有效率。随着时间的推移,将有更大的力量推动政府部门日趋集中。此外,当重大社会危机发生时,将出现一种"替代效应",人们更愿意接受政府承担更多的职能和责任,事实也是如此。而在危机过后,政府多半会继续保留其中某些权责。[②]

(二)分权促进有效治理的条件

政府间财政关系不仅受制于经济因素,还受到政治、社会和文化等非经济因素的影响。除了财权财力与支出划分,还涉及相当程度的民主意涵和政府管理方面的要求。罗伊·鲍尔提出了"有效的分权化要求"的评价标准,[③] 具体包括地方立法机关由选举产生、地方任命其领导人、支出职责明确、地方政府有能力征收财政收入并有效提供公共服务、控制某些财政收入的源泉、有一定的借债能力、财政活动有完整的会计记录、中央政府有能力控制财政分权的进程等。

传统财政分权理论认为分权能保证效率和福利(Tiebout,1956;Musgrave,1969;Oates,1972)。基于以下假设:地方政府具有信息优势,能更好地提供公共服务;人口的流动及地方政府在提供公共服务方面的竞争,确

---

① [美]华莱士·E. 奥茨. 财政联邦主义[M]. 陆符嘉,译. 南京:译林出版社,2012:215-219.
② [美]华莱士·E. 奥茨. 财政联邦主义[M]. 陆符嘉,译. 南京:译林出版社,2012:210-211.
③ [美]罗伊·鲍尔. 中国的财政政策——税制与中央及地方的财政关系[M]. 许善达,等译. 北京:中国税务出版社,2000:154.

<<< 第一章 背景介绍：财政分权经典理论与澳大利亚联邦宪法

保地方政府与地区居民之间偏好的一致性。各级政府之间的竞争增强了地方政府的责任感和执政的透明度，有助于提高政府管理水平（MNDHR，2004）。然而由于制度背景的不同，发展中国家面临更多问题（Bardhan，2002）。人口流动性差，公众对政府的有效监督有限，对地方政府官员的问责机制不完善，地方征税的技术水平和管理能力较低，导致地方政府财政收支之间联系不紧密。这种情形下财政分权反而可能使地方政府更容易被俘获。因为其公共支出更可能被当地特殊利益集团控制，导致民众负担更多的税收成本。贫困和民主机制的不完善限制了"用脚投票"和"用手投票"的实现（Tanzi, 2000）。①

在经济语境中，制度设计是分配效率、收入再分配和宏观经济管理等不同目标之间的平衡。开支责任的分权通过促进开支优先性更符合居民偏好，在原则上会达到分配效率的目标。然而理论上来源于分权的效率可能会由于机构限制在实践中被显著削弱。地方政府可能缺乏能力，形成和执行现代化且透明的公共开支管理制度，包括财政控制、会计报告和革新开支项目的充足机制。地方政府还可能难以执行有效开支项目来充分开发潜在的财政资源。此外，腐败也是不可忽视的一个因素。

如何确保分权优势的实现？其一，确保分权真实有效：（1）地方政府承担的责任重要而且具体；（2）地方政府应享有充分的支出自由和履行职责的管理能力；（3）地方政府应具有一定的征税能力。地方政府筹集收入的能力使其能决定自己的支出决策，将分权带来的责任感最大化。居民享受到政府所提供公共产品的益处时，政府收入也会增加，效率也会提高。授权地方政府对相对固定的资产征税，可以阻止流动资产所有者向税负低的选区转移，从而降低"底线竞争"的风险。其二，确保地方政府机构能够代表选民且高

---

① 刘薇. 财政分权理论研究新进展 [J]. 财政研究, 2005 (9): 53-55.

效运行：(1) 地方政府机构应由民主选举产生。民主选举有助于提高治理效果和财政管理的责任性与透明度。稳定的地方政党制度也是治理效果的重要因素；(2) 地方政治制度的设计应有利于提供公共产品。强大的行政部门和有力的法律监督将有助于提供公共产品。多党存在能让民众快速认清每位候选人可能持有的政策立场，并且有助于形成问题驱动而不是个人驱动的政治。当地方领导与国家领导属于同一党派，有助于减少地方浪费并可能提供较好的治理效果。①

二、财政联邦制度的基本安排

无论在政治层面还是在经济层面，财政的募集、分配和支出的制度安排，对于联邦制度运行都起着至关重要的作用。首先，谁来决定并募集财政收入，谁来支出以及在何种项目上如何支出等问题对于联邦制体系内权力的真实分配具有根本意义，可以大大改变两级政府的明示立法权，尤其是联邦政府经常通过强大的财政权力影响或控制州政府。其次，收入的募集和支出方式能大大影响联邦国家的经济情势，税收和支出刺激会影响经济的效率和表现。②

一个联邦制度要想实现自我运转，必须要解决"什么可以阻止中央通过威慑其构成单位而破坏联邦制度"和"什么可以阻止联邦的构成单位通过搭便车和其他的不合作形式来破坏联邦制度"这对基本矛盾。③ 财政联邦制度的安排同样需要考虑这对关系。联邦制在运行中最突出的就是分权和平衡的

---

① 查尔斯·R. 汉克拉. 财政分权何时有利于治理？[M]. 王哲，译. 经济社会体制比较. 2012 (4): 105 – 108.
② [加拿大] 乔治·安德森. 联邦制导论 [M]. 田飞龙，译. 北京：中国法制出版社，2009: 46 – 47.
③ Riker, 1964; de Figueiredo & Weingast, 2005; de Figueiredo et al., 2007. 转引自孔卫拿，张光. 功能性联邦主义的中国型态及其代价 [J]. 公共行政评论，2013 (5): 101.

<<< 第一章 背景介绍：财政分权经典理论与澳大利亚联邦宪法

特征。联邦制作为一种从分散到集中的制度安排，权力在不同层级政府之间的明确划分是它的一个重要特征。[①] 即存在根据宪法建立的两个政府层级，各自在其权力范围内享有自治并对其选民负责。财政分权涉及国家权力的纵向配置。联邦制国家的权力结构有助于理解联邦制在何层面上、由何机构对财政权力做出何种性质和程度的安排。由于历史背景的不同，在不同表现形式下的联邦制在分权和平衡背后价值判断的差异也可能影响财政的设计。[②]

尽管特定国家的财政体制在很大程度上是该国特定的政治和社会发展历史的产物，但某些形式的经济动因可能对于政府部门结构的形成和实际运作有着可以预测的影响。[③] 这使我们可以暂且将一国的具体国情搁置一旁，探讨财政联邦制度的基本安排。"关于各级政府间之财政问题，首先为中央与地方间的财政比重，其次为上级政府对于地方政府间之财政调整。这些问题都深入涉及国家统治高权在各级政府间的分配，与国家基本体制及由之所决定之事务划分和国家机能有关。因此，其规划基本上必须从国体、地方自治、民主原则、社会照顾及其他国家基本国策的理念出发。"[④] 政府间财政关系的设计包括开支分配、收入分配、政府间转移、税收管理、预算和财政管理以及对地方政府借贷的控制等内容。首先，联邦政府保持在经济稳定发展和个人收入分配方面的有效控制，州在联邦确定的框架内确保公共资源的有效使用。其次，征税权和拨款机制应满足各级政府的基本要求。再次，筹

[①] 有观点认为，一定程度的权力分散只是联邦制在运行过程中表现出来的一个重要现象，分权是联邦制用以保持多样性进而维持统一的一个重要手段。权力的集中和统一成为联邦制一个最引人注目的特征。见王丽萍．联邦制与世界秩序 [M]．北京：北京大学出版社，2000：7.
[②] 刘剑文等．中央与地方财政分权法律问题研究 [M]．北京：人民出版社，2009：22.
[③] [美] 华莱士·E. 奥茨．财政联邦主义 [M]．陆符嘉，译．南京：译林出版社，2012：2.
[④] 黄茂荣．税法总论（第一册增订二版），植根法学丛书编辑室，48.

资和开支决定的职责，应参考信息来源和决策的地理影响等因素，由最合适的权力机构承担。最后，一般收入拨款的分配应反映低层级政府在筹集收入能力和提供服务成本方面的差别；特殊目的支付需要参考经济优势、社会需求或行政可行性来寻求正当性；依据人口规模和密度、年龄结构、经济发展和人口增长速度等因素达成平等和有效的贷款资金分配。①

（一）财权划分：以征税权为例

"财政规则的作用是限制和恰当控制政府的强制力，这种强制力最显著地体现在它的征税权上。"② 限制公共开支的范围可以约束直接占用资源的任意性权力，但无法阻止政府以间接手段如过度膨胀的官僚机构来占有税收剩余，因此征税限制措施仍有其作用。③ 选举的宪法安排不足以保证政府总是受到约束。一旦认识到选举竞争的不足，便呈现出两个改革的方向：一是对征税和开支的权力施以直接的宪法约束；二是对做出政治决策的程序或规则进行宪法变革。④

---

① MATHEWS R. Commonwealth Grants to the States [J]. Public Administration (Sydney), 1969, 28 (1). 转引自. MATHEWS R. The Future of Government Finance. [M] // Centre for Research on Federal Financial Relations. Canberra：The Australian National University, Vol. XXXII, No. 2, 1973：5.
② [澳] 布伦南, [美] 布坎南. 征税权——财政宪法的分析基础 [M]. 冯克利, 魏志梅, 译. 见 [澳] 布伦南, [美] 布坎南. 宪政经济学 [M]. 冯克利, 等译. 冯克利, 冯兴元统校, 中国社会科学出版社, 2004：10.
③ [澳] 布伦南, [美] 布坎南. 征税权——财政宪法的分析基础 [M]. 冯克利, 魏志梅, 译. 见 [澳] 布伦南, [美] 布坎南. 宪政经济学 [M]. 冯克利, 等译, 冯克利, 冯兴元统校, 中国社会科学出版社, 2004：195.
④ [澳] 布伦南, [美] 布坎南. 征税权——财政宪法的分析基础 [M]. 北京：冯克利, 魏志梅, 译. 见 [澳] 布伦南, [美] 布坎南. 宪政经济学 [M]. 冯克利, 等译, 冯克利, 冯兴元统校, 中国社会科学出版社, 2004：185.

<<< 第一章　背景介绍：财政分权经典理论与澳大利亚联邦宪法

在联邦制国家不同层级政府之间存在征税权有效分配的原则。[1] 然而由于不同国家的宪法安排、征税历史以及政治文化各异，在实践中会产生重大差别。税收在各级政府之间的分配可能受到宪法条款、政府间协议和司法裁决的影响。协议包括授予某层级政府对特定税的独占权（如将关税和消费税授予联邦政府）、以指定比例分享税收产出（如关于个人所得税的协议）、对相同征税对象授予共享征税权等。[2] 共享征税权的不同层级政府可能相互竞争，可以通过统一征税安排、协商税基或税率、一方向另一方拨款或借款等手段来协调税收政策。

1. 征税模式的选择

税源可分性理论认为每一层级的政府都应该有自己的税赋来源。这样各级政府之间就同一税基不存在税收的重叠。从政治学的角度而言，这为不同层级政府行使权力提供了某种程度的保护，尤其有助于防止中央政府的权力扩张。然而，严格维护各自的税收来源可能耗资不菲。联邦体制下最有效的税收制度，可能同时涉及垂直和横向的税收协调，因而在某些情况下对相同的税基征税不无益处，由不同层级政府在相同税基上进行税收协调是有效而低成本的方式。借助于另一层级政府在原有税基上衍生这类税收，政府可以在税收管理过程中实现更大的经济效益。此外，这个过程还可以使高度分权

---

[1] 联邦党人认为联邦政府有必要拥有全面的征税权力。反对者认为联邦的无限征税权很可能剥夺州提供自身需要的手段，使其完全听从国家立法机关的摆布。全国政府随时可以借口与其本身目的有抵触而撤销为了州内目的的征税。对此联邦党人回应：州政府侵犯联邦权利的倾向和联邦侵犯州政府权利的倾向是同样可能发生的。在这样的斗争中哪一方可能占优势取决于双方能用以取得成功的手段。在共和国里力量经常在人民一边，而州政府通常对人民具有最大的影响，因而这种斗争最容易以对联邦不利而结束；而且各成员侵犯联邦的可能性要比联邦侵犯成员的可能性更大。见［美］汉密尔顿，杰伊，麦迪逊. 联邦党人文集［M］. 程逢如，在汉，舒逊，译. 北京：商务印书馆，2012：151－153.

[2] MATHEWS R. The Structure of Tax［M］//Centre for Research on Federal Financial Relations. Canberra：The Australian National University，1980：8－11.

的地方政府利用本来因代价高昂而不得不作罢的某些税收形式。①

征税权的分配受到相关因素的影响：开支职能分配；影响征税集中程度的行政、分配和平等的考虑；州的收入筹集能力差异程度；关于政府间拨款的宪法安排；借款权；在征税权分立和收入资源分享之间的选择。税权分配应使各级政府能根据居民偏好履行宪法责任，税收结构还应反映各层级政府寻求达到的不同目标。征税权的分配应与开支责任和借款权相关，以促进纵向和横向的财政平衡。联邦在征收大部分税收方面有行政上的优势，集权的征收制度也便利经济稳定和所得分配政策。然而中央集中税权可能导致下级政府财政责任缺失、各层级政府的征税与开支决策之间联系断裂。这意味着需要收入分享协定作为分配过程的必备要素。② 此外中央征税可能因为多种原因而导致低效：可能的信息劣势；可能受制于多数、派系或联合利益而不是公共利益；在可以使用的政策工具、跨区域执行政策方面可能面对宪法的和政治的限制；统一化的约束导致征税行为低效。协调征税可能成为"财政垄断联盟"。税权过于集中可能导致联邦任意扩大税基或提高税率扭曲税收结构。而分税可以通过民主和投票使不受欢迎的政府辞职，并通过联邦制对政府行为形成约束。③

高度依赖于分权的税收体制可能因为税收竞争、赋税出口及相对较高的

---

① 以地方销售税和所得税为例：较小辖区的政府可以利用这些税收形式的范围极为有限，因为附属于这些税收的经济实体具有较高的流动性。如果通过由另一层政府协调征税来降低行政成本，这些税收形式就可能成为地方税收的有用来源。见［美］华莱士·E. 奥茨. 财政联邦主义［M］. 陆符嘉，译. 南京：译林出版社，2012：139－140.

② MATHEWS R. The Australian Loan Council: Co‐operation of Public Debt Policies in a Federation［M］//Centre for Research on Federal Financial Relations. Canberra: The Australian National University, 1984: 6－7.

③ PETCHEY J, SHAPIRO P. An Economist's View on Section 90 of the Australian Constitution［M］//WARREN N A. Reshaping Fiscal Fedcralism in Australia, Australian Tax Research Foundation Conference Series No. 20 in association with Economic Society of Australia, New South Wales Treasury, 1997: 50－52.

<<< 第一章 背景介绍：财政分权经典理论与澳大利亚联邦宪法

管理成本而付出更多代价，并导致税收影响进一步扭曲。可以考虑由中央政府解决分配问题，同时允许分权的地方政府借助于受益性税收提供公共服务，或者实行责任分割。考虑到中央在征税管理上的优势和宏观调控需求，中央政府可以征收大量的税收，同时通过政府间的拨款方案，向分权的地方政府提供其所需的资金。将征税的责任移交给管辖较大辖区的政府，可以解决不少问题。但这种类型的财政结构可能阻碍有效的集体决策，将在整体上不利于公共部门有效利用资源。① 一般而言，可取的做法是保持支出和税收之间明显的关联，从而使个人可以评估公共项目的成本与收益。

2. 不同层级政府的财政职能与依税种划分税权

中央政府主要承担实现经济宏观稳定和收入再分配的职能，地方政府主要承担实现资源有效利用的职能。高移动性和高灵活性的税基适宜由中央控制，以避免征税导致的生产要素移动，为中央政府提供稳定的制度，也为地方政府预算周期浮动提供保护。相对低移动性、在全国范围相对均衡的税基分配和相对稳定的周期分配给地方。一般而言，要求一致的税基定义和差异较小的税率，以尽量减少税收扭曲和征收产生的人力与资本移动。② 从财政职能实现的角度以税种③划分一般遵循以下规则：（1）公司所得税和累进的个人所得税一般划归中央，但地方可以按比例征收个人所得税。公司利润随经济周期波动较大。个人所得税累进税率经济稳定效应强，也可以作为调节

---

① ［美］华莱士·E. 奥茨. 财政联邦主义［M］. 陆符嘉，译. 南京：译林出版社，2012：141-142.
② TER-MINASSIAN T. Intergovernmental Fiscal Relations in a Macroeconomic Perspective: An Overview［M］//TER-MINASSIAN T. Fiscal Federalism in Theory and Practice, International Monetary Fund, 1997：21-22.
③ 对税的一个常见划分标准是直接税与间接税，取决于对生产要素收入（如所得税）还是对生产成本征税（如对商业企业销售或购买商品与服务征税）。MATHEWS R. The Structure of Tax［M］//Centre for Research on Federal Financial Relations. Canberra: The Australian National University, 1980：4-6.

29

收入差别的工具；（2）普通销售税和财产税一般划归地方。这适应于对宏观经济条件不太敏感的税收类型；（3）资源税一般划归中央。资源税的税基在各辖区之间分配不均，由地方征收会产生低效和不平等。而且资源税收入被认为应惠及全国，加上该收入经常由于价格波动而高度易变，这种不稳定性应由中央政府承担。① 关于对流动性因素征税的问题，有观点认为联邦国家应将各构成单位通过税收竞争影响公司和私人到特定地区定居的竞争程度最小化，因而建议各构成单位在具有流动性的纳税人和税基方面（如企业和个人所得税以及营业税）权力有限，而在流动性低的财产税方面有足够权力。另有观点认为公平而宽泛的税收竞争能促进政策优化，而这是联邦制的潜在优势。各构成单位有权采取不同的个人和企业相关税率，但经济效率要求对这些税种维持统一的税率结构，税率可由联邦决定与联邦与州商定。不同辖区在对流动性因素征税问题上的过度竞争可能导致税率的螺旋式下降。② 需要注意的是，发展水平相当的国家的税收分配制度可能大有不同，缘于每个国家的历史、地理、种族和宪法特征对灵活和有效的税收分配政策有深远影响。

（二）事权划分：开支责任承担

根据财政宪法的基本原理，财政分权与集权应依照中央和地方的事权划分。这涉及不同层级政府提供公共产品的能力与范围问题，进一步而言，这取决于公共产品外部效应的覆盖范围。外部效应覆盖全国或跨省的公共产品应由中央政府承担，包括国防、外交和部分教育、卫生及社会保障职能；外部效应限于省内的公共产品应主要由地方政府承担，尽可能保证政府活动的

---

① NORREGAARD J. Tax Assignment［M］//TER – MINASSIAN T. Fiscal Federalism in Theory and Practice, International Monetary Fund, 1997：61 – 71.
② ［加拿大］乔治·安德森. 联邦制导论［M］. 田飞龙，译. 北京：中国法制出版社，2009：48 – 49.

受益人与成本负担人范围一致。① 马斯格雷夫（Musgrave）在《财政理论与实践》里提出中央政府应承担经济稳定职能和收入分配职能，负责提供全国性公共产品；地方政府主要承担资源配置职能，负责提供地方性公共产品。斯蒂格勒（Stigler）在《地方政府的合理范围》中认为地方政府可以比中央政府更好地进行资源配置和公共产品供给，实现资源配置的有效性和公平性。蒂伯特（Tiebout）在《地方支出的纯理论》中提出"用脚投票"理论，认为在居民自由流动、地方政府大量存在、居民了解地方政府税收支出模式、公共产品不具有外溢性、地方政府根据辖区居民的偏好提供公共服务等假设前提下，具有相同偏好的居民在不同类型地方政府中进行偏好最大化选择，使地方政府的公共产品和服务提供达到最佳状态。特雷西（Trench）在《公共财政学》中提出"偏好误识"理论，认为中央政府在获取全体居民消费偏好时存在信息阻碍，容易形成决策偏差。由地方政府提供地方性公共产品更有利于提高社会福利水平。②

一般而言，联邦被授予在防御、海外贸易、移民、对外领土等领域的专有责任。州在教育、交通、医疗、法律和秩序、农林业等领域负有主要责任。不同层级政府之间可能存在广泛的共享权力。③ 联邦制服务于自由和公共利益这两个目标。联邦与州政府之间的权力分割彼此制约，为人民权利提供保护。联邦和州政府各自有其适合管辖的事项。在提供惠及一州以外的公

---

① 张千帆. 中央与地方财政分权——中国经验、问题与出路 [J]. 政法论坛, 2011 (5): 96.
② 王志刚. 中国财政分权对地方政府财政支出的影响分析 [J]. 首都经济贸易大学学报, 2013 (4): 22.
③ 由于很多事项具有地区性、全国性甚至国际性的维度，澳大利亚宪法中存在广泛的共享权力安排，对此两个层级的政府都可以制定法律。在权力共存领域发生冲突时，一般而言联邦法律优先。另外当两个层级的政府在同一问题上有不同权力时，可能存在事实上的共存性。见 [加拿大] 乔治·安德森. 联邦制导论 [M]. 田飞龙，译. 北京：中国法制出版社, 2009: 32-34.

共物品及管辖州际贸易方面,联邦政府更为适合;当州内活动造成对其他州居民比对该州居民更多损害时,要求联邦介入;联邦能纠正州之间的"底线竞争"问题,并进行收入的再分配促进横向平等。① 在联邦化上存在着组织的、政治的、文化的限制。联邦政府不能设定各州政策的上限,只能制定下限;州和地方政府是强大的游说势力,能从政治上保护自己;联邦主义根植于悠久的传统,州的地位是政治文化非常重要的部分,许多政策问题留给州解决具有实际意义。

(三)财力配置:政府间拨款制度

政府间转移机制可以分为收入分享协议(revenue – sharing arrangements)和拨款两大内容。中央政府支配更大的税基,地方政府资源有限又负有必要的开支责任,需要来自中央的拨款,同时中央可以获得征税的规模经济。有些拨款附有匹配性条款,一般考虑中央政府开支偏好而改变地方优先性,在存在溢出效应(spillover benefits)的地方尤为有效。这类拨款目标应明确,所附条件应能被监督和执行,否则可能由于缺乏责任机制导致资源利用低效和腐败。② 理论上中央政府的转移支付应当主要用于处理省级单位间财政支出或资源的不平衡。但实际上政治因素也许会影响转移支付的分配过程。③例如特殊目的拨款有时被联邦作为财政垄断和侵入其没有直接责任的州政府事务的工具。这很可能在纵向财政失衡的情形下产生。

政府间拨款的主要原因有:不同层级政府开支责任与收入能力之间显著差异的纵向财政失衡;州财政能力(筹集收入能力和提供服务成本)差异的

---

① 凯思琳·沙利文. 联邦政府和州之间的权力平衡[M]. 程迈,译. 见张千帆,[美]葛维宝编. 中央与地方关系的法治化[M]. 南京:译林出版社,2009:123 – 125.

② TER – MINASSIAN T. Intergovernmental Fiscal Relations in a Macroeconomic Perspective: An Overview [M]//TER – MINASSIAN T. Fiscal Federalism in Theory and Practice, International Monetary Fund, 1997: 11 – 16.

③ 王绍光. 中国财政转移支付的政治逻辑[J]. 战略与管理, 2002 (3), 49.

横向财政失衡；影响全国性政策目标执行的问题；州或地方政策未能考虑溢出效应。在被用于推进全国性目标（如全国经济发展计划），鼓励接受方政府考虑其决策的溢出效应（如对其他州产生影响的州教育或公共卫生项目），用于各级政府有重叠或相互依赖的开支决策（如关于道路）等情形下，政府间拨款有明确的正当性。① 在现代联邦体制下，财政转移的政治策略结合政府间谈判，还有助于减轻地区间竞争的负面效应。② 此外，中央政府通过集中全国大部分财政收入并进行转移支付可以在很大程度上控制地方政府，特别是在联邦制国家，由于中央政府不能直接控制地方政府，财政转移支付就是中央政府与地方政府协商的一个重要法宝。③

特殊目的支付是政府间拨款的一个重要部分。联邦进行特殊目的支付可能基于以下原因：④（1）鼓励州对"溢出效应"领域的开支，当一州决定是否对特定项目承担开支时，倾向于考虑对自己居民的直接影响，忽略该行为可能对其他州居民产生重要利益。联邦可以通过为州提供绑定该特定目的的资助，鼓励对此类行为的足够开支。如对州际公路或水坝的资助；（2）将州作为行政代理以更有效地执行职能；（3）可以促进联邦与个体州之间的合作协定。尤其在不能期望个体州可以有效提供服务或根据全国目标提供服务的情形下，如促成铁路尺寸标准化；（4）鼓励创新；（5）在联邦没有直接宪法

---

① MATHEWS R. The Australian Loan Council：Co-operation of Public Debt Policies in a Federation [M] //Centre for Research on Federal Financial Relations. Canberra：The Australian National University，1984：13-28.
② 乔纳森·罗登，苏珊·罗斯-阿克曼. 联邦主义保护市场吗？ [M]. 牟效波，译. 见张千帆，[美] 葛维宝编. 中央与地方关系的法治化 [M]. 南京：译林出版社，2009：108.
③ 刘剑文. 走向财税法治——信念与追求 [M]. 北京：法律出版社，2009：94.
④ MATHEWS R. Revenue Sharing in Federal Systems. Research Monograph No. 31 [M] //Centre for Research on Federal Financial Relations. Canberra：The Australian National University，1980：25-42. 转引自JAMES D W. Intergovernmental Financial Relations in Australia [M]. Sydney：Australian Tax Research Foundation，Information Series No. 3，1992：57.

权力的领域施加联邦的优先顺序。

由于共享权力的存在及联邦的财政优势地位,联邦经常通过向州提供财政资助,对许多领域的开支发挥重要影响,尤其是道路、教育和福利服务,这是产生征税与开支责任联系断裂的问题。关于预算信息与适当的决策单位之间的相关性,哪一层级的财政数据为财政的集权提供了最有价值的度量?换言之,资金的性质应该以筹集资金的政府的层级来确定,还是以开支资金的政府的层级来确定?① 正如理查德·马斯格雷夫所指出的,"作为中央行政支出代理人的地方政府,并不能以有意义的方式反映财政支出上的分权,恰如由中央政府征收却与地方分享的税入,并不构成真正意义上的财政收入集权一样。"②

传统的财政分权理论所假设的分税相关问题都是经济性的,然而从根本上而言,政府是政治实体,一国财政体制是由其政治体制和政治目标决定的,相关决策在政治上的考量有时会多过经济上的考虑。另外,在实践中发展中国家中央政府自身的个人所得税收入有限,通过允许地方政府对全国性所得税征收附加费的方式增加收入可能难以实现,经常出现地方政府的自身收入不足难以满足其支出需求的情形。而且财政资助割裂税收与支出决策之间的紧密联系,使有关地方提供公共产品和服务的决策变成地方政府与中央政府之间关于资助的谈判。许多国家在现实中的分税,更多反映了特定历史阶段中的政治协商而不是规范性原则的应用。

---

① [美]华莱士·E. 奥茨. 财政联邦主义 [M]. 陆符嘉,译. 南京:译林出版社,2012:184.
② 《财政制度》(纽黑文,康涅狄格:耶鲁大学出版社,1969),第342页。转引自 [美]华莱士·E. 奥茨. 财政联邦主义 [M]. 陆符嘉,译. 南京:译林出版社,2012:184.

<<< 第一章　背景介绍：财政分权经典理论与澳大利亚联邦宪法

第二节　澳大利亚联邦制宪历史

财政问题是制宪会议辩论的主要问题，涉及是否要求消费税向联邦转移，是否以转移州债的形式吸收联邦收入盈余，是否将联邦收入盈余返还给各州及返还方式等内容，体现了不同立场之间的冲突，最终妥协为联邦宪法中的规定，并且有些问题至今仍未有定论，继续对联邦与州的财政分权产生影响。

一、殖民地自治运动与联邦运动

殖民地移植英国的代议制与责任政府制度，确立基本的分权制衡机制。随着殖民地社会经济发展和民族意识形成，联邦运动兴起，促成澳大利亚联邦国家的建立。

（一）殖民地代议制与责任政府的建立

1823年7月英国议会通过《改善司法条例》，规定在新南威尔士成立行政会议协助总督处理政务，成立立法会议协助总督从事立法工作，组建最高法院以保证立法会议通过的议案不与英国法律相悖。伴随着代议制的移植和确立，澳洲社会形态的转变进入实质阶段。其后移植英国的地方自治制度逐渐成为澳大利亚自治运动的主要内容。自治运动在1840年代进入高潮，民族经济的发展使以农牧业为特色的民族国家开始成形。随着社会经济水平的提高，先后建立的殖民地也都要求建立自己的立法和行政机构，殖民地的政治体制逐步被英国模式的政治制度取代。1842年英国议会通过《1842年自治法案》，规定按照选举原则建立新南威尔士政府。代议制得到巩固和完善，进一步限制和削弱了总督权力，总督不再能控制立法会议和殖民地政府，这是澳大利亚宪政改革的一个重要步骤。1850年通过《澳大利亚殖民地政府条例》，对《1842年自治法案》的内容予以扩充。这两次改革以立法形式不断削弱总督权力，逐步摆脱英国控制，同时通过殖民地立法权的扩大提高殖民地自治程度。1865年英国议会颁布《殖民地法律有效性法》，明确英国议会与其在澳各殖民地议会之间在立法程序和立法有效性等方面的关系。① 各殖民地按照英国威斯敏斯特体制建立立法和行政机构，组建责任政府，进而形成具有权威性的政治集体。殖民地政府在实际运作中发挥着国家政府的功效，向英国提出超越作为地方政府的权限要求。澳洲社会对总督权力的质疑、责任政府与总督的权力冲突反映了澳洲人自主意识的增强。总督权力逐步削弱，英国政府直接并单独控制澳洲事务的权力逐步削弱。② 责任政府成立后以较快速度成为各地事实上的统治与管理机构。到80年代，除外交控制权仍由英国保留外，防务、移民、关税、教育等方面权力几乎均由各殖民地责任政府掌握或正向其手中转移，责任政府的领导权威稳步确立。③ 1925年英国议会通过《改善司法条例》修正案，明确将立法会议置于总督之上，并加强立法会议的拨款权力。④ 总督权力受到殖民地法律限制，英国政治权力机构中的制衡机制在澳洲初具雏形。

（二）联邦运动的兴起

19世纪后半期，在自治运动中利益趋同的人们相互交流和融合，民族的成型与联邦的孕育是主要内容。澳洲人为维护自身利益而持续追求自由、平

---

① 王宇博. 渐进中的转型——联邦运动与澳大利亚民族国家的形成 [M]. 北京：商务印书馆, 2010：34-40.
② 王宇博. 渐进中的转型——联邦运动与澳大利亚民族国家的形成 [M]. 北京：商务印书馆, 2010：52-56.
③ 王宇博. 渐进中的转型——联邦运动与澳大利亚民族国家的形成 [M]. 北京：商务印书馆, 2010：114.
④ [澳] 戈登·格林伍德编. 澳大利亚政治社会史 [M]. 北京编译社, 译. 北京：商务印书馆, 1960：86.

<<< 第一章 背景介绍：财政分权经典理论与澳大利亚联邦宪法

等和权利，澳洲社会由此从分散到合作再到联合，进而形成联邦国家。联邦运动的直接动因是澳洲社会与英国在观念与利益上的冲突。这一方面使澳洲内部因共同利益而走向合作进而发展为联合；另一方面使澳洲的自治日趋演进为独立运动，逐步成为拥有主权的民族国家。自治运动使澳大利亚人得到了诸多自治权利，联邦运动则使澳大利亚人获得民族独立和国家主权。① 联邦运动受到殖民地之间的贸易、防卫和移民等因素的推动。② 同时也受到帝国政权的推动，主要作为转移开支尤其是防御开支责任的方式。

1. 澳大利亚社会经济发展和民族意识形成

1886 年首届澳大利亚联邦会议召开，但新南威尔士没有派出代表参加，给处于萌芽的联邦运动带来了不小冲击。联邦运动虽已启动，但其发展受到内部纷争的限制。澳洲社会结构与社会意识的变化是导致联邦运动产生的内部因素。在社会交往中形成的民族认同感和归属感促成社会政治意识和社群情感的结合，加上当时政治发展和社会力量因素，推动澳洲向英国要求平等权利。澳大利亚联邦运动较为平稳温和，关键原因在于这场运动拥有稳固的社会基础、相似的经济利益和政治观点。民族经济的发展推动社会经济结构的变化，为自主独立国家的建立提供了必要的物质基础。共同的经济利益使人们考虑通过组成联邦实现政治统一，扫除交往障碍。19 世纪后期澳洲人口数量的增长和人口结构的变化为联邦运动提供了牢固的民众基础。③ 联邦运动的发展方向与实质内容是促进各殖民地利益的趋同、民族的形成和民族国家的建立。

---

① 王宇博. 渐进中的转型——联邦运动与澳大利亚民族国家的形成 [M]. 北京：商务印书馆，2010：47-50.
② 高等法院曾指出殖民地组建联邦运动的主要目的包括消除殖民地之间的边界税和殖民地之间贸易的区别负担与优惠，达到自由贸易。See Cole v. Whitfield (1988) 165 CLR 360.
③ 王宇博. 渐进中的转型——联邦运动与澳大利亚民族国家的形成 [M]. 北京：商务印书馆，2010：121.

2. 英国基于帝国统治立场支持澳洲建立联邦

英国支持建立一个有助于帝国巩固的属于帝国组成部分的澳大利亚联邦,而澳洲人想建立的是自治国家。尽管出发点大相径庭,但客观上英国对澳大利亚联邦的建立起到了推动作用。英国议会通过法令使澳大利亚宪法具有法律效力。英国支持澳洲建立联邦主要有以下原因:① 英国官方认为联邦制可以减少各殖民地之间的矛盾,提高政府办事效率,有助于保持澳大利亚的稳定;英国军官提交的澳洲防务报告认为需要在澳洲建立各殖民地之间的合作防务体系,作为英国执掌的帝国防务体系的一部分;依附于帝国联邦的澳大利亚联邦有助于英国更好地管理澳洲事务。此外,英国吸取在美国和加拿大的教训,加上忙于战争急需得到殖民地的支持,逐步改变对待移民型殖民地的政策,尊重其自治权利,鼓励殖民地成为更有凝聚力、更强大的自治领域,并在帝国事务方面与英国保持一致。②

二、制宪会议辩论的主要问题

宪法起草者专注于财政问题,财政问题比其他任何问题造成的分割都更为深刻和强烈。解决财政问题对联邦的成立是必不可少的。而问题的焦点是联邦的主要目标和内部贸易自由要求联邦拥有征收关税的独占权,因此会剥夺州的主要收入来源,需要设计一种方式将联邦盈余转移给州并在各州之间分配。历次会议辩论解决了不少问题,相关规定体现于联邦宪法第91条关于州对货物出口的奖励资格、第92条关于州际自由贸易、第113条关于州际酒水贸易、第99条关于禁止歧视和第101—104条关于州际委员会框架。关税(customs duties)的转移被假设为包含消费税(excise duties)的转移,引

---

① 王宇博. 渐进中的转型——联邦运动与澳大利亚民族国家的形成 [M]. 北京:商务印书馆, 2010:135 – 136.

② 王宇博. 渐进中的转型——联邦运动与澳大利亚民族国家的形成 [M]. 北京:商务印书馆, 2010:214.

<<< 第一章 背景介绍：财政分权经典理论与澳大利亚联邦宪法

起关于联邦与州的征税权关系的更多讨论。联邦盈余可能用于缓解州的财政压力，这将州债务的转移与收入问题联系在一起。拨款与开支权范围与联邦盈余多少及其向州提供财政资助的能力问题关联。①

（一）是否要求消费税由联邦向州转移

宪法关于税收的条款主要是关税与消费税。联邦与州在其他方面征税权之间的关系主要在悉尼会议上得到简要讨论。联邦享有一般征税权作为主权的必要特质这个观点得到一致同意。同时也接受除了关税和消费税，州的征税权不被削弱。尽管在推行自由贸易的新南威尔士与其他追求明显保护政策的殖民地之间存在分歧，但联邦征收关税的独占权得到普遍接受。接下来要讨论的是联邦关税的形式。联邦制国家无疑要求关税向联邦的转移，而是否也要求消费税的转移则不那么明显。有些代表假定消费税是关税必不可少的结果，或者认为自由贸易要求"联邦任何部分的任何生产者在商品的生产和销售上平等对待"，支持消费税向州转移。另一些代表对自由贸易持保守观点，认为一旦商品进入州领域，就不存在干预地方贸易管理。因此联邦对消费税的控制仅要求到保护联邦关税政策的程度。② Deakin 提出一个修正案增加"对被征收关税的商品征收的消费税"，获得通过。辩论没有阐明消费税的含义，有代表提出其含义可能包含许可税或邮票税，但未得到进一步讨论。1891 年会议草案规定了联邦征收关税和对"已是关税征收对象的商品"（为防止这项权力被联邦用来使特定商品独家生产的州处于不利地位）的消费税的独占权。1897 年会议提出的方案提及联邦征收关税和消费税的独占

---

① SAUNDERS C. The Hardest Nut to Crack：The Financial Settlement in the Commonwealth Constitution [M] //CRAVEN G. The Convention Debates 1891 – 1898：Commentaries, indices and guide, Sydney：Legal Books Pty. Ltd, 1986：149 – 150.

② SAUNDERS C. The Hardest Nut to Crack：The Financial Settlement in the Commonwealth Constitution [M] //CRAVEN G. The Convention Debates 1891 – 1898：Commentaries, indices and guide, Sydney：Legal Books Pty. Ltd, 1986：158.

39

权,未包含1981年Deakin增加的限制。在悉尼会议上Isaacs提醒大会注意维多利亚政府委任的会计委员会的报告将消费税定义为"对商品的制造和生产征税",防止走得过远。但最终仍未对消费税的定义达成共识。①

(二)是否以转移州债的形式吸收联邦收入盈余

关于联邦盈余的处理主要有联邦盈余向州转移和州债向联邦转移这两个方案。基于预期盈余的总额与应付利息的总额大致相等,转移债务以吸收盈余的建议得到关注。但考虑到殖民地的债务负担与人口不成比例、债务转移的影响有相当大的不确定性,包括是否要求相关资产转移以及对将来州借贷权的限制等因素,最终债务的联邦化提议由于过于困难被搁置。② 宪法仅规定联邦在将来接管州债,或将关税与消费税收入州中的部分用于其债务的利息。

(三)是否将联邦收入盈余返还给各州及其方式问题

联邦筹集收入转移给州并不符合多数代表所持的一般意义上的联邦观念。他们将联邦和州视为独立的实体,各自在其范围内执行政府职能。然而,考虑到关税对殖民地预算的重要性和州交出部分权力以组成联邦的必要性,收入转移无法避免。关税和消费税在当时是主要税收来源,其他形式的税收相对还未发展。关税和消费税转移到联邦将使联邦获得远超过其需求的收入,而州的所得大大减少。因而需要将联邦盈余转移给州或以其他形式调节平衡。这里涉及两个问题:转移总额的确定和总额在州之间的分配。两次大会都任命财政委员会处理财政、税收和贸易方面事务。然而关于财政问题

---

① SAUNDERS C. The Hardest Nut to Crack: The Financial Settlement in the Commonwealth Constitution [M] //CRAVEN G. The Convention Debates 1891-1898: Commentaries, indices and guide, Sydney: Legal Books Pty. Ltd, 1986: 159.
② SAUNDERS C. The Hardest Nut to Crack: The Financial Settlement in the Commonwealth Constitution [M] //CRAVEN G. The Convention Debates 1891-1898: Commentaries, indices and guide, Sydney: Legal Books Pty. Ltd, 1986: 163-164.

<<< 第一章　背景介绍：财政分权经典理论与澳大利亚联邦宪法

的争论激烈，最终的财政协议仍然是不确定的。①

1. 关于联邦收入盈余是否向各州转移支付

财政委员会的报告中提议各州将依其对收入的贡献获得返还，持续五年直到议会另作规定。议会被假定在五年过渡期终结会提出公正分配盈余的方法，但 Braddon 提议联邦最多能使用关税和消费税收入的 1/4 用于自己的开支，其余应依宪法分配给州或用于州债利息。1899 年总理会议将此条和议会给予州财政资助的条款限制为十年，创造了另一个过渡期，进一步导致财政条款的混乱。

在阿德莱德会议之前，Garran 描述了"一个完美的联邦制度应该满足的条件"：其一，公平对待各州，不仅在联盟成立时，而且考虑它们可能的成长等因素；其二，最终性，不考虑为某州作持续的修改；其三，灵活性，最后的协议灵活但没有最终确定，而公平对待各州的困难在于盈余本身。这些问题不仅涉及州收入的减少，而且关乎联邦拥有显著多于其需求的收入问题。1897 年在阿德莱德 Turner 将盈余视作"一件需要处理的危险的事"。在悉尼 Hackett 认为盈余有"产生奢侈的必然趋向——会导致联邦财政权力的粗心大意和漠不关心——除非它们被密切关注"。在墨尔本，当联邦议会对盈余的完全控制似乎不可避免时，Kingston 指出"没有比过剩的国库更能导致健康财政与良好政府倒退的了"。② 站在州的角度，将盈余返还给州的方案也受到批评。Higgins 在投票竞选时指出："英国自由历史明确告诉我们，政府不应该处于不经议会同意从议会之外来源获得资金的位置。"然而，便

---

① SAUNDERS C. The Hardest Nut to Crack：The Financial Settlement in the Commonwealth Constitution [M] //CRAVEN G. The Convention Debates 1891 – 1898：Commentaries, indices and guide, Sydney：Legal Books Pty. Ltd, 1986：151.
② SAUNDERS C. The Hardest Nut to Crack：The Financial Settlement in the Commonwealth Constitution [M] //CRAVEN G. The Convention Debates 1891 – 1898：Commentaries, indices and guide, Sydney：Legal Books Pty. Ltd, 1986：160 – 163.

利性的考虑战胜了原则的论据,将联邦盈余分配给州的方案得到接受。

2. 关于联邦收入盈余在州之间分配的方式

有些代表认为,从长远来看不应在宪法里描述再分配的方式,而应留待联邦议会解决,联邦议会可以而且应该被信任处理这个问题,同时参议院的组成及其被预期代表州的利益也是相关考虑因素。另一些代表坚持找到一个宪法性解决方案,可以考虑给州最低返还保证或对联邦开支进行限制的方式。由于各殖民地情形各异,难以在短期内就盈余再分配方式问题达成稳定协议。如果要返还收入,必须找到再分配的基础,但一个被普遍认为公正的基础被证明是不可能达到的。①

Kingston、Higgins 和 Isaacs 等人支持对州最低返还保证的观点,Issacs 认为若不达成宪法性的解决,联邦议会将充满争斗和混战。Barton 站在联邦原则的立场指出,有些问题是纯粹联邦性的,如地方无法有效处理同意转交联邦的事项,不建议对联邦施加保证;有些关于政府本质的事务如财政调整,当联邦利益与州利益纠缠不清时如在收入盈余分配问题上,必须制定一些原则规定于宪法中。关于对州最低返还保证的形式,提议最多是规定关税和消费税收入的一个比例。墨尔本会议首次批准的草案只是授予联邦议会返还所有盈余收入的一般裁量权。Braddon 修正案要求联邦将关税和消费税收入的 3/4 用于州的使用,期限为 10 年。其后从长远看州获得联邦收入盈余只能依照现行宪法的第 94 条,该条仅授权议会在"其认为公平的基础上,按月将联邦收入所有盈余支付给州"。关于在各州之间分配盈余的基础,1891 年的解决方案提及分配以"达成一致"为基础,随后代表们认识到达成一致是如此不易,建议根据州对收入的贡献或者州的人口来分配。从短期看其影响可

---

① SAUNDERS C. The Hardest Nut to Crack: The Financial Settlement in the Commonwealth Constitution [M] //CRAVEN G. The Convention Debates 1891 – 1898: Commentaries, indices and guide, Sydney: Legal Books Pty. Ltd, 1986: 155 – 157.

<<< 第一章 背景介绍：财政分权经典理论与澳大利亚联邦宪法

能是不公平的。尤其是对新南威尔士州和西澳而言，他们对收入的贡献可能大大超出其他殖民地。① 在最后阶段，Glynn 建议修正案在将来某个确定的时间恢复按人均标准分配的要求，但未被采纳。在其后的场合他指出"世界上没有一个联邦国家会采用允许议会定期改变盈余分配的原则"。对财政委员会建议内容的唯一改变是关于议会"在公平对待各州的基础上"再分配。根据 Barton 的建议修改为议会"认为"是公平的，"任何被假定的不公平应该都可以上诉到高等法院，这样使法院成为纯粹政治问题的裁决者"。

阿德莱德会议上委员会制定了一个明显不同以往的协议。协议规定了三个不同时期：第一个时期为联邦成立到征收统一关税之前，第二个时期为征收统一关税后五年内，第三个时期为征收统一关税五年后的将来。代表们同意在联邦成立后两年内应征收统一关税，第一个时期州的关税和消费税仍然继续使用，但其征收与控制应转移给联邦，在征收基础上扣除联邦征收与开支所受损失，将收入返还各州。中间时期则是州经济适应新的统一关税和州际自由贸易的阶段，将收入减去联邦开支后返还给州。在最后时期盈余按照人均标准分配给州。西澳的税收问题在历次会议中多有争论。西澳的一半收入来源于关税，一半进口货物来自于其他殖民地，其关税收入的 1/3 来源于这些进口货物。财政委员会提议在征收统一关税后的五年期内对西澳提供补偿，数额为联邦代征殖民地关税所造成损失超过其他殖民地所受平均损失的部分。最后大会接受的解决方式是允许西澳以每年 1/5 递减的比例继续征收州内关税。

此外财政协议需要考虑的困境是关于联邦议会"对任何州以任何其认为合适的条款提供财政资助"的权力。现在的条款限制为"在联邦成立后十年

---

① SAUNDERS C. The Hardest Nut to Crack: The Financial Settlement in the Commonwealth Constitution [M] //CRAVEN G. The Convention Debates 1891 – 1898: Commentaries, indices and guide, Sydney: Legal Books Pty. Ltd, 1986: 166 – 168.

其后直到议会另作规定"。早期讨论可见 Macrossan 提出联邦向州提供资助至其认为合适的任何程度是联邦政府的职责。Henry 认为这是必要的，防止州"财政沉船"。一些代表认为这种使州免受财政灾难的权力不管是否被明确规定都是存在的。Wise 描述此权力是"联盟的事实所必要的含义"。另一些代表则否认在宪法中制定条款使州免于破产的必要。O'Connor 指出"如果每个州都将由于联邦而破产，明显表明我们根本不应该成立联邦或者我们的财政政策在根基上就是完全错误的"。同时也有关于这个条款对州财政责任影响的担心。O'Connor 警戒代表们不要创造"当联邦对某州或其代表施加压力时，州有权从联邦勒索钱财"这种关系，以免导致腐败和其他不当影响。而 Forrest 认为议会可以运用对其资助附加条款的权力引导州的财政行为。宪法第 96 条是对小州主要是塔斯马尼亚州的妥协，作为 Braddon 条款中对新南威尔士州妥协的让步条件。① 19 世纪 90 年代大会详细辩论的这些议题仍在持续，如关于"消费税"的含义、开支权的范围和宪法第 96 条规避反歧视保证的可能性等。

三、不同力量的冲突

在建立联邦国家的过程中充斥着不同力量之间的各种冲突。在国内政治层面上有殖民地之间的利益分歧、中央集权主义与地方分权主义之间的冲突和保守主义与自由主义之间的冲突。具体到政府结构形式，存在责任政府模式与美国或瑞士模式之间的选择，在联邦主义者之间还有美国模式（列举中央政府权力）与加拿大模式（列举省政府权力）之间的选择。②

---

① SAUNDERS C. The Hardest Nut to Crack: The Financial Settlement in the Commonwealth Constitution [M] //CRAVEN G. The Convention Debates 1891-1898: Commentaries, indices and guide, Sydney: Legal Books Pty. Ltd, 1986: 169-171.
② CRISP L F. Australian National Government [M]. 4th ed. Melbourne: Longman Cheshire, 1978: 13.

<<< 第一章　背景介绍：财政分权经典理论与澳大利亚联邦宪法

(一) 中央集权主义与地方分权主义的分歧

州权拥护者要求一个强大的参议院以代表州权和限制联邦权力。中央权力构成一个旋涡中心吸引权力积聚于自身，因此中央政府应被给予尽量少的权力。宪法起草者为各自殖民地的公共生活付出多年。在某种意义上，保留州权是维护他们自己的过去。① 州权观念也得到当时美国模式和先例的支持。

(二) 各殖民地之间利益分歧

联邦的成立得到官方和公众的共同推动，从一个公务问题变成政治问题，最后成为一个社会问题。这个运动起源于行政管理智慧，经议会讨论的培育，最后由胜利的社会民主实现。早在1842年新南威尔士和塔斯马尼亚政府就对关税联盟问题进行了艰苦谈判。随着地方经济和市场逐渐扩大并潜在地成为一个国家性的市场，殖民地之间的边界变得日益怪异。1885年各殖民地成立联邦会议（Federal Council），是一个非常有限的联合形式。新南威尔士总理Henry Parkes认为联邦会议是个闹剧："联邦必须是政府的权力……从设计之初就应该是具有完整的立法权和行政权的政府，适应于完成国家最重要和最高的职责"。联邦会议联盟在运行中从未得到完整的代表性，结果也是无效的。委员会没有行政权，无权募集收入或开支经费，仅被作为完全联邦联合的一个阶段。1890年总理和部长们在墨尔本开会讨论建立纯粹的联邦的提议。1891年在悉尼举行全国宪法会议（National Constitutional Convention），六个殖民地均派代表参加。然而新南威尔士议会由于害怕被施加全国性的保护政策，没有通过会议的宪法草案。② 1895年在霍巴特召开总理会议，决定殖民地立法机关再准备一次全国宪法会议。然而各殖民地对各自地方事务的关注多于对联邦问题的关注。在昆士兰和西澳大利亚，联邦的成立

---

① CRISP L F. Australian National Government [M]. 4th ed. Melbourne: Longman Cheshire, 1978: 17.

② CRISP L F. Australian National Government [M]. 4th ed. Melbourne: Longman Cheshire, 1978: 1-7.

遇到特殊困难。北部殖民地许多人在议会内外为非白种人移民问题进行激烈斗争，昆士兰许多人认为这是比联邦更为实在和紧迫的问题。总体而言，在热带的北部认为这种契约劳工是经济发展的关键，温和的南部害怕南方农业和工业的竞争，南北之间产生了分歧。而另一些人以长远观念欢迎建立联邦，认为这会为昆士兰提供更大更受保护的全国市场，进而可能拒绝亚太地区持续的劳工合同与移民的必要性。然而，最终议会两院都不同意普选殖民地代表，导致昆士兰未派代表参加会议。西澳在丰富的金矿区开放时刚获得普遍自治。澳大利亚东部殖民地和海外的采矿者涌入西澳，并于1893年后带来联邦观念。他们对殖民地没有特别的忠诚，对联邦也没有抑制。殖民地经济被打破，等级均衡和政治稳定受到威胁。西澳之前的孤立显现，甚至顽抗的地方"统治阶级"也使用其在议会的权力来阻碍西部的联邦目标。[1]

（三）保守主义与自由主义的冲突

在两次会议中，关于财政权力与协议的问题——哪些收入来源应归于联邦，哪些归于州都是激烈的争议焦点。保守主义者主张政府尽量少开支，联邦支出不超过其关税收入，指望参议院的广泛财政权力来限制中央权力。州应该保留社会与工业领域的一般立法权，因为此类改革适宜在有限区域内进行试验。一些更为极端的保守主义者则反对联邦计划，认为联邦过于立基于民主，被授予过多权力，尤其担心参议院直接选举。不是所有的州权主张者都是保守的，也不是所有的保守主义者都支持州权。关于上议院的性质与目的的保守观点为参议院代表州权的观点提供了一些支持。这种观点认为州在参议院应具有平等的代表性。作为州的议院，参议院在立法方面应享有与众议院平等的地位和权力。不仅特别地或剩余地依附于州的权力应该得到足够的保护，而且列举为全国性的权力也应该依照参议院能完全控制的条件运

---

[1] CRISP L F. Australian National Government [M]. 4th ed. Melbourne: Longman Cheshire, 1978: 8-9.

行。为此，支持州权观点的 Griffith 提出抛弃英国的责任政府原则。塔斯马尼亚州的代表 Barddon 提出遍及全州的选民普选产生参议员是小州的妥协，他希望大州能做出妥协使参议院有权修改财产法。在第二次宪法会议时，参议院平等代表权的大多数拥护者，面对此种观点过于民主的批评，几乎放弃抽象联邦理论的争论而依靠纯粹的便利（这是赢得小州支持的必要妥协）。有些州权主义者似乎预测到政党作为基本单元的意义将不断上升，即使在参议院代表性的问题上。Deakin 不仅意识到是政党而不是州将成为参议院的中心因素，而且认为当时的所有争论（如支持更强势的中央政府）都是建立于假象的异常的事件，人口强势的两个州联合来压迫其同伴这个偶然性并不会发生。①

渐进式改革的自由主义者在权力分配问题上倾向于坚持"相信联邦政府"的原则。自由党支持全民通过广泛讨论、大会代表的普选和对草案的公投，直接参与制宪过程。自由党对普通民众更同情，他们也通常将国家作为一个整体看待。Kingston 认为他的首要责任不是对他所代表的州，而是将要形成的国家。Deakin 建议提前规定所有可以想象的联邦利益或权力可能存在之处，强化联邦政府，相信联邦议会能明智地使用其权力。在1897年宪法会议选举中，新南威尔士工党政策包括以下条款："我们建议不仅将已授予联邦的权力，而且将对铁路和公债的完全控制权也交予联邦。州权保留在通过省级立法控制王权土地、水利、州银行、采矿和工厂立法、教育和公共健康……我们要求保留多数原则……最重要的是，我们坚持宪法应该更灵活，其修改权应被授予所有人民，而与他们居住的州无关。"②

---

① CRISP L F. Australian National Government [M]. 4th ed. Melbourne：Longman Cheshire, 1978：14-21.
② CRISP L F. Australian National Government [M]. 4th ed. Melbourne：Longman Cheshire, 1978：22-28.

(四) 联邦制与议会主权及责任内阁的调和

1891年殖民地代表在悉尼举行联邦会议，着手制定联邦宪法，由选举产生的制宪委员会具体负责草案起草工作。1891年宪法草案被提交各殖民地审议时，各方政治势力和利益集团展开激烈辩论，焦点集中于联邦与州政府之间的权限分配、利益与未来地位等问题。1893年新南威尔士和维多利亚的政府要员与诸多民间团体代表在科诺瓦举行会议，会议通过建立澳大利亚联邦的决议，并提出程序建议。1895年各殖民地政府总理举行联席会议，达成协议规定各殖民地选出10名代表参加国民代表大会，起草宪法交由公民投票表决，若2/3以上殖民地通过则送交英国政府完成立法手续。① 1897—1898年相继在阿德莱德、悉尼和墨尔本举行会议，对1891年宪法草案进行修改和完善。代表们一致同意建立联邦制国家，但各方在征税问题、联邦政府收入余额的分配、联邦政府与州政府的关系、大州与小州的关系等问题上仍然出现较大分歧。1898年新南威尔士、维多利亚、南澳和塔斯马尼亚将会议形成的宪法草案提交选民。草案在后三个殖民地都获得通过，但在新南威尔士未达到立法规定的最低赞成票。经过各方进一步协商，1899年总理会议上依照新南威尔士的诉求进行妥协。第二轮投票时昆士兰州加入。所有五个选区都接受了修改后的草案。最终西澳于1900年7月31日允许对该问题投票，三周后英国女王同意宪法草案。② 1901年1月1日，澳大利亚联邦在悉尼的百年纪念公园宣布成立。1900年的最终宪法草案比1891年在许多方面都更进步了——不仅是在文本和精神上都更为民主。

联邦制与英国宪法两个基本原则——议会主权原则和责任内阁原则之间的张力也是会议辩论的焦点。1891年大会上Cockburn阐释了联邦制与议会

---

① 王宇博. 渐进中的转型——联邦运动与澳大利亚民族国家的形成[M]. 北京：商务印书馆，2010：205-207.
② CRISP L F. Australian National Government[M]. 4th ed. Melbourne: Longman Cheshire, 1978: 10-12.

主权之间的紧张关系。他认为引入联邦制会抛弃议会主权。部长的议会性责任无法与联邦制的条件兼容。在联邦之下议会将不再是选民团体,不会享有根据自己意愿修改宪法的权力。而且议会不会具有至上性,而是并列的机构——主要权力被分离,而不是授予一个组织。保守主义者和州权主义者支持独立的行政机构上议院。大州的绝大多数代表认为无论行政的精确基础是什么,下议院应该最终是(尤其在资金事项上)最高的。他们坚持责任内阁政府,不管这将对联邦制的经典形式产生什么冲击。其后殖民地政府较好地处理了银行和土地危机,但保守主义者仍然反对责任内阁,他们意图使参议院成为类似殖民地立法委员会的机构作为对财产的保障。Higgins指出"我们的整个责任政府制度都随处理财政方案的方式而定"。1898年大会指出强大的参议院可能破坏平衡甚至扰乱责任政府的本质。参议院几乎被授予与众议院平等的立法权,唯一限制是参议院对财政法案没有修改权只有建议权。[①] 1890年代的会议最后为一个相对稳固的议会制政府提供了某种程度的发展的灵活性与能力。

第三节 宪法中的联邦主义与分权制衡

澳大利亚联邦制具有中央集权的特征,然而联邦财政权力的扩张仍然受到联邦主义的影响,州的自治和独立地位得到了一定的保障。在联邦层面立法与行政之间的权力关系涉及参议院的财政权力、政府对议会的责任、行政权的范围及联邦开支权的行使等内容,影响着联邦与州的财政关系。

---

① CRISP L F. Australian National Government [M]. 4th ed. Melbourne:Longman Cheshire, 1978:34-39.

一、宪法中的联邦主义

制宪者可能有双重目的:"其一要尽量假借联邦的与民主的精神于合众国,甚至有一部分假之于瑞士;其二要尽量保留英格兰所有单一国的与君主的宪法精神。前者被用为骨干,以数基础;后者被用为筋络,以资系属。"[1] 澳大利亚联邦宪法对立法权的划分采取列举联邦权力、剩余权力归于州的概括规定方式,对行政权的划分采取联邦法律由联邦执行、地区性政府法律由地区性政府执行的模式。立法权与行政权的分配是重合的,联邦与地区性政府各自的行政权及于各自立法权范围。联邦不具有对州行政的任何有强制力的控制手段。虽然有联邦法院和州法院之分,但两者实际上结合成近一元化的司法系统。联邦法院仅具有有限的初审管辖权,广泛的联邦事务管辖权被授予各级州法院,同时高等法院是各州最高法院所有类型案件的一般上诉法院。[2]

澳大利亚确实具有双重权力机构,主权却是单一的。1900年联邦宪法被认为是来自于一种协议或契约,但这个契约并不是独立当事方之间相互达成的。在严格的法律意义上,澳大利亚殖民地从来不是独立实体,它们只是自治区,在形成联邦时失去了某些权力,同时也获得了某些权力,从而成为联邦的组成部分并形成国家。先有联邦再派生出各州,如此产生的联邦制往往带有相当明显的中央集权特征。在以后的发展过程中,联邦和州的共有立法权得到显著增强,而且联邦法律的最高地位由于财政支出地位而得到进一步巩固。[3] 各殖民地经由联邦宪法变成各州。各州有时被当作联邦合约的缔造者,但这仅意味着其不过是为宪法所缔造的澳大利亚联邦中的选民,各州不

---

[1] [英]戴雪.英宪精义[M].雷宾南,译.北京:中国法制出版社,2001:542.
[2] 杨利敏.关于联邦制分权结构的比较研究[J].北大法律评论,2002,5,33,38.
[3] 张千帆.国家主权与地方自治——中央与地方关系的法治化[M].北京:中国民主法制出版社,2012:22.

是也从不曾是享有主权的州。① "在澳大利亚，宪法较严格地捍卫州的独立。但联邦政府对州政府的控制却变得如此强大，以至于有观点认为澳大利亚的州不过是联邦的执行机构。这种控制主要源于联邦的重大的财政资源，尤其体现在州为履行其大多重要职能而日益依赖来自联邦的资助。因此，或许可以说，澳大利亚宪法实际上就像是体现着很大程度的'非中心化'或分权的单一宪法，虽然在法律上它仍然是联邦的。"②

二、宪法中的分权制衡

联邦议会为联邦最高立法机构，由英王（由总督代表）、参议院和众议院组成。两院制有助于防止议会专横武断和平衡各方代表利益，还有维持联邦与州之间平衡的作用。参议院由各州人民直接选举产生的参议员组成，这种选举方式旨在抵消众议院按人口比例选举造成的大小州力量对比悬殊。众议院主要负责立法和审议预算，并通过质询财政来监督政府，参议院则主要负责复议众议院通过的议案。另外，受政党政治的影响，参议员往往首先忠于其所属党派，与众议员中同党派成员呼应，对众议院通过的议案予以通过或否决。③ 内阁为联邦最高行政机构，联邦成立后内阁由总理、副总理及各部部长组成，集体对议会负责。联邦政府由在众议院中占多数的政党或政党联盟组成，并由执政党领袖担任联邦总理。总理有权任免各部部长及提议总督的任命，有权决定大选日期和召集及解散议会的时间，同时也是执政党在议会的发言人。

在联邦层面立法、行政与司法机关之间存在分权与制衡机制：（1）澳大

---

① 安东尼·梅森爵士. 联邦制国家宪法法院的地位与作用——对于澳大利亚与美国的比较研究 [M]. 许章润, 译. 比较法研究, 1998（4）：414.
② [英] K.C. 惠尔. 现代宪法 [M]. 翟小波, 译. 北京：法律出版社, 2006：19.
③ 王宇博. 渐进中的转型——联邦运动与澳大利亚民族国家的形成 [M]. 北京：商务印书馆, 2010：233-235.

利亚实行议会制责任政府，政府由在众议院占多数席位的政党组阁，部长从议会中产生，并在参议院接受对其行政行为的质询。参议院建立调查委员会和立法委员会更有效地审查政府决定。宪法在政府分支之间划分权力，最重要的方面是通过参议院的宪法性植入完成，包括促使部长负责、审查立法、审查预算。① 在一些即使被认为主张议会至上的国家，其他约束如宪法理论和传统、对程序正义的司法执行以及公众意见，帮助在实践中保持基本的权力分立。②（2）在立法机关内部，拨款或征税的议案不得由参议院提出。参议院不得修改征税或拨款维持政府常年工作的议案。对于无权修改的议案，参议院可以随时退回众议院，咨文请其取消或修改议案中的任何条款。对于其他议案，两院拥有同等权限。(3) 高等法院法官由总督经过行政会议同意后任命。议会可以通过立法将特定事项的初审权授予高等法院。高等法院可以对议会立法和政府行政行为行使司法审查权，至少在理论上确保这些分支不超越宪法和法律为其设定的权力边界。此外，行政倾向于以其在众议院所占多数席位控制议会决定，但并不总能控制参议院。与英国相比，澳大利亚议会独立于行政控制的程度更高。

政府分支之间的分权也并非绝对，比如议会经高等法院许可委任行政以广泛立法权，高等法院解释宪法允许创设准司法性质的裁判所，而法院和裁判所在特定案例中可能创设规则，这些都是对理想分权模式的颠覆。然而在政治和法律文化内一些非正式机制对权力持有者施加限制，一定程度上抵消了澳大利亚分权模式的缺陷。③ 激烈的竞争性政党、自由媒体、专业和有组

---

① THOMPSON E. The Constitution and the Australian System of Limited Government, Responsible Government and Representative Democracy: Revisiting the Washminster Mutation [J]. University of New South Wales Law Journal, 2001, 24 (3): 666-668.
② RATNAPALA S. Australian Constitutional Law: Foundation and Theory [M]. 2nd ed. Oxford: Oxford University Press, 2007: 91.
③ RATNAPALA S. Australian Constitutional Law: Foundation and Theory [M]. 2nd ed. Oxford: Oxford University Press, 2007: 119-120.

织的利益团体在制衡政府方面发挥了重要作用。

在联邦成立前,澳大利亚各地的最高立法权和最高司法权一直分别由英国议会和枢密院掌握。1900年7月,英国议会通过《澳大利亚联邦宪法》和《不列颠自治条例》。1901年1月1日,澳大利亚联邦正式成立,并成为英国的自治领。英国女王为澳大利亚法定国家元首,总督为女王代表。1926年,澳大利亚不再是英国殖民地,总督不再根据英国的建议行事。1942年,澳大利亚联邦议会通过立法规定澳大利亚自行决定是否适用英国议会的立法。1978年澳大利亚法院宣布不再受枢密院判决的约束,而州法院则必须遵从澳大利亚高等法院的判决。[①] 1986年,英国议会和澳大利亚联邦议会分别通过双方议定的立法,宣布英国任何法律的效力从此不及于澳大利亚,澳大利亚高等法院获得司法终审权。

---

① 顾敏康,王天. 从澳大利亚法律改革看香港普通法的发展方向 [J]. 法学,2003 (1).

第二章

历史变迁：联邦财政权力的扩张与州财政独立的保障

澳大利亚联邦与州的财政分权发展历程，是联邦财政权力扩张与州财政独立保障的平衡过程。联邦与州各自收入与开支责任失衡、联邦对州的过度控制削弱州的责任与独立、联邦利用开支权介入其宪法管辖权之外的领域，不断巩固财政主导地位。同时联邦与州也试图采取措施改善州的财政地位。比较财政分权理论和澳大利亚发展实践，可以归纳出澳大利亚联邦与州财政分权的几个主要影响因素。

第一节 联邦财政主导地位的形成与巩固

在联邦内各级政府之间需要一定程度的决策分权。同时联邦也有保障国家稳定和公民平等的需求。[①] 澳大利亚联邦政府在财政上的主导地位明显，对联邦控制的限制来源于宪法限制而不是财政限制。联邦财政安排的主要内

---

① 宪法没有明确说明政府的目的，但第51条表明建立一个稳定的法律框架具有高度优先性。在1946年支持宪法修改授权联邦提供广泛的社会保障福利，体现了这样一种观念：在这些领域的收入再分配对同样的人应以同样的方式对待，不管他们居住在哪里。WILLIAMS R. Fiscal Federalism：Aims, Instruments and Outcomes [J]. The Australian Economic Review, 2005, 38 (4)：352.

<<< 第二章 历史变迁：联邦财政权力的扩张与州财政独立的保障

容是各级政府之间权力与责任的合理划分，尤其是开支责任，征税和借款安排以及政府间拨款。联邦政府和州政府在各州负责的教育、交通、卫生及执法等许多领域合作甚密。各级政府间关于税收分享及支出功能重叠的争论由来已久并仍在持续。在第二次世界大战时期，联邦主导地位形成并得到巩固。政府在社会福利和经济管理方面的重要性增加，加上联邦不轻易放弃在战时获得的政治和经济上的统治地位，导致中央权力增强。工党政府在1941年执政后发掘之前未使用的权力（如关于银行的权力），通过公民投票另外获得权力（关于社会福利支付），以及使用防卫权及财政力量将其职能扩展到教育、医疗服务和交通等广泛领域。

澳大利亚联邦财政的本质问题是在各级政府间平衡财政资源和开支需求，尤其是在联邦、州和地方政府之间达到公正的纵向分配，以及确保州和地方筹资能力的横向分配与需求相一致。政府间财政关系涉及州对所得税收入的筹集、对州征收间接税的宪法限制程度、一般收入拨款和贷款在各州之间的分配、联邦通过特殊目的支付的权力扩张等内容。① 低层级政府缺乏执行宪法责任所需的财政资源、联邦对州施加财政政策的能力几乎不受限制，联邦有效决定公共部门的收入筹集、借款和开支。从这些方面而言，澳大利亚财政制度是高度中央集权的。中央集权的财政制度有消解各级政府财政责任的趋势。因为一级政府拥有超过其需求的资源，其他层级政府处于长期并不可控的赤字状态，各级政府在形成预算时就没有责任平衡开支与收入筹集决策。② 联邦政府没有将资源分配政策限制在全国性事项，而是以其财政

---

① MATHEWS R. The Future of Government Finance [M] //Centre for Research on Federal Financial Relations. Canberra：The Australian National University，Vol. XXXII, No.2, 1973：2-4.

② MATHEWS R. The Commonwealth-State Financial Contract [M] //Centre for Research on Federal Financial Relations. Canberra：The Australian National University，1982：19-22.

权力影响许多更适合由州政府做出的决策。应当平衡财力与责任以便于联邦制内部的决策分权，同时保持在国家利益超越地方利益领域的中央控制，将中央财政安排与有效分权的开支决定结合起来。

中央政府掌握大部分收入源泉，并在一定程度上控制地方政府的支出规模和结构，使中央政策执行有充分财力支持；中央财政具有较强能力协调地方公共服务提供方面的差异并合理配置资源。但财力的纵向不平衡影响资金使用效益，州财政过分依赖联邦拨款。联邦政府向州拨款的制度使征税权力与支出责任严重脱节，从而导致决策责任模糊，同时削弱对联邦与州政府不同需要的政治敏锐感。另外拨款中相当部分是联邦指定资金用途，但不承担资金使用的责任。从政治角度也有观点就联邦政体与集中型财政之间的法律关系提出异议。[1]

中央政府的主导地位和地方政府的不独立是否已到了限制独立决策和责任政府的程度？有观点认为这是值得质疑的：（1）州仍然有依靠自身筹集不少额外收入的能力。州对此放弃是基于联邦提供大量资助和考虑选民对征税的可能反应所做的政治判断；（2）州有相当程度的自由决定自身的开支优先顺序，决定分配多少资金给特定领域；（3）州借款权的增强使州更有能力管理自身事务；（4）尽管联邦通过特殊目的支付附加条件干预州的责任领域，但超过一半的联邦资助是为一般目的提供。而且在联邦提供特殊目的支付时，实际上州经常可以决定边际资金的开支。[2]

一、纵向财政失衡：联邦与州各自收入与开支责任不平衡

纵向财政失衡是各级政府开支责任与自身财政资源的失衡。这个问题指

---

[1] 范勇. 澳大利亚财政体制概况 [J]. 宏观经济研究，1990（6）：79.

[2] MOORE D. Development in Commonwealth – State Financial Relations [M] //Centre for Research on Federal Financial Relations. Canberra：The Australian National University，1986：19.

向政府间关系的中心。具体涉及州自治的范围、中央对州预算的影响、州征税的宪法界限、收入分享机制和政府间协调机制等内容。纵向失衡过于严重会产生相关问题：(1) 影响州的财政自治：根据财政责任原则，各级政府应有充足的独立税收来满足执行职能的成本。财政自治对独立和分权决策意义重大；(2) 造成服务提供的重叠并影响资源分配的有效性：州过度依赖联邦拨款或借款，而不致力于利用直接控制的资源影响经济或平衡成本收益；①(3) 开支与收入筹集之间的联系断裂，降低州政府对选民的责任性：一般认为应由一个分权的低层级政府以自有税收提供公共产品与服务，否则政府的收益与成本之间的联系就不复存在，会降低地方政府对项目成本的责任。

政府间财政关系在澳大利亚宪法中仅被认为是一种过渡性安排。殖民地同意放弃关税这一主要收入来源，但开支责任未受很大影响。联邦垄断关税（对进口商品征税）和消费税（对国内商品征税），并有效控制所得税、销售税和州借款。② 在 1910—1920 年间，联邦还开始开发州的传统税基，如引入土地税和娱乐税。联邦的主要税收是关税和消费税、个人和公司所得税和选择性的（selective）批发销售税。州税主要是工资税、印花税、汽车税、商业许可税、酒税、赌博税和土地税。州掌握的税种不具有高产出性，导致州筹集收入的能力有限。在联邦成立的最初 10 年，联邦开支相对较少，大量来自关税和消费税的收入返还给州。此时只有州行使征收所得税的权力。其后的变化导致纵向财政失衡不断加剧：(1) 州在政治上无法征收所得税；(2)

---

① HUNTER J S H. Federalism and fiscal balance: a comparative study [M]. Canberra: Australian National University Press and Centre for Research on Federal Financial Relations, 1977: 38 - 40.
② 宪法规定联邦独占关税和消费税；法院解释扩大消费税的含义；1942 年联邦议会通过统一所得税立法，并得到高等法院支持；1927 年财政协议及联邦对财政和货币政策的控制帮助联邦不断控制州的借款。MATHEWS R L, JAY W R C. Federal Finance – Intergovernmental Financial Relations in Australia since Federation [M]. Thomas Nelson (Australia) Ltd, 1972: 2 - 4.

联邦通过特殊目的支付进入州的责任领域,模糊了宪法纵向责任划分;(3)法院对消费税的广义解释加剧了州的收入困难;法院裁决禁止州征收绝大多数形式的间接税并支持联邦扩展其开支活动;(4)联邦通过间接手段指示贷款委员会的决定从而控制州为公共项目的借贷。联邦政府掌握更多税收,州政府负责提供更多服务,导致开支责任与征税能力之间的不平衡。共治的膨胀也加剧联邦的中央集权。

世界货币基金组织曾统计过澳大利亚2007—2008年度各层级政府收入与支出所占GDP的比例(其中收入/支出包括来自于/支付给其他层级政府的财政资助),可以用来说明澳大利亚的纵向财政失衡状态:[1]

表2.1　2007—2008年度澳大利亚各层级政府收入与支出占GDP的比例

政府层级	收入占GDP比例	开支占GDP比例
中央政府	26.02%	17.94%
州政府	7.18%	13.67%
地方政府	1.96%	2.33%

(一)联邦独享关税和消费税,法院对"消费税"广义解释限缩州的可征税范围

联邦宪法规定联邦享有征收关税和消费税的独有权力。纵向财政失衡自此就存在,只在州开始征收所得税到1942年联邦统一征收所得税期间有所缓解。1909—1910年度联邦对州的临时支付结束,州的财政收入大大降低,通过联邦宪法第96条对州的资助成为必要,对增强联邦权力产生了深远影

---

[1] IMF Working Paper – The IMF's Government Finance Statistics Yearbook – Maps of Government for 74 Countries, prepared by Claudia Dziobek, Miguel Alves, Majdeline EL Rayess, Carlos Gutierrez Mangas, and Phebby Kufa, 2011, p. 10.

响。① 此外，法院在一系列案件中对"消费税"进行广义解释，使州的可征税范围大大缩小。

（二）联邦统一征收所得税，在法律上州享有所得税征收权，但在政治上不可行

在征税方面，1930年总理会议同意削减收入开支和贷款开支，联邦与州合作解决困难。然而战争爆发及随后的统一所得税立法摧毁了州达成财政独立的机会，到第二次世界大战时所得税领域双重征税的困难变得明显。联邦征收所得税的税率如此之高，以致于州没有征收所得税的空间。1946年联邦通知州其意图是无限期延续统一税。在借贷方面，1910年公民投票同意修改联邦宪法第105条，允许联邦接管州债，1914年联邦进入公共借贷市场。

高等法院裁决联邦宪法第109条在征收领域受限制使用，这样联邦和州可以基于同一税基征税，这不被认为是互相冲突，而是被视为分享可得税基。宪法要求联邦征税不能歧视州或州的部分，从这个方面而言联邦征收的税必须是统一的。当时各州所得税标准不一，联邦如果设置高税率，会对高所得税的州居民施加沉重负担，而低税率又不能产生充足收入。② 州所得税结构和税率的差异给联邦增加税收支持战备带来很大困难。对此解决途径是在所有州征收统一所得税，联邦成为唯一征收者，将部分收益支付给州。州仍然享有所得税征收权，但出于政治考虑选择不行使此项征税权。

二、联邦对州财政的过度控制削弱州的责任与独立

州的收入资源有限而开支增加，自身收入无法负担支出，因而严重依赖于联邦资助和借款。州的部分收入又用于偿还债务，陷入收入赤字与依赖联

---

① Fiscal Federalism – Some Problems and Options, A research study published by the Committee for Economic Development of Australia, P. Series No. 16, March 1975, pp. 1 – 5.
② JAMES D W. Intergovernmental Financial Relations in Australia [M]. Sydney: Australian Tax Research Foundation, Information Series No. 3, 1992: 8 – 9.

邦的循环。州严重依赖公共借款，部分由于州缺乏灵活和足够的收入资源，部分由于扩张的福利项目、经济增长和通货膨胀压力带来的州开支激增。①联邦统一所得税并提高税率，最初是为战争提供财政支持，其后是为社会福利支付提供财政支持。自统一所得税立法后，州贷款项目急剧减少并被联邦操纵。联邦充分控制主要税收，以此控制公共开支。联邦通过拨款提供相当大比例的州收入，并通过附加条件控制州的贷款项目规模。

（一）联邦通过控制贷款委员会影响州的借贷

第一次世界大战后，联邦面临重新募集资金和偿还债务的沉重负担，州面临基础设施建设和士兵安置的资金需求，两级政府经常在外国和本国资本市场上互相竞争，联邦与州意识到合作协调各自借款的必要性。1923年5月总理会议上，州总理同意建立自愿的贷款委员会，功能限制于寻求贷款期限、利率及其他条款的一致。1927年6月，联邦提交草案建议签订财政协议，将基于长远的借款安排正式化。12月联邦与州签署财政协议。1927年财政协议是联邦与州之间财政关系的一个里程碑，体现了关于借款的财政权力和责任划分的主要转变：联邦和州协调借款需求并制定条款使偿债基金系统化。协议规定建立澳大利亚贷款委员会（Australian Loan Council）管理联邦和州的借款；州向国家债务偿还基金（National Debt Sinking Fund）出资以为偿还州债做准备；联邦向州拨款以偿还部分利息和偿债基金的债务。② 贷款委员会决定每年借款总额和利率、发行价格、条款及其他条件以及贷款资金在政府之间的分配，在协调借款和控制公共部门开支方面发挥重要作用。然

---

① HUNTER J S H. Federalism and fiscal balance：a comparative study［M］. Canberra：Australian National University Press and Centre for Research on Federal Financial Relations，1977：55.
② LANE W R. Financial Relationships and Section 96［M］//Centre for Research on Federal Financial Relations. Canberra：The Australian National University，Vol. XXXIV，No. 1，1975：106 – 108.

而之后不断增加的联邦财政控制及其中央银行权力,导致联邦对贷款委员会的控制。联邦与州关于政府借款的合作决策没能长期持续。

对贷款委员会的功能评估需要分为两个阶段:第一阶段,从经济危机到第二次世界大战,联邦与州在贷款委员会提供的制度性框架内分担财政和货币政策的决策责任。第二阶段,自第二次世界大战开始,以联邦对贷款委员会的控制为特征。联邦通过税收支持自身项目支出,同时向州提供贷款资金。通过税收主导和对中央银行的控制,加上仍然消沉的贷款市场,联邦控制州的贷款项目,州对联邦借款的依赖形成并持续。联邦将贷款委员会作为执行政策的工具,州的财政独立受到很大影响。近年来联邦还通过立法以州遵从联邦对借款施加限制为条件向州提供一般收入资助。

(二)联邦通过特殊目的拨款影响州的开支决定

1. 联邦拨款委员会的建立

第一次世界大战后,在保护性关税领域的联邦政策加剧弱势州的财政困境,同时利于新南威尔士州和维多利亚州的工业经济,拉大各州之间的经济差距,甚至造成西澳、南澳和塔斯玛尼亚州意图脱离联邦。联邦政府意识到有必要设计长期机制矫正横向失衡。1933年根据联邦宪法第96条设立联邦拨款委员会,并通过立法规定拨款委员会的人员组成、任命条款及功能等,授权总理向议会两院提交拨款委员会的任何报告,并命令其"在向议会提交任何关于报告内容的法案之前"必须这样做。联邦拨款委员会审查财政关系框架,评价其是否满足澳大利亚人民当前需求。委员会视其工作"在性质和方式上是司法性的"[1]。

联邦拨款委员会对州向联邦提出的财政资助申请进行调查并提出建议。

---

[1] ELSE – MITCHELL R. The Australian Grants Commission [M] //Centre for Research on Federal Financial Relations. Canberra: The Australian National University, Vol. VIII, No. 4, 1974: 563 – 565.

1936年委员会以财政需求作为建议资助等级的主要原则：当州的财政压力导致其无法有效履行职能时，联邦对州拨款以使该州在不明显低于其他州的水平上运行。委员会之后直接通过参考州筹集收入能力的不足和提供标准公共服务的额外成本来评估州的需求。[1] 委员会尽管不拥有最终决定权，但它实施的估算程序和组织的讨论都将直接影响最终分配方案。委员会在估算过程中需要充分听取联邦、州及其他利益相关方的意见和建议，联邦和州监督估算进程以确保最终分配方案的准确与公正。其后在一年一度的联邦与州财政关系部长理事会上，各相关方将讨论审议联邦拨款委员会提出的分配方案，审议通过的分配方案经总理同意后提交议会终审。在议会审议过程中，更大范围的利益相关方得以充分表达意见，进一步形成决策上的各方制衡。[2] 以拨款委员会为核心机构的财政均衡制度安排是澳大利亚联邦制度运作的一个主要安全阀。均衡拨款提供了各州政策制度差异与财政能力均衡的和解。自1970年代联邦与州政府达成对所有州实现广泛均衡的合意后，委员会开始承担提供建议以实现均衡的任务。横向财政调整的过程与联邦对纵向财政安排的持续控制是有关联的。联邦决策能提高人口较少四个州的相对地位，使所有州就重新征收所得税或拨款安排的基本改革更难以达成协议。1959年后横向财政调整的过程更加依赖联邦与个别州的双边谈判或总理会议的专断决定，导致一般收入拨款的分配更依赖联邦政府的政治决策。[3]

联邦对州的资助主要有以下几种目的：（1）矫正纵向失衡：是财政资助

---

[1] MATHEWS R. The Changing Pattern of Australian Federalism [M] //Centre for Research on Federal Financial Relations. Canberra：The Australian National University, 1976：23 –26.

[2] 吕晨飞. 澳大利亚均等化转移支付制度研究 [M]. 北京：北京大学出版社, 2010：40.

[3] MATHEWS R. The Changing Pattern of Australian Federalism [M] //Centre for Research on Federal Financial Relations. Canberra：The Australian National University, 1976：30 –35.

拨款最明确的指示。向所有州支付，不指定开支的特定形式，不附加条件要求州作筹资努力；(2) 矫正横向失衡：是根据拨款委员会的建议对州进行特别拨款的功能。财政需求原则写入 1973 年《拨款委员会法》(Grants Commission Act)，第 5 条规定特别拨款目的是通过合理努力使州能以不明显低于其他州的标准行使职能；(3) 推进或控制在特定功能或项目的开支：明显体现于各种特殊目的支付。[1]

2. 联邦拨款中的特殊目的支付

联邦对州的拨款可以分为一般收入资助 (General Revenue Assistance) 和特殊目的拨款 (Special Purpose Payments) 两大类。一般收入资助包括财政资助拨款 (Financial Assistance grants)、特殊拨款 (Special grants) 和特殊收入资助 (Special revenue assistance)。一般收入资助的使用目的由接受州自由决定。特殊目的拨款经常附有匹配性要求 (matching requirements)，接受方需要从自己的资源中提供收入以满足该拨款。特殊拨款根据拨款委员会的建议分配给财政较弱的州，旨在推动各州之间的横向均衡。特殊收入资助只在自然灾害等例外情形下支付。

特殊目的拨款开始于 1923—1924 年对道路建设的拨款。自 1970 年代初开始联邦大量增加对州的特殊目的拨款，覆盖教育、城市政策、增长中心计划、社区医疗、法律援助和城市公共交通等广泛领域，旨在推动具有全国重要性或显著对外效益的项目。特殊目的支付在不同时期呈现出变化的过程：(1) 霍特姆政府时期达到顶峰：涉及学前教育和儿童看护、医院、社区健康、城市和地区发展、城市公共交通和地方政府等领域。1974 年联邦开始全面资助高等教育。这种中央集权趋势引起州的质疑和反对；(2) 弗雷泽政府

---

[1] LANE W R. Financial Relationships and Section 96 [M] //Centre for Research on Federal Financial Relations. Canberra: The Australian National University, Vol. XXXIV, No. 1, 1975: 50 – 54.

时期有所缓解：废止了引起州不满的城市发展领域项目。1981—1982年将医疗拨款吸收到一般收入，将特殊目的资助占对州总资助的比例减少到33%；（3）霍克政府时期恢复增长：1991—1992年对州资助占总拨款的比例为52.6%。其中一个显著原因是霍克政府将健康资助重新作为特殊目的拨款。联邦认为资助州的健康服务对联邦而言有显著政治优势，打破健康资助与财政资助拨款之间的联系也能保护健康资助水平不受一般收入资助的侵蚀。此外在家庭和社区照顾、法律援助和住房支援等领域中特殊目的资助也有显著增长。①

如何在联邦与州之间保持财政平衡是自联邦成立以来一直受到关注的问题。联邦宪法中财政条款的主要部分并未提供一个长期机制，宪法第96条为联邦与州财政安排提供了足够灵活的空间。该条原意在保护州，但实际上导致了州财政力量的衰落。联邦利用此条规定将其优先顺序施加给州，尤其是在宪法没有授予联邦权力直接行为的领域。有些特殊目的支付反映联邦政府争取短期政治优势或利用第96条侵蚀州对决策的影响。还有些则显示拨款用于缓解州债压力和帮助弱势群体。许多特殊目的支付项目涉及联邦的一系列控制措施，如匹配性安排、收入条件、咨询性机制、特定开支方向。联邦能通过特殊目的支付有效控制州的开支模式及财政资助在各州之间的分配，这也容易导致资源分配的低效。相当部分的特殊目的支付实际上用来规制纵向财政失衡，然而通过无条件拨款矫正纵向财政失衡更有利于州实现财力分配自由。② 1974—1975年特殊目的支付约占联邦所有对州支付的50%。

---

① JAMES D W. Intergovernmental Financial Relations in Australia [M]. Sydney：Australian Tax Research Foundation, Information Series No. 3, 1992：54 - 57.
② HUNTER J S H. Federalism and fiscal balance：a comparative study [M]. Canberra：Australian National University Press and Centre for Research on Federal Financial Relations, 1977：59 - 64.

州政府开支占政府所有开支的大部分,而其中约一半来自于联邦拨款。[1] 这混乱了宪法规定的联邦与州的责任界限。州政府独立性削弱,联邦政府越来越多地参与宪法留给州的责任领域。

三、联邦利用开支权介入其宪法管辖权之外的领域

澳大利亚的纵向财政失衡程度被称作"工业世界联邦中最极端的"。州筹集收入的能力与开支责任不适应,并日益依赖联邦拨款以弥补收入不足,不利于资源分配和政治责任承担。最严重的负面结果或许就是允许联邦通过对州进行财政和政策控制,进入传统上属于州排他统治的政策领域。[2] 由于严重纵向财政失衡的存在,联邦可以运用特殊目的拨款介入其没有具体宪法权力的领域,这经常导致项目管理和职能的重叠。可以通过给州提供更多税基或将特殊目的支付转换为一般收入拨款的方式,缓解重复、压制和预算灵活性问题,但同时联邦控制会削弱。

特殊目的支付在联邦制内的主要意义是可以用以恢复财政资源与开支需求的平衡。其增长的一个原因是联邦认为州有宪法责任的大多数服务涉及全国性利益。联邦通过指定支付的条件,扩展管辖权到州政府责任领域,行使宪法排除其行使的间接权力。特殊目的支付的限制性条件分为开支限制和收入限制两类。所有特殊目的支付都涉及开支限制,必须运用于联邦指定的目的。收入限制经常是以匹配性条件的形式,要求接受方从自身资源中提供特定资金来补充所接受的拨款。这些限制是为防止接受方替代收入或开支而使

---

[1] Fiscal Federalism – Some Problems and Options, A research study published by the Committee for Economic Development of Australia, P. Series No. 16, March 1975, pp. 9-14.
[2] FINLAY L. The Power of the Purse: An Examination of Fiscal Federalism in Australia [J]. Giornale di Storia Costituzionale/Journal of Constitutional History, 2012, 24 (Ⅱ): 88.

拨款作用无效。① 拨款可能附加的匹配性要求（如联邦对州大学拨款规定的要求）影响州优先顺序和不受联邦拨款支持的州责任领域的资金分配（如初级和中级教育）。即使有匹配性条款缺席或相对不重要的情况，如联邦对道路的资助，联邦也经常能对州施加开支限制。② 联邦甚至可能通过拨款接管州的某项职能，同时减少一般收入拨款。③ 这些发展体现了从收入分享到成本分担的转变。

自1991年起特殊目的拨款被分为两类：对州的支付（Payments to the States）和通过州的支付（Payments through the States）。通过州的支付是提供资金给州为了州将资金继续传递给其他机构或个人，包括对高等教育、非公立学校的支付、对地方政府的一般目的资助和对机构的研究拨款等。这类资助中，州只是资金的通道。对州的支付是提供给州或联邦与州合作项目。在1991—1992年的151亿特殊目的支付中，通过州的支付约有54亿。④ 近年来关于特殊目的支付安排有显著改革，赋予州更大的灵活性和开支资金时的裁量权。然而为特定目的向州提供有条件资金的情形仍然显著。

---

① MATHEWS R. The Future of Government Finance. ［M］//Centre for Research on Federal Financial Relations. Canberra：The Australian National University, Vol. XXXII, No. 2, 1973：11.
② MATHEWS R L, JAY W R C. Federal Finance – Intergovernmental Financial Relations in Australia since Federation ［M］. Thomas Nelson（Australia）Ltd, 1972：188.
③ 联邦为整体财政均衡进行干预应区别于为扩展活动类型的特定行为，后者通过单项拨款或有条件拨款的手段。中央政府干预一般不是通过直接接管州的功能，而是以联邦拨款为工具推动特定行为。澳大利亚宪法对这类干预有明确授权。此类干预的主要考虑是地区之间的溢出效应。由于地区政府被预期不会考虑非居民的利益，各州的独立行动可能造成公共服务供给不足。以特殊目的拨款为工具，使外部效益内部化。HUNTER J S H. Federalism and fiscal balance：a comparative study ［M］. Canberra：Australian National University Press and Centre for Research on Federal Financial Relations, 1977：27 – 28.
④ JAMES D W. Intergovernmental Financial Relations in Australia ［M］. Sydney：Australian Tax Research Foundation, Information Series No. 3, 1992：59.

<<< 第二章 历史变迁:联邦财政权力的扩张与州财政独立的保障

第二节 改善州财政地位的措施与成效

联邦统一征收所得税后对州进行税收偿还拨款(财政资助拨款),在1970年代显著增加对州的拨款和接管州债,并分担州的部分开支责任以缓解州的财政压力。州寻求通过开发边际所得税、消费税、收入税和特许费来增加收入。联邦与州还协商实行新联邦主义政策,试图通过将特殊目的拨款吸收一般目的拨款、州分享税收收入及协商机制,改善联邦与州的财政关系。但这些措施对于改善州财政地位收效并不明显。

一、联邦统一征收所得税后对州进行税收偿还拨款

1942年统一所得税立法生效,联邦向州支付税收偿还拨款以补偿州的所得税收入损失。拨款最初基于简单的来源标准——各州得到的数额同等于引入统一税前两年各自的平均税收。可以认为此阶段的拨款相当于税收分享协议。然而在1946—1958年间出现从补偿到以需要为分配基准的转变。到1958年拨款总额及分配与税收已没有直接关联。1959年联邦提出以财政资助拨款代替当时的税收补偿拨款(tax reimbursement grants)(包括标准拨款和补充拨款),改变一般收入拨款在各州之间的分配基础和资助年度增长的方式。联邦并未采用宽基础的收入分享协议,目的是表明拨款是来自联邦的合计收入,而不是所得税征收。拨款机制实际上是反映对州所得税损失的补偿和考虑相关州需求的支付。[①] 税收偿还拨款是无条件的,不影响州的开支

---

① HUNTER J S H. Federalism and fiscal balance: a comparative study [M]. Canberra: Australian National University Press and Centre for Research on Federal Financial Relations, 1977: 56-58.

决定。

二、州寻求开发税收资源但成效甚微

州曾向高等法院寻求恢复其所得税征收权。1953年在特别总理会议上讨论州重征所得税的报告，然而未能达成一致。1960年代和1970年代早期州试图在间接税领域开发新的收入来源。但其后少有主动筹集收入的尝试，而是表现出对联邦拨款与借款的依赖。州似乎更愿意接受联邦资助，即使这意味着决定自己开支的自由受到限制。原因可能在于州将收入筹集责任留给联邦，政治上逃避进行不受欢迎征税的责任。①

（一）联邦拒绝关于征收边际所得税的提议，认为修改统一税协议需要所有州的同意

1964年9月，维多利亚州请求联邦以其名义对该州居民征收边际个人所得税（a marginal individual income tax），遭到拒绝。1965年6月，维多利亚州在总理会议上提出该建议。联邦认为基于所有州的同意才能改变统一税协议，除非这些改变不会对纳税者利益产生负面影响或扰乱联邦与州未来的财政关系。然而维多利亚州没有得到其他州的支持，也未表达建立评估和征收所得税机制的想法。②

（二）州征收消费税的方法被高等法院裁定无效，在实践中也缺乏可操行性

1960年高等法院在"酒类许可案"③ 中裁决对销售酒类征收的许可费不

---

① MATHEWS R. The Commonwealth – State Financial Contract [M] //Centre for Research on Federal Financial Relations. Canberra：The Australian National University，1982：14 – 15.
② MATHEWS R L, JAY W R C. Federal Finance – Intergovernmental Financial Relations in Australia since Federation [M]. Thomas Nelson（Australia）Ltd，1972：240 – 251.
③ Dennis Hoterls Pty Ltd v. Victoria（"Liquor Licence case"）(1960) 104 CLR 529.

是消费税。然而长期以来高等法院认为销售税（sales tax）属于消费税（excise tax），将州排除在销售税领域之外。1974年4月法院对"烟草税案"①的裁决认为，1972年塔斯马尼亚州《烟草法》第二部分规定对购买烟草征收7.5%的消费税（consumption tax）是合法的。然而法院同时裁决该法附随的条例规定对零售销售和购买征税是无效的，因为这属于宪法第90条的"消费税"。法官Mason阐述了此次裁决的本质："该法第二部分的条款没有征收消费税，但一旦考虑条例的条款，征税的效果则是消费税。"如果州使用征收消费税的权力并扩大消费商品的范围，将大大降低纵向财政失衡的程度和州对联邦拨款的依赖。然而其后的发展显示，由州（或联邦以州名义）征收宽基础的消费税难以实现。主要障碍是法院裁决中的一部分内容认为关于该税征收方法的条例无效，州也发现难以达成一致路径。② 其后塔斯马尼亚州接受了来自联邦政府的财政资助提议，放弃征收此税。

（三）高等法院裁定多数形式的收入税无效，但未禁止对服务征收收入税

在1960年代，州开始对广泛的商业交易以低税率征收收入税（receipts duties）。1970年法院裁决对商业收入征收的营业税属于对商品的征税而无效。但法院裁决并不禁止对服务征税，州对服务征收的收入税仍然有效。1970年联邦对州及其机构征收工资税的权力被法院裁定有效，但随后联邦将工资税转移给州。

---

① Dickenson's Arcade Pty Ltd v. Tasmania (1974) 130 CLR 177.
② HUNTER J S H. Federalism and fiscal balance: a comparative study [M]. Canberra: Australian National University Press and Centre for Research on Federal Financial Relations, 1977: 67-68.

(四) 州对特定商品以特许费形式征税

州对个人开支征收间接税可以直接影响竞争性服务之间的资源分配。然而法院裁决禁止州征收大多数形式的间接税如零售税。州只能依赖征收成本高、管理不便且难以对资源分配发挥调节作用的低产出税收。对州征收消费税的宪法限制不扩展到对服务征税，[1] 也不禁止州以许可费形式对某些商品销售征收间接税。州努力为征收商业许可税（business franchise taxes）立法，认为这不是"对生产征税"。商业许可税适用于要求特定商品卖主获得许可，以许可费形式征收。州长期对酒类提供者适用该税，而后扩展到汽油生产、烟草生产等领域。法院在此领域的裁决为扩展这种征税类型留下空间。然而对烟酒产品之外的商品征收许可税可能难以得到法院支持。1983年法院裁定维多利亚州对油管征收类似的税违反联邦宪法第90条。1989年法院裁决支持许可税的有效性，但有法官表示如果产品不是烟酒则可以得出不同结论。[2] 多数州也对将许可税征收对象扩展到其他商品保持谨慎态度，以免这种扩展被裁决为无效而破坏其对许可税的现有利用。

三、1970年代联邦显著增加对州的拨款和接管州债

1969—1970年联邦增加财政拨款以补偿州在收入税方面的损失。1970—1971年联邦意识到借贷关系不协调，将以五年为期接管州的大量债务。当时联邦以预算盈余支持对州的拨款，拨款数量的增加导致联邦预算大量赤字，

---

[1] 有观点认为州应扩展对服务征税的空间，充分开发间接税基。然而，在许多情形下在提供服务过程中将所使用商品的成本分离出来是困难的。JAMES D W. Intergovernmental Financial Relations in Australia [M]. Sydney：Australian Tax Research Foundation, Information Series No. 3, 1992：24 - 26.

[2] JAMES D W. Intergovernmental Financial Relations in Australia [M]. Sydney：Australian Tax Research Foundation, Information Series No. 3, 1992：14 - 15.

而州预算受到严格限制。① 联邦还同意向州提供免息资本拨款项目（interest-free capital grant program）。免息资本拨款是无条件的，帮助减轻州债务负担对其预算的不利影响。此外联邦政府决定通过特殊目的拨款提供财政资助满足州债支出。州的财政压力得到缓解，但对联邦的依赖也更为严重。由于联邦预算受到压力，将来对州拨款的增长速度可能远低于1970年代早期以来的情形。② 如果联邦从个人所得税领域部分撤出并给予州征收附加费的空间，可以同时巩固联邦和州的财政责任，在收入灵活性和对纳税者的回应方面得到改善。

四、新联邦主义政策

1970年各州签署《联邦与州的财政关系》，要求联邦与州建立州征收所得税的机制。州向联邦提交声明宣称拨款不能满足州的收入需求，其开支尤其是债务花费和社会服务的增长远快于来自联邦拨款和有限税收领域的收入，迫切要求联邦部分退出所得税领域，州征收所得税附加费。州还建议将财政资助拨款的增长与所得税产出的增长相关联，以使州获益于累进税率结构带来的所得税高度灵活性，并提出考虑州征税能力的不同调整拨款。1972年总理会议上联邦拒绝退出所得税领域，理由为统一所得税是有益的并得到公众接受、不同州使用不同税率将使联邦难以进行宏观经济管理。联邦也拒绝将拨款与所得税收入关联。因为这会产生显著波动使州面临预算问题，而

---

① MATHEWS R. Fiscal Federalism in Australian: Past and Future [M] //Centre for Research on Federal Financial Relations. Canberra: The Australian National University, 1986: 36-39.
② MATHEWS R. Fiscal Federalism in Australian: Past and Future [M] //Centre for Research on Federal Financial Relations. Canberra: The Australian National University, 1986: 14-17.

且各州的所得税人均数额差异大,将二者关联会使均衡性拨款难以发挥作用。① 但是联邦同意增加对州的资助、协助承担州债、合作确定州可以征收的潜在的"增长"税。尽管州保留权力征收个人所得税附加费,但这种权力实际上难以行使。部分由于联邦没有通过降低税率为州提供征税空间,部分由于个人所得税对纳税者而言已经很高。

1976—1982 年弗雷泽政府时期主要致力于增加州政府的财政决定权以调动州的积极性;1983—1990 年霍克政府时期则主要探索如何按照有效性原则调整纵向经济关系,提高宏观管理效率,以解决经济不景气及联邦对州过度干预导致州政府缺乏自主权的问题。根据新联邦主义（New Federalism）的政策方案,联邦政府降低其征收的个人所得税税率,同时相应减少对各州的拨款。各州政府与联邦政府实施共同的《所得税评估法》,执行统一的所得税税基标准,同时保留单一的所得税征收体系。各州可以自行决定本州个人所得税率,但同一州内必须实行统一的所得税率。② 新联邦主义政策认为权力和职能应在各级政府之间分配以提供屏障阻挡集权控制,将联邦主义视为哲学的而不是结构性的概念,这将阻止过度集权从而保障政治和个体自由。弗雷泽政府提出关于所得税分享、地方政府财政资助和政府间合作机制的建议。③

（一）关于州分享个人所得税收入的协定

纵向财政失衡、联邦通过特殊目的拨款控制州的开支形式、州在借款方

---

① HUNTER J S H. Federalism and fiscal balance: a comparative study [M]. Canberra: Australian National University Press and Centre for Research on Federal Financial Relations, 1977: 54 – 55.
② 李金早,张峰,魏勤. 澳大利亚中央与地方的经济关系及其改革方向 [J]. 宏观经济研究, 1992 (6): 69 – 70.
③ MATHEWS R. The Changing Pattern of Australian Federalism [M] //Centre for Research on Federal Financial Relations. Canberra: The Australian National University, 1976: 56 – 58.

面的严重依赖等问题都是相互关联的,其共同而基本的原因是州缺乏足够的收入来源。在联邦成立前关税和消费税占殖民地总税收的比例约为3/4,联邦接管关税和消费税,而将大多数开支职能留给州。税收分享机制确保至少在过渡时期,州的收入与执行职能的开支需求相符。① 建立关于个人所得税的税收分享安排,规定统一税率和结构及促进横向财政均衡的条款,可以给予州灵活的收入基础,随着经济发展收入自动增加来匹配开支需求,也不会损害财政政策的有效性和联邦调整税率进行宏观控制的能力。

新联邦主义政策建议给予州明确份额的个人所得税收入,联邦仍然作为唯一征收机构,以个人所得税分享制度取代基于公式的(formula-determined)一般收入拨款。在过渡到新制度的第一阶段,州所得税份额参考前一年一般收入支付在个人所得税中所占比例确定。第二阶段州可以征收额外费用或联邦将个人所得税收入部分返还给州。1992年5月首相和主要部长提出关于解决纵向财政失衡问题的建议文件。主要内容包括两部分,一是所得税分享计划,这个计划是收入中立的(revenue neutral),不影响个人支付所得税的税率,不产生"双重征税"问题;二是拨款总额应是联邦税收总额的一个固定份额,保证拨款总额不低于1991—1992人均程度。以上协议的内容可以根据政府职能责任的变化进行调整。税收分享协定(tax sharing arrangements)和财政均衡协定解决了澳大利亚的主要宪法危机,对大多数联邦国家财政制度的塑造也具有重要意义。

(二)将部分特殊目的拨款吸收到一般收入支付

1990年10月特别总理会议关注如何实现州预算管理的灵活性。一个相

---

① 在1990-1991年,联邦税收占所有政府税收的78%。联邦税收的70%来源于所得税,26%来源于商品与服务税。州税收占所有政府收入的18%,最大组成部分是工资税,占州税收的27%,其次是印花税和对金融机构交易的征税。JAMES D W. Intergovernmental Financial Relations in Australia [M]. Sydney: Australian Tax Research Foundation, Information Series No.3, 1992: 16-17.

关因素是控制特殊目的总额的增长，匹配性协定会大大限制州的预算灵活性。经协商建议将某些特殊目的拨款吸收到一般目的基金以增加州预算灵活性。其政策声明，现在许多拨款都是州内已完备建立和普遍接受项目的一部分。这类项目的资金可以转换为一般目的收入补偿，最终吸收进入州的"所得税收入"。联邦宪法第 96 条的原初意图是为特殊目的拨款给州，而不是侵犯州的宪法性责任。

（三）完善政府间协商机制

通过对总理会议（Premiers' Conference）、拨款委员会、贷款委员会和政府间关系咨询委员会的更好运用来改善政策协调。此外还设有一些处理具体事务的委员会，如总检察长常设委员会（Standing Committee of Attorneys – General）、澳大利亚大学委员会（the Australian Universities Commission）、联邦公路局（the Commonwealth Bureau of Roads）、澳大利亚交通咨询委员会（Australian Transport Advisory Council）等。这些协商机制促进了联邦与州在主要事务方面的合作，使联邦与州之间关系得到改善。

尽管如此，州的财政地位似乎没有持久改善。州掌握的税收资源低效，不足以提供其预算开支方面的灵活性和充足的公共产品与服务。州引入新税的领域受制于宪法限制和联邦可能削减对州拨款的威胁。联邦侵入宪法领域属于州的职能。拨款经常基于联邦的不合理决策，开支决策经常反映财政限制和政治压力，分配倾向于基于武断公式和政治权宜。收入筹集与开支决策之间的联系断裂助长了州的政治无责任感，因为州发现从政治角度寻求额外联邦资助比增加自身税收更容易。长此以往州可能成为联邦的开支代理。在职能领域关于政策与行政的协调机制没有为开支决策与财政权力提供有效联系，相关机构被限制为咨询性角色。① 但也有相当数额的拨款没有开支限制，

---

① MATHEWS R L, JAY W R C. Federal Finance – Intergovernmental Financial Relations in Australia since Federation [M]. Thomas Nelson (Australia) Ltd, 1972: 291 – 294.

州可以自由使用资金，意味着在开支优先顺序方面相当程度的决策分权。

新联邦主义政策的各项措施，目标是获得集中征税的优势，同时使州能分享经济和政治权力，然而其影响是联邦对州的财政控制增强，尤其在借款协定和州自身筹集收入方面。税收分享协定意图增强州的财政自治，但实际效果甚微。如关于州征收所得税附加费或得到收入返还，实际上并没有州为征收此种附加费立法，因为这将增加已经繁重和不平等的所得税分配负担。而联邦也没有为州征收所得税附加费提供征税空间。事实似乎是联邦和州都不希望州征收所得税。州表现出更在意拨款总额而非拨款形式。[1] 原因可能在于：财政进程由联邦紧紧控制，州没有法律权力，只有有限的政治权力执行协议；联邦在改变税率或财政政策方面缺乏与州的协商；州没有充分参与关于改变资助形式和向州移交责任的审查。[2]

五、联邦分担州的支出责任

政府间的相互依赖改变了现代联邦主义的基础。隐含接受州权力不可侵犯的合作联邦主义和建立于中央主义或联邦统治的压制联邦主义，都要让步于分担决策责任和协调不同政策的协调联邦主义。如今关于"联邦政府"的新观念承认各级政府之间分享责任的必要，取代权力的严格划分。强调政府之间的相互依赖而不是独立，更关注政府实际所为多过其形式上的宪法地位。[3] 根据获取信息的能力、决策产生的溢出效应、回应社区偏好的能力及对决策负责任的能力等因素，各级政府对其最有资格做出决策的事项负责。

---

[1] MATHEWS R. The Commonwealth – State Financial Contract [M] //Centre for Research on Federal Financial Relations. Canberra：The Australian National University, 1982：3 – 12.

[2] JAMES D W. Intergovernmental Financial Relations in Australia [M]. Sydney：Australian Tax Research Foundation, Information Series No. 3, 1992：4 – 5.

[3] MATHEWS R. Issues in Australian Federalism [M] //Centre for Research on Federal Financial Relations. Canberra：The Australian National University, 1978：5 – 9.

当决策相互作用或重叠时,需要协调机制来尽力达到不同政策目标之间冲突的最小化。责任分立应让步于责任分担。联邦制里有三种重要的责任分担形式:协调征税和拨款安排、通过合适的政府间拨款制度分享收入、协调开支决策。[1] 有必要建立便利共同决策和解决冲突的指导方针与组织化机制。

1975年5月总理会议显示政府间关系的一些集权化趋势正在失去动力,联邦将重点放在需要政府合作计划以协调决策和达到资源有效配置。惠特姆总理认为在全国性政府分担开支责任时,应该有联邦与州之间财政安排上的调整,通常以减少一般收入拨款的形式。他还表示希望参与在财政上所参与职能的规划,因为只是提供资金而不参与满足优先顺序、规划开支和达到标准的过程是不负责任的。[2] 1991年7月总理会议上各州提出改革建议:将附条件拨款吸收到财政资助拨款,同时州承担项目责任;联邦对目前接受附条件拨款的项目承担全部财政和行政责任;随着责任的分担,更好地共同计划或协商将替代附条件拨款。

第三节 从一般理论到具体实践:影响因素分析

联邦与州之间的财政关系发展历程可以分为四个阶段:(1)并列联邦主义(co-ordinate federalism)时期:联邦与州政府在各自范围内并列和独立;(2)合作联邦主义(co-operative federalism)时期:联邦与州签订财政协议,在预算和经济政策方面合作回应经济萧条,建立农业委员会等机构交换

---

[1] MATHEWS R. The Changing Pattern of Australian Federalism [M] //Centre for Research on Federal Financial Relations. Canberra:The Australian National University, 1976:45-55.

[2] Payments to or for the States and Local Government Authorities, 1976-77, Budget Paper No. 7, 31.

<<< 第二章 历史变迁：联邦财政权力的扩张与州财政独立的保障

信息、协调政策和统一行动；(3) 压制联邦主义（coercive federalism）时期：统一所得税案的裁决加强联邦对州的财政控制，联邦更多运用宪法第 96 条影响州的开支；(4) 协调联邦主义（co-ordinative federalism）时期：联邦政府引入税收分享协议，减少附条件拨款，建立协调机制。[①] 联邦的财政主导地位在初期形成并不断巩固，其后又有措施试图提高州的财政地位、缓解中央财政集权。

在不断发展的实践中，澳大利亚联邦制向合作、平等和有效的关系有了实质的进步。尤其是，收入分享的概念、合作联邦主义（同时在行政和立法分支）、财政均衡（以补偿州在收入能力和提供服务成本方面的差异）、政府借款协调、拨款建议机构系统分析开支需求，都在澳大利亚萌芽或发展并转化为有效的决策机制。

澳大利亚联邦与州财政分权的实践受到各种因素的影响，与财政分权经典理论模型并不一致，其发展历程本身也是一个动态的呈现。这些影响因素主要是联邦与州财政分权的立法规范、高等法院对涉及财政分权条款的解释和政治制度的运作。

[①] CRANSTO R. From Co-operative to Coercive Federalism and Back？[J]. Federal Law Review, 1979, 10 (2): 121.

第三章

立法规范：联邦与州财政分权的文本基础

联邦宪法设定了财政框架，规定了征税权、财政转移、借贷权、开支及债务分担等内容。调整联邦与州财政关系的主要立法有 1999 年新税收制度立法中的商品与服务税和联邦与州财政协定法及 2009 年联邦财政关系法。政府间协议也是调整政府间财政关系的重要形式，主要有 1927 年财政协议和 2009 年联邦财政关系政府间协议。总理会议、政府委员会等政府间协商机制也发挥着重要作用。

第一节 联邦与州的立法分权和议会两院权力配置

联邦可以通过其立法权影响州的财政独立与自主，因此联邦与州的立法权划分也影响着联邦与州之间的财政关系。议会两院审议立法草案是立法权行使的体现，而议案尤其是预算案的审议程序及议会两院的权力配置，涉及立法分支与行政分支的关系以及联邦与州的利益在议会的表达，从而对联邦与州之间财政关系产生影响。

一、联邦与州的立法分权

联邦制的主要特征是在中央与地方之间划分立法权，以阻止一方侵夺另一方的立法权。结合联邦宪法相关条款和高等法院司法实践，可以将澳大利亚联邦与州的立法分权归纳为联邦议会与州议会分别独享立法权及共享立法权。①

（一）联邦议会独享立法权的事项

其一，联邦宪法明确授予联邦议会独享的立法权事项，宪法第52条授予联邦议会为了维护联邦的和平秩序和良好治理，独有对下列事项制定法律的权力：联邦政府所在地及联邦为公共利益取得的地方；根据本宪法移交给联邦政府管理的任何公共服务部门的事项。第90条规定征收统一关税后，联邦议会征收消费税和关税以及对商品生产或出口发放奖励金的权力是专有的。其二，通过暗示授予联邦议会对某些事项的专有立法权。如有些条款规定"直到议会另有规定"，宪法第51（36）条重申了这种权力的存在。对此类事项只有联邦议会有权置换宪法的规定，州议会无管辖权。有些事项的性质决定其不适合由州管理，如决定众议院成员的人数（第27条）、确定联邦法官的退休年龄（第72条）、承认新州（第121条）和规定地区政府（第122条）。其三，在宪法第51条列举的联邦议会有权制定法律的事项中，有些事项由于其性质不适合或无法由州管理。包括以联邦的信用借款（4）、州保险业之外的保险业（14）、在全联邦内承认各州的法律、公共法令和记录及司法文件（25）、与太平洋岛屿的关系（30）、以公平条件从州或个人获得财产（31）、经过州的同意获得州的铁路（33）、由州送交议会的事项（37）、基于所有直接相关州议会的请求或同意在联邦范围内行使本宪法生效时，只能由联合王国议会或澳大利西亚联邦会议行使的权力（38）和关于本宪法授予议会或其中一院、联邦政府、联邦司法机关或联邦部门或长官的职权行使的事项（39）。

---

① RATNAPALA S. Australian Constitutional Law： Foundation and Theory ［M］. 2nd ed. Oxford： Oxford University Press，2007：204 – 207.

(二) 联邦与州议会共享立法权的事项

对于宪法第51条列举事项中不适合或无法由州管理之外的事项，州议会与联邦议会共享立法权。这种州立法权的持续得到宪法第107条的保证。该条隐含了在不存在排他授权时，州议会可以对联邦管辖权之内的事项立法。宪法第109条冲突解决规则也确认这种共有权力的存在，该条规定"当州法与联邦法律不一致时，联邦法律优先，州法律与之抵触的部分无效"。

(三) 州议会独享立法权的范围

联邦议会的立法权只来源于宪法。宪法没有授予联邦一般立法权，而只是有关特定事项的权力。没有被分配给联邦独有或共有的立法权都属于州独有，受制于宪法性限制。此外，宪法第51条授予联邦议会的权力受到宪法限制。联邦被禁止制定以下法律：通过贸易、商业和税收方面的法律法规给予一州或州内部分以优惠（第99条）、限制一州或其居民合理使用河水（第100条）、制定关于建立国教或基于宗教进行歧视的法律（第116条）。除了这些明示限制，高等法院确认和执行了一系列隐含限制，源于权力分立、代议民主、宪法的联邦含义和政治交流自由等。由于州宪法服从联邦宪法，高等法院推论出的宪法隐含的权利和自由同样限制州立法权。

二、议会两院的权力配置

在议会两院之间分配立法权，使其在内部受到牵制，有助于防止立法机关专横滥用权力。两院制的制度安排及两院不同的组成方式有助于维持联邦制的存续，是平衡州权与民意的重要机制。每个州的民意代表组成参议院，每一同等人群的民意代表组成众议院。众议院更符合一种直观的民主理念，因而将日常的立法权交给联邦的民意代表，而将一种审议性的和更消极的立法权交给各州的民意代表。这样两院制完整地体现出宪政主义的一个基本走

<<< 第三章 立法规范：联邦与州财政分权的文本基础

向：用共和主义的传统去制约政治上的多数（民主）。①

（一）权力配置相关条款及分歧解决程序：联邦宪法第53～57条的规定

参议院与众议院的权力分配主要规定于宪法第53条：拨款或征税的法案不得由参议院提出。参议院不得修改征税或拨款维持政府常年工作的议案，不得修改任何议案导致人民负担的增加。参议院可以随时将其不得修改的议案退回众议院，以咨文请其取消或修改议案中的条款。除本条规定之外，参议院与众议院对于议案有同等权限。威斯敏斯特民主的一个宪法原则是为政府常规年度服务拨款的法律和征税的法律，不应该包括其他议案。这在宪法第54条和第55条有所体现。② 第54条规定为政府常规年度工作拨款的法案应只处理此类拨款。第55条规定征税法应只处理税的征收，处理其他任何事项的条款均无效。除征收关税或消费税的法律外，征税法应只处理一种赋税项目；征收关税的法律应只规定关税，征收消费税的法律应只规定消费税。第56条确认政府建议拨款的权力，规定除在同一会期内由总督向提出议案的一院说明拨款目的外，不得就拨款问题提出议案、进行投票或通过决议。第57条则规定了两院分歧的解决程序。对众议院通过的议案，参议院否决或拒绝通过，或附加众议院不会同意的修正案而通过，在经过三个月之后众议院在同一会期或下次会期再次通过该议案，不论是否带有参议院提出、建议或同意的修正案，而参议院再次如前不予通过，则总督可以同时解散两院。但此种解散在众议院任期届满前六个月内不得为之。如果解散后众议院再次通过该议案，而参议院再次如前不予通过，总督可以召集两院议员的联席会议。出席联席会议的议员可以讨论并一起对众议院的该议案以及一院做出而另一院不同意的修改（如果有），进行投票表决。如果得到两院议

---

① 王怡. 宪政主义：观念与制度的转捩 [M]. 济南：山东人民出版社, 2006：362.
② RATNAPALA S. Australian Constitutional Law: Foundation and Theory [M]. 2nd ed. Oxford: Oxford University Press, 2007: 59.

员总数的绝对多数赞同，则视为得到两院通过，送交总督提交女王批准。

（二）议会审议法案的一般程序

当某项议案提交众议院后，通常要经历全院大会的"三读"："一读"为情况介绍；"二读"为提案议员对议案的陈述和各方议员对具体条款的辩论以及大会表决是否交付"三读"；"三读"为补充意见及最后决定。① 具体到预算案②而言，只有部长能提出关于征收、增减税收和改变任何收费范围的提案，也只有部长能对扩大收费范围的议案提出修正案。部长对其提出的除拨款或供给议案之外的议案，应在"一读"阶段呈交一份解释性备忘录，说明议案原由。在"二读"程序中议员就政府议案的辩论发言结束后，其他议员可以就其发言内容提问。在"一读"结束和"二读"辩论重新开始前的期间，议案可以经建议提交至主要委员会（Main Committee）予以进一步考虑。甄选委员会（Selection Committee）可以决定将有争议的或需要进一步辩论的议案提交至相关委员会获得咨询报告。在"三读"阶段，书记员可以在副议长授权之下，改正议案的文书错误或印刷错误。议案经众议院通过后，书记员将确认该法案源自众议院和法案通过日期等内容，而后法案将被送至参议院提请通过。③

（三）关于参议院财政权力的争论：否决权结合建议修改权

联邦制与议会制之间存在如下矛盾：在议会制下，内阁建立在议会的一院或两院基础上。如果选择其中一院，这一院必然被赋予可能危及联邦平衡

---

① 易立. 澳大利亚议会完善委员会议事功能的相关情况［J］. 中国人大，2011 - 06：49.
② 由于预算案是关于公共财政的收支计划，而公共财政费用最终由人民承担，因此一般将预算案的先议权交给直接选举产生的广泛代表人民的众议院。
③ 参见 House of Representatives Standing and Sessional Orderss 179、141、142A、143、156、157.

第三章 立法规范：联邦与州财政分权的文本基础

的优势地位；如果选择两院，则会造成不稳定。① 小州坚持参议院应有权修改财政法案，因为责任政府将集中众议院的权力而威胁参议院的地位。反对者认为修改财政法案的权力是财政管理和对财政政策负责的需要，如果保留责任政府制度，则此权力应留给众议院。争论焦点在于参议院对财政法案有权整体否决并建议修改还是有权直接修改。差异背后是隐藏在不同制度中的机构设置和宪法原则。多数民主和责任政府的观念确保众议院在财政事项中占主导地位；而州权和联邦制的观念确保参议院有权监督财政法案。制宪者需要设计一个足够灵敏的制度给予参议院有效监督权，又否认其在事实上控制行政的宪法权力。② 这里涉及联邦制与责任内阁制兼容的问题，将在后文详细阐述。

第二节　收入来源与支出职能的宪法配置

财政是政府管理中至关重要的元素，对经济和社会发展有重要调节作用。政府需要资金来建设维护公共设施和提供公共服务，资助政府需要的财政转移项目。征税和政府开支可以用于管理和调节经济。如对外国商品征收高额进口关税可以缓解本地企业的竞争压力，增加所得税税率会抑制需求与

---

① 联邦制与议会行政结合的前提是各成员单位都以大致比例在内阁中得到广泛代表，而这又得益于成员单位数目很少。见王丽萍. 论联邦制国家的特征与类型［J］. 北京大学学报（哲学社会科学版），1997（1）：86.
② 有观点建议授予参议院部分否决权，这样将两院在财政事务上的关系上升为宪法权利问题，而不仅是建议修改的通知制度提供的政治妥协。参议院若拥有部分否决权对政府财政提出实质和广泛的改变，则实际上呈现财政权力不用承受责任政府要求的相应财政责任。而建议修改的通知制度将拒绝通过法案的负担施加于阻碍财政法案通过的一院，而不是为提出财政法案负责的一院。GALLIGAN B, WARDEN J. The Design of the Senate [M] //CRAVEN G. The Convention Debates 1891 – 1898: Commentaries, indices and guide, Sydney: Legal Books Pty. Ltd, 1986: 102 – 104.

消费,降低商品与服务税税率则效果相反。政府还可以通过税收种类与税率来调节收入与财富的不平等。在澳大利亚联邦系统中,财政权力与政策执行能力的分配在很大程度上决定了政治权力的平衡。① 联邦宪法试图在多个方面划分联邦与州的财政权力,包括征税权、借贷权和开支权等。

一、财政框架

1901年殖民地关税和消费税转移给联邦,殖民地的剩余收入来自遗嘱税、印花税和土地税及一些商业活动,如邮政和电报、铁路和电车及出售公共土地。② 联邦的建立需要解决关税、纵向财政平衡和横向政治与经济均衡这三个主要问题。关税问题通过转移盈余和拨款得到解决。纵向财政平衡问题的解决则体现于收入分享安排、联邦接管州债及拨款和要求盈余支付的其他条款。横向均衡问题则主要通过联邦拨款制度解决。比较联邦建立前、建立初和建立后十年三个时间段的数据可知,③ 联邦建立前关税和消费税占殖民地总收入超过3/4,建立后拨款在州和地方收入中所占比例超过30%。此外,西澳采取保护主义经济政策,担心联邦和联邦内自由贸易区的建立不利

---

① HANKS P. Frances Gordon and Graeme Hill, Constitutional Law in Australia (Third Edition) [M]. Australia: LexisNexis Butterworths, 2012: 311 – 312.

② ELSE - MITCHELL R. The Australian Grants Commission [M] //Centre for Research on Federal Financial Relations. Canberra: The Australian National University, Vol. VIII, No. 4, 1974: 562.

③ 1896 – 1897年度关税和消费税占殖民地总收入的76%,遗产税和印花税占10%,所得税占7%,土地税占4%。1901 – 1902年度关税和消费税构成联邦所有税收,州和地方政府税收占总税收的23%;在州和地方政府税收中,所得税占25%,遗产税和印花税占46%,土地税占19%,联邦拨款在州和地方政府收入中占37%。1909 – 1910年度关税和消费税构成联邦所有税收,州和地方政府税收占总税收的20%;在州和地方政府税收中,所得税占32%,遗产税占31%,印花税占21%,土地税占8%,联邦拨款在州和地方政府收入中占31%。SMITH J. Fiscal Federalism in Australia: A Twentieth Century Chronology [M]. Canberra: Australian National University Federalism Research Centre, Discussion Papers No. 23, 1992: 2 – 4.

于其经济发展。为此宪法第95条为西澳设置特殊的五年过渡安排。①

联邦议会可以运用征税权达到广泛目的,对征税权的规定主要体现于宪法第51(2)条、第90条和第99条。联邦可以影响州的借贷项目,根据第105a条控制资本筹集。联邦可以依法直接开支和对州进行财政资助。第81条和第83条涉及联邦根据预算支出国库款项。第96条授权联邦议会在联邦成立后十年直至议会另有规定时,可以给予各州财政上的帮助,条件由议会决定。这些条款在规范意义上奠定了财政权力分配的基础,并通过政府执行操作和法院解释发展塑造着政府间财政关系。

在收入方面,宪法第89条规定在征收统一关税前,各州筹集的收入将抵消联邦接管州部门产生的开支和基于人口分配的一定比例的其他联邦开支,盈余将分配给州。第93条规定征收统一关税和消费税后五年直到议会另有规定,分配盈余方式与前条规定一致。此期间以复杂的记账(book-keeping)方式计算州收入。第94条规定五年后联邦议会自由决定在其认为公平的基础上向州支付联邦的所有盈余。宪法将主要收入来源排他授予联邦,对州的再分配只规定了过渡公式,它将主导权授予联邦——联邦决定分配的长期基础。而在第51(2)条授予联邦共同的一般征税权。在开支方面,宪法允许"为了联邦的目的"拨款(第81条),给予联邦开支特权作为收入的第一项支出(第82条),要求"根据法律"拨款(第83条)。还规定了联邦接管州债的条款(第105条)。最后,第96条允许联邦在联邦建立后十年直到议会另有规定,以议会认为合适的条件对州进行财政资助拨款。它为将

---

① 西澳议会可于征收统一关税后五年内,对联邦范围内运至该州的商品征收关税。此项关税应由联邦征收。但该项关税的征收,在第一年内不得超过根据西澳法律征收统一关税时规定的税,在第二年内不得超过该税的4/5,第三年内不得超过3/5,第四年内不得超过2/5,第五年内不得超过1/5。在征收统一关税五年后,应停征根据本条征收的关税。如果在这五年内,根据本条征收的关税,高于联邦对类似商品征收的进口税,则对从联邦范围外输入西澳的商品应征收这种较高的税。

85

来联邦进行有条件拨款提供了自由处理权（blank cheque）。[1]

二、收入来源

收入方面的制度安排主要涉及联邦与州各自的征税权。从州的角度而言，其收入还来自联邦盈余分配、联邦拨款与向联邦借款。

（一）征税权：宪法第 51（2）条、第 90 条

宪法第 51（2）条授予联邦议会一般征税权；第 90 条授权联邦议会在征收统一关税后，对关税和消费税的征收以及商品生产或出口奖励金的发放享有独占权；同时第 51（2）条和第 99 条对联邦征税权施加限制，即各州间和各州的各地区之间不得有差别对待。除了第 51（2）条和第 99 条禁止区别对待的规定，联邦与州的征税权还受到第 55 条和第 114 条的限制。第 55 条规定征税法只限于税的征收。第 114 条则是关于联邦与州针对对方财产征税的问题。未经联邦议会同意，州不得对联邦所有的财产征税，联邦也不得对州所有的财产征税。第 51（3）条和第 90 条还规定联邦议会关于商品生产或出口奖励金的独有权力。

有些条款不直接或不仅仅关于征税，但间接影响联邦或州的征税权，如通过自由贸易的要求、拨款的方式和联邦法律的优先性影响税收。宪法第 92 条排除联邦和州阻碍自由贸易的税收；第 96 条对征税的影响在于联邦对州拨款时，可以将要求州采用特殊税收政策作为条件；第 109 条可能以三种方式影响州征税：联邦可以使用一般征税权推翻州税法；联邦可以免除私人交

---

[1] GALLIGAN B. Fiscal Federalism：then and now [M] //APPLEBY G，ARONEY N，JOHN T. The Future of Australian Federalism：Comparative and Interdisciplinary Perspectives. Cambridge University Press，2012：326 – 327.

易和财产的州税；可以免除联邦法定机构的州税。① 在联邦成立初期，高等法院裁决联邦与州关于免除对方法律管辖的隐含假定有效。然而1920年工程师案拒绝适用隐含豁免原则，支持联邦通过立法约束州（不管州法是否与联邦法律不一致），但没有给予州相应权力约束联邦。根据法院裁决，联邦政府自身不受制于州法，包括征税法；联邦机构可能受制于州法，联邦可以利用第109条立法给予免除；州及其机构都受制于联邦立法（包括征税法）的约束。② 这对征税和拨款协定产生重要影响。

州议会享有为了州的和平、秩序和良治而制定法律的权力，而州的征税权是其一般立法权的一部分。宪法第107条规定州议会继受殖民地议会的权力，除非宪法将此权力排他地授予联邦议会或从州议会收回。可见州的一般立法权可以被联邦宪法削弱，在征税权方面最明显的体现即为宪法第90条。此外以下条款也确保联邦对关税政策的控制：第88条要求联邦成立后两年内应征收统一的关税；第90条将"对商品生产或出口的奖励金发放"与"关税和消费税"并列；第93条规定关税征收对象为进入州的商品，消费税征收对象则是州内产出的商品。

（二）财政转移：拨款（宪法第96条）与盈余支付（宪法第94条）

联邦宪法中的财政条款主要适用于联邦的早期、过渡时期。规定在联邦与州之间分配收入和财政转移的条款主要为第87条、第94条和第96条。③ 剩余收入的分配体现为三个不同时期的安排：（1）在征收统一关税前，第89条规定联邦将从各州筹集的收入记为州的贷方，将州转移给联邦的部门的运

---

① MATHEWS R. Changing the Tax Mix: Federalism Aspects [M] // Centre for Research on Federal Financial Relations. Canberra: The Australian National University, 1985: 1 - 3.
② MATHEWS R. Changing the Tax Mix: Federalism Aspects [M] // Centre for Research on Federal Financial Relations. Canberra: The Australian National University, 1985: 5.
③ JAMES D W. Intergovernmental Financial Relations in Australia [M]. Sydney: Australian Tax Research Foundation, Information Series No. 3, 1992: 1 - 3.

行成本和基于人口在其他联邦花费中所占份额记为州的借方。联邦按月将余款交付各州；（2）征收统一关税后第一个五年内，第93条规定此阶段分配盈余方式与前条规定一致；（3）征收统一关税五年后，第94条规定议会可以基于公平的基础，将联邦盈余按月支付各州。第87条①规定联邦成立后十年内直到议会另有规定，关税和消费税纯收入的最多1/4作为联邦花费，余款拨付各州或偿付联邦所承受各州债务的利息。② 1908年联邦议会通过《剩余收入法》（Surplus Revenue Act）允许联邦为自身目的保留超过需要的资金，还允许政府将联邦盈余放入信托账户（Trust Account）作为开支。联邦政府以此规避向州支付盈余的义务，同时保有将来对信托账户资金的控制，而不必寻求议会新的拨款。该法规定宪法第87条于1910年12月31日失效。不过由于州税和商业行为收入上涨，绝大多数州过渡到财政资助新制度没有太大困难。

联邦对州的财政资助可以分为一般税收支持与特殊目的支付。从1942年联邦立法接管所得税开始，每年联邦会向州提供资助以补偿州失去的所得税收入。1999年一项政府间财政关系协议约定联邦向州支付商品与服务税收入，取代之前为弥补州所得税损失的财政资助。2009年一项新的政府间财政关系协议成立，要求联邦以商品与服务税的形式提供持续的财政支持，使州能用于任何目的的。商品与服务税的分配参考联邦拨款委员会的建议，遵守横向财政均衡的原则。除了商品与服务税的支付，联邦还向州提供其他的一般税收支持：（1）资助首都领地以帮助应对堪培拉作为国家首都产生的额外花费；（2）资助各州和北领地以弥补它们版税收入的损失；（3）资助新南威尔士和维多利亚州以弥补雪水疗院（Snowy Hydro）支付的联邦税收；（4）

---

① 该条也被称为"布莱登条款"（Braddon Clause）。
② LANE W R. Financial Relationships and Section 96 ［M］//Centre for Research on Federal Financial Relations. Canberra：The Australian National University, Vol. XXXIV, No. 1, 1975：50 - 51.

<<< 第三章 立法规范：联邦与州财政分权的文本基础

根据1998年《联邦场所（镜像税收）法》①〔Commonwealth Places (Mirror Tax) Act〕，将对在联邦场所内的活动与人员的联邦征税收入支付给州。② 商品与服务税支付和其他一般税收支持是无条件向州提供的，这意味着州可以根据自己的预算顺序来开支。

联邦以此制度执行了绝大多数看起来在其直接立法权限之外的开支项目。通过宪法第96条的宽泛权力和对所得税的垄断，联邦对政府开支项目进行全国性的控制。联邦对州的财政资助构成各州开支的大部分，然而这种资助没有持续性的保证，其年度更新可能取决于州遵守联邦政策指令的情况。宪法第96条给予联邦议会一项过渡性的权力向州提供财政资助：在联邦成立后十年内直至议会另有规定，议会可以根据其认为合适的条款对各州提供财政拨款支持。尽管表面看来具有时限，第96条在联邦财政权力分配中扮演着重要角色。联邦征税权的宽泛与州被排除征收消费税，显示了在征税方面的中央集权。联邦运用第96条拨款权的影响增强了这种集中性。这种影响是三重的：（1）1942年联邦运用拨款权（和其他权力）接管州对所得税的征收；（2）联邦运用拨款权阻止州重新征收所得税；（3）联邦大规模运用拨款权支持州的财政。联邦对州的财政转移支付一直在州预算中占重大比例。在1901—1902年、1946—1947年、1980—1981年和2009—2010年分别为37%、46%、62%和50%。③ 这种程度的支持给予联邦相当大的权力去

---

① 高等法院在Allders International Pty Ltd v. Commissioner of State Revenue (Victoria) (1996) 186 CLR 630案中裁决州对联邦场所征收的税无效。1998年联邦引入镜像税收为确保州在财政上不受该案裁决的影响。这种税收包括对联邦场所征收的工资税、土地税和印花税。州代表联邦征收此税，并承担征税的行政成本。这类税收收入归于联邦，再由联邦拨付给州。因此镜像税收同时被记载为联邦的收入与支出。
② HANKS P. Frances Gordon and Graeme Hill, Constitutional Law in Australia (Third Edition) [M]. Australia：LexisNexis Butterworths, 2012：361.
③ HANKS P. Frances Gordon and Graeme Hill, Constitutional Law in Australia (Third Edition) [M]. Australia：LexisNexis Butterworths, 2012：353 - 354.

影响甚至决定州的开支项目。这种拨款权并未意图成为一项广泛的权力，而只是对州受财政失败威胁这一例外情形的防护。① 然而却被联邦用以取得对所得税税基的独占权，并扩张其权力至宪法未明确授权的领域。尽管制宪者希望确保宪法中的联邦平衡，但最终采用的财政条款给予联邦主导权。

（三）借贷权

以公共借贷的形式筹集收入是一个谈判与协议的过程：在合同中，贷方同意预付约定的数额而政府同意偿还，还涉及利息和特定分期付款费用等事项。1927年联邦与州之间的财政协议有效集中了澳大利亚政府的公共借贷权。联邦议会通过1927年《财政协议法》与1929年《财政协议生效法》对1927年协议予以认可。1929年经过公民投票在宪法中加入第105a条，规定联邦可以与州订立协定，规定各州、联邦或联邦代州举借款项事宜，并授权联邦议会立法使第105a条生效前达成的协议生效并执行。

1927年财政协议和宪法第105a条对联邦与州政府借款权力的影响可见"银行国有案"②。法院在此案中认为将私人交易银行国有化会破坏州透支借款的权力，裁决1947年《银行法》与1927年协议第5（9）条不一致。1927年协议在联邦与州之间创建了权利义务以及联邦司法权可以施以影响的范围。法官Stephen指出第105a条第（5）项（规定"无论本宪法、各州宪法如何规定，无论联邦议会或州议会的法律如何规定，所有此项协议及其修改，均对联邦和订立协定的州有约束力"）并未提出违反1927年协议是违法

---

① WILLIAMS J M. The Australian Constitution: A Documentary History [M]. Melbourne University Press, 2005: 813. 转引自 FINLAY L. The Power of the Purse: An Examination of Fiscal Federalism in Australia [J]. Giornale di Storia Costituzionale/Journal of Constitutional History, 2012, 24 (II): 83.

② Bank of New South Wales v The Commonwealth (" Bank Nationalisation case") (1948) 76 CLR 1.

的。① 给予财政协议以约束力的是合同法,违反协议义务会导致违约,但不是根据第 105a 条第(5)项而违法。1927 年协议经过三次修改后于 1994 年被新协议取代。相比 1927 年协议对政府借贷施加的严格限制,现在的协议在更自愿的基础上进行,强调公共部门融资的透明性。

三、支出职能

开支方面的制度安排主要是关于联邦与州履行各自的职能以及偿还各自的债务。联邦与州在相当广泛的领域存在职能重叠,产生责任分担问题。同时联邦也可能通过借贷协议分担州债,产生债务分担问题。

(一)责任分担

尽管宪法没有明确区分联邦与州各自应承担的政府职能,但一般认为联邦主要承担经济稳定和所得分配的职能,州则主要承担资源分配的职能。根据宪法,联邦负责国际性质的(如防卫和对外事务)、涉及全国性事项的(如公民身份和货币)或州之间分歧的事项(如州际贸易与商业等超出州范围的活动)。州负责法律与秩序、教育医疗住房交通等领域的社会服务、地方政府、社区和经济服务及资源开发方面的事务。然而,其中许多领域的责任是联邦与州共享,包括防御、征税、外国事务、社会福利收益和退休金、邮政和通讯、货币、银行和保险等。国际和州际活动由联邦管理,州内活动由州管理。此外,联邦运用财政权力尤其是拨款权参与教育、医疗和交通等州责任领域的行为,影响州的开支形式和行政优先性。② 这种方式加上两级政府在许多领域决策的相互依赖,造成联邦与州在相当程度上的责任分担。

---

① HANKS P. Frances Gordon and Graeme Hill, Constitutional Law in Australia (Third Edition) [M]. Australia:LexisNexis Butterworths, 2012:351 – 353.
② MATHEWS R. Federal – State Fiscal Arrangements in Australia [M] //Centre for Research on Federal Financial Relations. Canberra:The Australian National University, November 1983:1 – 3.

(二) 债务分担

宪法第105条规定联邦对州债的分担问题：议会可以承受各项州债，或以州的人口为比例承受一部分州债，并对该项债务或其中部分进行调换、转期或合并。各州应偿还联邦所承受的债务，此后对于债务的利息应从联邦付给各州的盈余中扣除。如果盈余不足以抵付或没有盈余，其差额或全部利息应由各州付还。联邦可以与州订立关于州债的协定。1928年11月在联邦选举时进行了一项公民投票，内容是关于在宪法中增加条款授权联邦与州订立关于州债的协议。投票得到各党派支持，在各州获得批准。这种压倒性的支持源于选民得到的保证，即这项修改将限制未来政府借款和偿还现有公债。第105a条规定联邦可以制定法律使与其条款一致的协议在成为宪法的一部分之前有效。这是1929年公民投票新增条款，给予财政协议永久效力。该条还授权联邦执行财政协议。尽管该条规定根据其制定的协议"可以由双方修改或撤销"，但各方不能逃避财政协议施加的义务，除非获得其他各方的同意。[①]

第三节　联邦与州财政关系的立法规范

税收分享协定意图通过州在收入筹集决策中的有效参与和重征所得税来改善政府间财政关系的基础。1978年《所得税（与州的协定）法》[②] 允许州对联邦个人所得税征收附加费。但由于联邦没有降低税率为州征税留出空间，州实际上并没有征收所得税附加费，加上州对税收分享协定没有真正参

---

① LANE W R. Financial Relationships and Section 96 [M] //Centre for Research on Federal Financial Relations. Canberra：The Australian National University, Vol. XXXIV, No. 1, 1975：108-109.

② Income Tax (Arrangement with the States) Act 1978.

与，联邦经常单边决定大量税收分享的等级和分配问题，控制州的财政。1985年5月总理会议审查税收分享协定，这些协定于1985年6月30日失效。① 近些年调整联邦与州财政关系的立法规范主要是1999年《新税收制度（商品与服务税）法》②《1999年新税收制度（联邦与州财政协定）法》③和2009年《联邦财政关系法》④。

一、1999年《新税收制度（商品与服务税）法》

《新税收制度（商品与服务税）法》于2000年7月1日生效，议会承认联邦将引入立法规定来自商品与服务税（Goods and Services Tax，简称GST）的收入拨付给各州、首都领地和北领地，将保持商品与服务税的税率和税基符合1998年11月13日在堪培拉特别总理会议（Special Premiers' Conference）上发布的《联邦与州财政关系改革原则协议》⑤的规定。各州和领地受商品与服务税法律的约束。该法还规定了关于商品与服务税的基本规则，包括以下主要内容：商品与服务税何时和如何产生，谁有纳税义务；进项税抵免（input tax credits）何时和如何产生，谁有资格享有；如何执行商品与服务税的支付与退还，何时产生支付与退还；关于免除，陈述免除商品与服务税（GST-free）或进项课税（input taxed）的物资与输入品；关于特殊规则、处理各种事项及解释条款。

该法的中心条款是关于商品与服务税和进项税抵免、净额、纳税期间及支付和退还的规定。商品与服务税对可征税物资（taxable supplies）与可征

---

① MATHEWS R. The Commonwealth-State Financial Contract [M] //Centre for Research on Federal Financial Relations. Canberra：The Australian National University，1982：13-17.
② A New Tax System (Goods and Services Tax) Act 1999.
③ A New Tax System (Commonwealth-State Financial Arrangements) Act 1999.
④ Federal Financial Relations Act 2009.
⑤ The Agreement on Principles for the Reform of Commonwealth-State Financial Relations.

税输入品（taxable importations）征收。可抵免物品（creditable acquisitions）与可抵免输入品（creditable importations）享有进项税抵免资格。商品与服务税总额和进项税抵免总额互相抵消后产生一个纳税期间的净额。每个注册或被要求注册的实体适用纳税期间。在纳税期间评估为净额的数额是实体必须支付给联邦或联邦必须退还给实体的数额。

二、1999 年《新税收制度（联邦与州财政协定）法》

高等法院对联邦征税、拨款和资助权力的解释没有促进州财政独立目标的达成，反而加剧了纵向财政失衡。而在政治形势上有一种倾向承认有必要修正这种不平衡。在1998年11月的特别总理会议上，联邦与州签署了《联邦与州财政安排改革的政府间协议》①。《新税收制度（联邦与州财政协定）法》赋予这项协议效力。该法要求国库部作出决定之前与各州商议，并规定商品与服务税的税率和税基"不得改变，除非各州同意更改"。全部计划由联邦和州的国防部长组成的部长委员会（Ministerial Council）进行监督。该法规定了各州获得商品与服务税收入支付的公式。州共享的商品与服务税收入是无条件的，允许州自由决定开支优先事项。此外还包括对州的其他支付及关于商品与服务税税率和税基变动的内容。关于商品与服务税税率和税基的变动规定如下：（1）商品与服务税的税率和税基的改变需要得到各州同意。这种改变必须符合：保持商品与服务税税基的完整；执行简化；最小化纳税者的遵守成本。（2）特殊情形不受（1）的限制，部长可以根据商品与服务税法或《新税收制度（商品与服务税过渡）法》②，作出影响商品与服务税税基的决定，如果该决定符合所有州已经同意的程序。（3）该条不适用

---

① Intergovernmental Agreement on the Reform of Commonwealth – State Financial Arrangements.

② A New Tax System (Goods and Services Tax Transition) Act 1999.

<<< 第三章 立法规范：联邦与州财政分权的文本基础

于2001年7月1日前立法、条例或其他规则包含的对商品与服务税的改变，如果这些改变是行政性质，并对于促进商品与服务税微小调整是必要的，并考虑保护州收入的需要。（4）该条也不适用于之后对商品与服务税的调整，如果这些调整是行政性质并得到联邦与州的大多数支持。

该法没有规定对州商品与服务税收入的宪法保证，没有法律或理论阻止议会将来使该立法及协议无效。然而，如果收入共享协议在适当时期内有效，国家经济适应了新的财政环境，联邦以后想要收回对州的优惠并不容易，就如取消联邦对所得税的事实上垄断在经济和政治上都是困难的。1999年税收改革一揽子计划改变了澳大利亚宪法体系里的财政设置，尽管不是通过修改宪法文本的方式，但政府间协议里的关键要素似乎得到各政党的认可。然而协议在宪政意义上不是最优的。理论上在政府依赖人民支持税收时，开支权与征税权相对应，责任政府处于最佳运行状态。而在商品与服务税协议之下州免于收入筹集，征税权与开支权并无对应。[①]

三、2009年《联邦财政关系法》

《联邦财政关系法》规定联邦对州的一般收入资助、全国性特殊目的支付、全国性医疗改革支付、全国性合作关系支付等内容。第3条规定该法的目的是为州提供持续的财政资助以支持州提供公共服务，通过（a）一般收入资助（general revenue assistance），包括州可以用于任何目的的商品与服务税收入拨款；（b）全国性特殊目的支付（national specific purpose payments），州用于特定服务提供部门；（ba）全国性医疗改革支付（national health reform payments），州根据全国性医疗改革协议开支；（c）全国性合作关系支付（national partnership payments），以支持州的特定产出或计划或便利州的改革

---

① RATNAPALA S. Australian Constitutional Law: Foundation and Theory [M]. 2nd ed. Oxford: Oxford University Press, 2007: 278-279.

或奖励州的全国性重大改革。第4条对相关定义作出解释：拨款权（drawing right）是指1997年《财政管理与责任法》第27条规定的拨款权。商品与服务税退还条款（GST refund provision）是指联邦法中的一个条款，影响是要求联邦退还已经支付的商品与服务税的全部或部分，不管该条款是否适用于相关的其他种类的税。政府间协议是指2009年1月1日生效的《联邦财政关系政府间协议》（该协议规定了联邦与州之间财政转移的主要框架，以及政策发展与服务提供的相关分配）。全国性医疗改革协议是2011年8月经过澳大利亚政府委员会（the Council of Australian Government）同意的。第5条规定了各州获得支付的公式。

目前联邦对州支付主要分为以下几种类型，各支付类型所占比例如下表所示：[①]

表3.1　2013－2014年度澳大利亚联邦对州支付不同类型所占比例

一般收入资助（General Revenue Assistance）	53%
全国性合作关系支付（National Partnership Payments）	15%
全国性医疗改革支付（National Health Reform Payments）	14%
全国性特殊目的支付（National Specific Purpose Payments）	11%
学生首要支付（Student First Payments）	7%

第四节　政府间协议及协商机制

某些权力专属中央，如外交、国防、海关、宏观调控，从立法到执行都由中央直接负责；某些权力专属地方，如治安、消防、地方工程等。辅助原

---

① Issues Paper 1 – A Federation for Our Future, September 2014, p. 31.

则要求中央将自己的权能限于必要范围,中央与地方的权限划分则应通过法律确定。但在更多领域需要中央与地方合作,而每个领域都需要根据其具体特点设计中央和地方的立法与执法合作模式。在合作领域,一般由中央制定立法标准,地方负责执行,但地方可以在某些方面和中央分享立法权。① 政府间协议和协商机制是联邦与州政府合作的主要方式。

一、政府间协议作为调整政府间财政关系的方式

一般而言,立法权和财权的分配规定在宪法里。在一些联邦制国家,州政府的权力可以在它与联邦政府的双边协议里得到实质性确定。② 在高度一体化的社会中,许多问题的解决需要各级政府的通力合作。各级政府基于专业需求、财政资源与风险分担及对效益的追求,会考虑订立合作协议。通常是通过分权和充分协商来创造制度性诱因推动互动行为,尤其在跨界公共事务管理方面。在政府间关系治理中,有两种规则发挥重要作用:一是缘于政府间关系命令机制的正式规则,是中央政府制定的具有法律效力的规则;二是缘于政府间关系利益机制的事实规则,是政府间竞争与合作行为实际形成的规则。随着协商机制的发展,"论坛规则"应运而生,是政府间缘于合作意愿在各种会议和论坛上签订的协议、意向书等行政性契约文件。③ 行政合作关系在当今政府间关系中意义越来越突出。纵向合作关系中主要采用委托

---

① 张千帆. 中央与地方关系的法治化——以中央与地方的监管分权为考察 [J]. 求是学刊, 2010 (1): 72.
② [加拿大] 乔治·安德森. 联邦制导论 [M]. 田飞龙, 译. 北京: 中国法制出版社, 2009: 35.
③ 刘祖云. 政府间关系: 合作博弈与府际治理 [J]. 学海, 2007 (1): 86.

性合作、协议性合作、计划性合作和参与性合作等方式。① 中央与地方之间应建立一种双向良性互动关系：中央有影响对策各要素及对策进程的主动权，地方有处理辖区内事务的自主权，同时中央对地方自主权的行使过程有监督控制权。②

中央与地方在适当领域的合作是协商民主和民主行政的体现，从博弈论角度而言，也是追求正和博弈的需要。由于很多重大问题都没有固定区域限制，很多领域权力重叠，可以考虑在某些领域实行中央与地方之间的"伙伴制"③，作为填补空白和建立至少是部分责任制的前提的一种方式。或许也可以视其为一种审议民主形式。值得注意的是，伙伴制作为一种治理方式不会取代政府的角色，而应被包容到民主代议制政治之中。如果公民对政治程序没有监督和了解，就存在丧失民主合法性的危险。④

决定一项政府间协议是否有法律约束力，有三个重要因素：协议的具体程度、协议是合同还是政治安排、协议是否确保义务履行。⑤ 首先，协议的具体程度是重要的。⑥ 其次，协议的情形可能使其脱离合同范畴，而成为政

---

① 纵向合作的几种方式：（1）委托性合作：中央通过财政拨款的方式参与地方行政（2）协议性合作：中央与地方协议解决共同面临的重大问题（3）计划性合作：地方为完成中央制定的计划而参与计划实施（4）参与性合作：地方参与中央的决策或决策的执行。见熊文钊. 大国地方——中国中央与地方关系宪政研究［M］. 北京：北京大学出版社，2005：22－23.
② 林尚立. 国内政府间关系［M］. 杭州：浙江人民出版社，1997：355.
③ 英国布莱尔政府曾指出政府之间应实行权力分享而不是权力分割，地方政府的主要角色是治理地方而非执行中央政策，中央与地方之间应建立伙伴关系而非行政隶属关系。见张紧跟. 当代中国政府间关系导论［M］. 北京：社会科学文献出版社，2009：15.
④ 英厄马尔·埃兰德. 伙伴制与城市治理，项龙. 译，国际社会科学杂志（中文版），2003（2）：32.
⑤ Renard, Australian Inter - State Common Law, (1970) 4 F. L. Rev. 87, pp. 105 - 109. 转引自 CRANSTO R. From Co - operative to Coercive Federalism and Back? ［J］. Federal Law Review, 1979, 10 (2): 125 - 128.
⑥ South Australia v. Commonwealth (1962) 108 CLR 130.

治性质的安排；非正式合作协议可能属于此范围。围绕关于联邦宪法第96条特殊目的拨款的情形可能将很多内容都标记为政治性的。第三，各方在协议里如何规定与协议是否有约束力是相关的。一般条款是各方"确保根据本协议的义务履行"。

政府间协定有不同种类：（1）中央政府向地方政府提供资源，保证资助其基础设施项目；（2）参与各方同意采取某种特别政策，其实施可以采用行政手段而无须立法；（3）参与各方同意尽一切努力保证各自立法机构通过某项法律的协定，法律的具体条款经各方商定。这些协定可能被法庭视为政治问题，不适宜由司法裁决。但也有国家将这些协定纳入司法程序，由一个专门的法庭受理。也有人认为政府间正式协定的最大意义不在其可实施性，而在于对签署联邦契约的各方施加政治压力，以促成合作与互助。财政问题逐渐在政府间关系中居于主要地位，协调财政关系的机制包括协调公共借贷的协定和联邦在各成员间分配收入的机制。中央与地方行政部门制订政府间协议，要获得预期的一致性、协调性或互惠性，还需要立法机构协同行动。立法方案可能通过各种途径使政府间协定生效，如上交与授权。联邦宪法第51(37)条允许各州政府向联邦议会上交问题，联邦议会就此立法。其目的在于利用政府间协定，克服宪法在中央与地方政府权力分配上的僵硬。[①]

二、1927年财政协议：关于借贷

联邦宪法第105a条规定联邦可以与州订立关于公共债务的协议，包括联邦接管债务和对未来借款的管理。1927年联邦与州签订财政协议，主要内容

---

① 布莱恩·R·奥帕斯金.联邦制下的政府间关系机制［M］.黄觉，译.国际社会科学杂志（中文版），2002（1）：128.

有:①（1）决定贷款总额：财政协议致力于在正式和持久的基础上建立贷款委员会。委员会最重要的决策是下一财政年度的贷款总额。联邦有权规制货币政策，利率增加对州预算施加额外压力，并造成联邦与州之间的紧张。（2）联邦为贷款项目使用公共资金：联邦将盈余转入信托基金进而投资发行证券以支持州的贷款项目。州因此能够保持公共投资的稳定水平。（3）联邦向国家债务偿还基金进行年度出资：联邦同意自1927年7月1日起58年里，以对州债利息出资的形式，向州支付与1926—1927年对各州人均支付同等的固定数额。

根据1927年财政协议，联邦和州政府都同意其借款安排受制于贷款委员会的集体决定。原则上各州各有一票，联邦有两票（加上决定票）；如果五个或六个州达成一致，州可以多数票否决联邦。然而联邦逐渐取得关于州借款项目的单边决定权。这部分由于联邦通过其储备银行（Reserve Bank）有效控制货币政策和利率，部分由于私有部门贷款不足以支持州借贷项目，联邦对州提供特殊借款弥补缺口。② 1932年联邦通过《财政协议执行法》（Financial Agreement Enforcement Act）迫使新南威尔士州履行财政协议下的利息义务。高等法院裁定执行财政协议的联邦权力有效。③

三、2009年《联邦财政关系政府间协议》④

该协议为联邦财政关系制定了新框架，提供了政策发展与服务方面合作

---

① LANE W R. Financial Relationships and Section 96 [M]//Centre for Research on Federal Financial Relations. Canberra: The Australian National University, Vol. XXXIV, No.1, 1975: 110 – 121.
② MATHEWS R. The Future of Government Finance. [M]//Centre for Research on Federal Financial Relations, The Australian National University, Vol. XXXII, No.2, 1973: 2 – 4.
③ SMITH J. Fiscal Federalism in Australia: A Twentieth Century Chronology [M]. Canberra: Australian National University Federalism Research Centre, Discussion Papers No.23, 1992: 12 – 15.
④ Intergovernmental Agreement on Federal Financial Relations.

<<< 第三章　立法规范：联邦与州财政分权的文本基础

的基础，主要内容包括目标、原则①、向州提供商品与服务税收入和制度安排。② 联邦财政关系框架的目标是通过以下途径增强澳大利亚人的幸福：（1）合作工作协定，包括明确角色与责任的公平可持续的财政协定，促进各方关注长期政策发展，改善政府的服务提供；（2）通过更简单、标准化和透明的绩效报告强化公共责任，集中于成果达成、有效服务提供和定期公共汇报；（3）减少多头管理和服从；（4）更多激励以执行经济和社会改革；（5）以从商品与服务税获得收入的同等额，对州进行商品与服务税支付；（6）州之间的财政能力的均衡。协议的主要内容可以分为以下三方面。

其一，州对协议附加时间表中的全国性协议所覆盖的许多服务负有主要责任，这隐含于联邦宪法中。各方承认协调行动是必要的，全国性协议应明确联邦与州的责任与问责。各方承认有必要推进持续的联邦财政关系改革。

其二，通过减少联邦对州所提供服务的指示、明确各方角色和责任、强化对公众的问责等途径，改善政府服务提供的质量、效率和效力。各方记录一致同意的全国性协议所覆盖服务的目标、成果、产出和绩效指标，强调对真诚合作工作协定的共同承诺将巩固联邦财政关系。澳大利亚政府委员会（COAG）将监控联邦财政关系各方面的进展。负责是联邦财政关系框架的关键目标，各方通过确保合适的政府对其社区负责来改善服务提供。不仅是对提供服务的开支负责，更重要的是对质量和效率以及实现的成果负责。各方

---

① 该协议的原则包括服务提供的主要责任（Primary responsibility for service delivery）、集中改善澳大利亚人的幸福（Focus on improving the well-being of Australians）、协调联邦行动（Coordinated federal action）、负责（Accountability）、财政支持（Financial support）、更多激励经济和社会改革（Greater incentives for economic and social reform）。

② 协议时间表：A 制度性安排（Institutional Arrangements）、B 税收改革（Taxation Reform）、C 公共责任和绩效报告（Public Accountability and Performance Reporting）、D 支付协定（Payment Arrangements）、E 政策和改革目标（Policy and Reform Objectives）与 F 全国性协议（National Agreements）。

致力于持续的绩效报告和通力合作改善绩效报告，承诺通过更简单、标准化和透明的公共绩效报告强化政府责任。绩效报告框架集中于成果达成、资金评估和公众可得绩效信息的定期提供。COAG 改革委员会（Reform Commission）向作为 COAG 主席的总理报告全国性协议和全国性合作关系。成果委员会（Productive Commission）协助改革委员会向 COAG 报告 COAG 所同意议程的影响和效益。

其三，对州的提供服务给予持续的财政支持和向州提供商品与服务税收入：一般财政资助包括持续的商品与服务税支付、全国性特殊目的支付（SPPs）花费于关键服务提供部门、全国性医疗改革（NHR）基金和全国性合作关系支付。各方同意至少每五年定期审查联邦的资金支持等级以保证充足。除了为联邦自身目的花费之外的所有政府间财政转移都受制于该协议，而联邦自身目的的花费在有助于一致同意的目标时，可以组成全国性协议或全国性合作关系的一部分。商品与服务税收入可以由州和领地自由地用于任何目的。联邦根据横向财政均衡原则，在州和领地之间分配商品与服务税支付资金。

四、政府间协商机制

联邦宪法没有规定联邦与州之间合作或冲突解决的正式机制。在联邦成立后的前 20 年，在政治和司法领域突出的问题是联邦和州各自能制定法律，束缚或干涉对方执行职责的程度。根据宪法第 114 条的规定，未经联邦议会同意，州不得对联邦所有的财产征税，联邦也不得对州所有的财产征税。制宪者还通过其他条款试图阻止联邦法律适用于州。宪法第 51 条第 13 项和第 14 项阻止联邦对涉及州的政府银行和保险业务的控制。银行和保险领域，尤其是后者，被视为商业而不是政府职能。然而在司法实践中，对于州是否能对联邦官员的工资征税、联邦调解和仲裁法庭的判决能否约束州铁路系统及

<<< 第三章　立法规范：联邦与州财政分权的文本基础

是否能要求州对其进口货物支付关税等问题，并未将联邦与州视为完全豁免于对方的法律。①

鉴于联邦与州之间关系的复杂性，联邦与州商议建立了商讨问题和提供建议的机制，以期促进各级政府在相关事项上达成一致与合作。早期以总理会议和贷款委员会为主，但多数合作细节由单独的部长委员会决定，甚至只是部门对部门的协商。总理会议有着悠久的历史，在联邦成立前，殖民地总理就曾举行会议讨论成立联邦的事项，首次正式总理会议由联邦政府于1901年11月召集举行，主要讨论将特定州财产转移给联邦的问题。其后20年里，总理会议经常举行，一般由州召集。1920年代联邦进入更宽泛的税收领域，越来越多地参与公共服务，财政力量增强，开始在与州的关系中担任更主导的角色。总理会议没有真正试图解决细节方面的问题，虽然特别总理会议和1990—1992年的政府首脑会议对具体问题有比以往更深入的研讨，但多数问题的细节基本上是由对特定领域负责的联邦与州部长组成的部长委员会处理。

作为弗雷泽政府新联邦政策的产物，政府间关系咨询委员会（Advisory Council for Inter-government Relations）于1976年建立，目前已不存在。咨询委员会以改善政府间关系为目标，根据总理会议的指示，调查、关注和审查相关事项并提出建议。咨询委员会由联邦政府任命并向联邦政府汇报，州视其为联邦机构。限制咨询委员会对政府间关系产生有效影响的一个主要问题是，难以将委员会的建议融入优先性决策和财政拨款的常规预算过程。因为

---

① ZINES L. The Federal Balance and the Position of the States [M] //CRAVEN G. The Convention Debates 1891-1898: Commentaries, indices and guide, Sydney: Legal Books Pty. Ltd, 1986: 79-83.

各委员会独立作出需求评估,不明确考虑预算限制。① 此外,部长会议和总理会议等其他平台的存在削弱了咨询委员会的角色、政府不愿意委员会进入矛盾聚集的领域、政府缺乏真正动机考虑委员会的工作、委员会建议较为笼统等因素也限制咨询委员会发挥作用。② 1986 年 1 月的审查报告认为该咨询委员会成就微弱,尤其在联邦与州之间关系方面而言。

1983 年澳大利亚宪法会议(Australian Constitutional Convention)提请其常设委员会考虑宪法条款对州的财政权力、联邦豁免和联邦法的最高性等问题的影响。常设委员会建立了一个财政权力附属委员会(a Fiscal Powers Sub-Committee),对此进行调查和报告。联邦建立宪法委员会(Constitutional Commission),调查和报告宪法的修改以充分反映澳大利亚作为一个独立国家和议会民主的联邦的地位、为联邦的经济和政治发展提供最合适的框架、确认州与地方政府之间责任的合理划分、确保民主权利得到维护。宪法委员会在关于权力划分、经济管理和民主权利与司法制度的调研方面得到相关咨询委员会的协助。然而关于财政事务的咨询委员会缺位,除了贸易和国家经济委员会被要求报告"联邦、州和领地及地方政府的税收、收入筹集、借款和开支权力是否足以增强国家经济和社会发展"。③ 从宪法委员会的起源和组成方式可以看出其更在意联邦而不是州的权力和利益。

1990 年特别总理会议建立两个高级官员委员会处理联邦财政安排事宜:一个关于税收划分和纵向财政分权,另一个关于减少受约束拨款在总拨款中

---

① MATHEWS R. The Changing Pattern of Australian Federalism [M] //Centre for Research on Federal Financial Relations. Canberra:The Australian National University,1976:45-55.
② JAMES D W. Intergovernmental Financial Relations in Australia [M]. Sydney:Australian Tax Research Foundation, Information Series No. 3, 1992:62-66.
③ MATHEWS R. Fiscal Federalism in Australian:Past and Future [M] //Centre for Research on Federal Financial Relations. Canberra:The Australian National University, 1986:19-22.

的份额。其后特别总理会议收到委员会报告，同意在不破坏联邦财政均衡和宏观管理情形下，转移更大的所得税权力给州以及减少特殊目的拨款在总拨款中的份额。① 特别总理会议寻求更为合作的协定，包括：考察各级政府的收入筹集能力以达到资源与责任的更大平衡；减少特殊目的资助在总资助中的比例；在宏观经济事务、州公共财政和未来财政策划方面更大程度的信息交换；当联邦决定可能直接影响州财政时，联邦和州更优先协商；政府间资助条款必须可预期，确保稳定和促进未来计划；确保职能重复最小化。②

1992年5月政府首脑会议（Heads of Government Meetings）上，协商建立一个澳大利亚政府委员会，以促进联邦与州之间财政事务的协商。澳大利亚政府委员会是澳大利亚最高的政府间论坛，由联邦和各州总理及澳大利亚地方政府协会（Australian Local Government Association）主席等人员组成，在被称为"财政总理会议"（Financial Premiers' Conferences）的常规会议之外，将每年至少开会一次。目前有包括联邦财政关系委员会（Federal Financial Relations Council）在内的八个COAG委员会。COAG委员会指南（Guidance on COAG Council）规定委员会将每年进行两次会面，COAG认为财政关系委员会可能需要更经常的会面。③ 政府间财政事务的合作仍然由联邦财政关系委员会处理。2010年6月成立参议院关于澳大利亚联邦改革的特别委员会（Senate Select Committee on the Reform of the Australian Federation），调查联邦内各级政府之间关系改革的关键事项和优先性问题，并研究全国性改革的日程推进。然而相关讨论主要是将州的责任转移到联邦领域而进一步加强权力集中。

---

① SMITH J. Fiscal Federalism in Australia: A Twentieth Century Chronology [M]. Canberra: Australian National University Federalism Research Centre, Discussion Papers No. 23, 1992: 34-42.
② JAMES D W. Intergovernmental Financial Relations in Australia [M]. Sydney: Australian Tax Research Foundation, Information Series No. 3, 1992: 6-7.
③ http://www.coag.gov.au/.

第四章

宪法解释：联邦与州财政分权的司法塑造

司法是调节联邦与州之间权力关系的重要机制。澳大利亚高等法院以法律主义为主导的解释路径，通过一系列案例扩张联邦的财政权力，涉及联邦盈余分配、对"征税"的理解、对"消费税"的定义、联邦对州财政资助的目的与条件及开支权的行使等内容。法院支持联邦财政权力扩张可能基于法律解释的路径、国家发展的政治需要、遵循先例与判决一致性及高等法院法官的组成等方面的理由。

第一节 司法在联邦体系中的地位与作用机制

托克维尔在《论美国的民主》中曾断言："联邦的安定、繁荣和生存本身，全系于七位联邦法官之手。没有他们，宪法只是一纸空文。"[1] 宪法的至尊性是联邦存在的必要条件，而宪法的至上地位和宪法对联邦治理的作用发挥则很大程度上依赖最高法院对宪法的解释与维护。戴雪在《英宪精义》中认为联邦主义实与法律主义无异，法院有在宪法上的优越地位，又有法律精

---

[1] [法]托克维尔. 论美国的民主[M]. 董果良, 译. 北京：商务印书馆, 1988：169.

神弥漫全国。在一联邦如合众国之中,法院成为联邦宪法运行于国中之枢纽。①

一、司法作为纵向权力划分争议的裁决者

"州和联邦的权力失衡问题,在一定的范围内基本上是自我调整的,因为州可以通过政治活动保护自己;而超出一定的范围,最高法院已经提供了一个合理且严密的外部限制。"② "当联邦主义的结构、政治和文化保障措施失效,而且联邦政府不必要地蚕食传统上明显受州管制的领域时,法院也许就有理由为联邦权力划定外部界线。"③ 联邦框架内的中央与成员难免在立法和行政方面发生冲突,需要宪政体制内的一个中立裁决者来解决争议,这就是司法机关。④ 政府间权力范围和关系的调整,主要是通过司法判例,而非修宪。⑤ 国家最高层级的法院是联邦体系的最终裁决者,确定联邦与州各自的权力范围并防止相互侵扰。当具体争议出现时,如果没有法院审查州和

---

① [英]戴雪. 英宪精义[M]. 雷宾南,译. 北京:中国法制出版社,2001:221.
② 凯思琳·沙利文. 联邦政府和州之间的权力平衡[M]. 程迈,译. 见张千帆,[美]葛维宝编. 中央与地方关系的法治化[M]. 南京:译林出版社,2009:128.
③ 凯思琳·沙利文. 联邦政府和州之间的权力平衡[M]. 程迈,译. 见张千帆,[美]葛维宝编. 中央与地方关系的法治化[M]. 南京:译林出版社,2009:125-127.
④ 郭殊. 论中央与地方关系中司法体制的权力结构[J]. 浙江学刊,2008(6):139.
⑤ 刘海波. 联邦主义与司法——兼论美国联邦主义的一种解读[M]//刘海波. 政体初论[M]. 北京:北京大学出版社,2006:181. 作者在文中也讨论了体制保障原则,认为某些体制保障违背审议性民主,违背责任政府原则、削弱政府制约作用、损害州的自主性等,因而并不可取。体制保障原则认为各州对联邦过程的参与,如参议院中的平等代表权,是内在于联邦主义架构的政治防护。除非个人权利受到威胁,法院无须特别保护州的权力,而应将联邦与州政府之间的权限争议留给实际政治过程解决。WECHSLER H. The Political Safeguards of Federalism: The Role of the States in the Composition and Selection of the National Government [J]. Columbia Law Review, 1954, 54 (4):543.

联邦法律合宪性的权力,联邦体系几乎无法成功维持。①

二、司法调节纵向权力关系的机制

在联邦与州的权限问题上,需要寻找的是程序性的解决方法,不是界限问题,而是划出界限的方法问题。② 宪法并没有为法官提供一种形式逻辑三段论推演的方式。政府间权力的范围问题很复杂,不能单靠宪法条文解决。法官不仅要懂普通法判例、联邦主义,而且可能还需要了解经济学和财政联邦主义的模型。这种司法过程也形成了联邦主义政府间权力范围的共识多样性和历时变化性。③ 这种特征在司法对中央与地方关系调节机制方面体现为"弹簧"机制。④ 司法维护联邦权力与州权力之间的动态平衡,这个平衡点随着不同时期的情势变化而来回移动。在联邦或州某一方权力需要加强时,司法就推动平衡点向这一方运行,但运行超过一定界限时,受到的阻力越来越大,产生的反弹作用会迫使其调转方向。在这种动态平衡中,既确保联邦的统一和稳定,又保证州的自治和发展。

---

① COX A. The Supreme Court and the Federal System [M] //HALL K L. A Nation of States:Federalism at the bar of the Supreme Court. New York & London:Garland Publishing INC, 2000:104. 转引自刘海波:《联邦主义与司法——兼论美国联邦主义的一种解读》,见刘海波著:《政体初论》,北京大学出版社 2006:182.
② CAREY G W. The Federalists:Design for a Constitutional Republic [M]. University of Illinois Press, 1989:109. 转引自刘海波. 联邦主义与司法——兼论美国联邦主义的一种解读 [M]. 见刘海波. 政体初论 [M]. 北京:北京大学出版社, 2006:202.
③ 刘海波. 联邦主义与司法——兼论美国联邦主义的一种解读 [M] //刘海波. 政体初论 [M]. 北京:北京大学出版社, 2006:203 - 204.
④ 郭殊. 论中央与地方关系中的司法调节功能——以美国联邦司法判例为线索 [J]. 法商研究, 2008 (5):124.

<<< 第四章　宪法解释：联邦与州财政分权的司法塑造

第二节　澳大利亚法院的司法审查权与宪法解释路径

澳大利亚高等法院既是最终上诉法院，也是宪法法院。高等法院以法律主义作为宪法解释的主导路径，同时司法审查路径在不同时期也呈现不同特征。

一、澳大利亚法院的司法审查权

联邦主义实行各种纵向分权，国家的统一和秩序稳定需要一个法治化的新支点。在立宪国家，司法领域几乎是唯一不被民意割裂的堡垒。只有美国以及在某种程度上还有墨西哥、巴西发展了两套平行的法院系统，其他联邦制国家在不同程度上存在一套统一的法院体制。① 尽管存在司法管辖权的界定，但这种界定的意义主要不是条块的划分而是层次的划分。最高法院凭借宪法最高权威位于一切法院之上，不能以州权对抗终审权。② 联邦宪法专章规定了司法权和法院体系。

（一）司法权力的纵向配置

联邦的司法权属于名为澳大利亚高等法院（the High Court of Australia）的联邦最高法院（Federal Supreme Court）、议会设置的其他联邦法院以及授

---

① DUCHACEK I D. Comparative Federalism: the territorial dimension of politics [M]. Lanham, Md: University Press of Amercia, 1987: 253. 转引自王丽萍：《论联邦制国家的特征与类型 [J]. 北京大学学报（哲学社会科学版）》1997年第1期，第85.
② 王怡. 宪政主义：观念与制度的转捩 [M]. 济南：山东人民出版社，2006: 354 – 355.

109

予管辖权的其他联邦法院。① 高等法院由一名首席大法官和至少两名其他法官组成，名额由议会决定。联邦司法权有九项内容，其中五项是直接授予高等法院的初始司法权（宪法第 75 条），四项是来自议会的裁量授权（宪法第 76 条）。这两条规定的所有事项都可以被授予州法院或其他联邦法院行使 [宪法第 77（1）、（3）条]。高等法院建立后，联邦立法排除了联邦管辖权所覆盖领域的州管辖权，以此控制州法院在这些事项上向枢密院提出申诉。② 联邦宪法"产生的"或"涉及其解释"的州管辖权目前已不存在，但联邦法院和州法院有明确的联邦管辖权来执行宪法审查。高等法院受理来自联邦法院和州法院的上诉案件，宪法争议可以直接或通过上诉进入高等法院。高等法院如果认为合适，也可以将属于其初始管辖权的事项移交给下级法院。③

（二）高等法院的管辖权

高等法院具有解释宪法的权力，可以对议会通过的法律进行违宪审查。与美国最高法院不同，澳大利亚联邦宪法授予高等法院对来自州法院案件的上诉管辖权。高等法院是宪法的裁决者，是对澳大利亚法律所有问题上诉的终审法院。高等法院在宪法下有着双重角色：既是最终上诉法院，也是宪法法院，对宪法案件和宪法及联邦法律授予的其他案件拥有原始管辖权。

高等法院的管辖权可以分为初审管辖权和上诉管辖权。初审管辖权包括

---

① 在澳大利亚联邦成立之前，英国枢密院司法委员会受理来自殖民地的上诉，行使终审权。地方上诉机制质量不佳，对地方最高法院裁决的上诉没有形成统一的制度，枢密院由于其高成本和迟延等因素对诉讼当事人而言也很不便利，缺乏一个中央的本土的上诉法院是联邦运动的动因之一。CROCK M, MCCALLUM R. Australia's Federal Courts: Their Origins, Structure and Jurisdiction [J]. South Carolina Law Review, 1995, 46: 723－724. 直到 1986 年英国议会和澳大利亚联邦议会分别通过了双方协定的立法，宣布英国任何法律的效力从此不及于澳大利亚，枢密院终审权随之彻底废止。

② SAUNDERS C. The Constitution of Australia: A Contextual Analysis [M]. Oxford and Portland, Oregon: Hart Publishing, 2011: 77.

③ SAUNDERS C. The Constitution of Australia: A Contextual Analysis [M]. Oxford and Portland, Oregon: Hart Publishing, 2011: 78.

以下事项：(1)任何条约引发的事项；(2)影响领事或外国其他代表的事项；(3)联邦或代表联邦的个人作为诉讼一方当事人的事项；(4)各州之间、不同州的居民之间或州与另一州的居民之间的事项；(5)申请对联邦官员发出命令状或禁令的事项。此外，议会可以制定法律将某些事项的初审管辖权授予高等法院：(1)由本宪法引发或关于宪法解释的事项；(2)由议会制定的法律引发的事项；(3)关于海事和海事管辖权的事项；(4)关于不同州法律对同一问题主张权利的事项。对属于和议会授予高等法院行使初审管辖权的事项，议会可以制定法律确定除高等法院以外的任何联邦法院的管辖权、确定除属于或被授予州法院以外的任何联邦法院管辖权范围或者将联邦管辖权授予州法院。除议会另有规定外，针对以下裁决的上诉，高等法院享有最终和决定性的审判权：(1)行使高等法院初审权的任何法官做出的裁决；(2)其他联邦法院或行使联邦管辖权的法院、州的最高法院或在联邦成立时其判决可以上诉到枢密院的任何州的任何法院做出的裁决；(3)州际委员会做出的关于法律问题的裁决。

(三)司法审查权的根据

高等法院通过一系列重要裁决解释和适用宪法，确认联邦与州权力的界限，裁决管辖权争议，使国家动态的经济和政治力量保持在宪法范围内运作。① 司法审查是由法律机构行使一项特殊的政治职能，这隐含着一定程度的紧张关系。法院确保联邦在许多领域的至高权力，同时将其权力限制于这些领域。联邦和州都可能超越其管辖权范围行使权力，需要独立于任何一级政府的权限争议解决机制以确保平衡。② 因此司法审查对保持两级政府受到制约至关重要。

---

① GALLIGAN B. Judicial Review in the Australian Federal System: Its Origin and Function [J]. Federal Law Review, 1979, 10 (4): 367.
② GALLIGAN B. Judicial Review in the Australian Federal System: Its Origin and Function [J]. Federal Law Review, 1979, 10 (4): 394–397.

高等法院司法审查权的合法性几乎未受质疑。1977年联邦议会制定《行政裁决（司法审查）法》①。然而宪法里没有条款明确授予法院司法审查权。学界从文本和理论的角度寻找依据。从文本角度提出司法审查权来源于联邦宪法里几个条款的隐含意义：②（1）宪法序言（covering clause）第5条规定"本法和联邦议会根据宪法制定的其他法律，不管任何州的法律有任何规定，都对各州和联邦各地的法院、法官和人民有约束力"。据此法官必须有权判断某项法律是否"根据宪法"制定，从而决定该法是否有约束力。（2）宪法第76（1）条授权联邦议会授予高等法院对"本宪法引发的或涉及本宪法解释的"事项具有管辖权，隐含承认法院有责任裁决联邦法律是否合宪。（3）宪法第75条授予高等法院原始管辖权。根据联邦宪法，争议事项的最终决定者是高等法院。（4）宪法第109条规定州法与联邦法律不一致的部分无效，意味着法院可以判定与联邦法律不一致的州法无效。从理论角度最为普遍是以原旨主义为高等法院司法审查权的存在提供理由，认为制宪者意图使高等法院享有此权力。③ 联邦议会和州议会是权力有限的立法机构，有关立法权是否被逾越的问题由法院裁决。高等法院也以联邦主义性质主张司法审查权是澳大利亚宪法结构的必要部分。④

澳大利亚实行内阁责任制，责任政府与宪法审查之间的关系是个复杂的问题，是议会主权传统和公众对选举所产生政府的更高程度信任的共生混合。但议会主权从来不是澳大利亚宪法安排的特征，在单一制中对选举产生

---

① Administrative Decisions (Judicial Review) Act (the ADJR Act) 1977.
② FOLEY K E. Australian Judicial Review [J]. Washington University Global Studies Law Review, 2007, 6 (2): 285–287.
③ FOLEY K E. Australian Judicial Review [J]. Washington University Global Studies Law Review, 2007, 6 (2): 287.
④ R v Kirby; Ex parte Boilermakers' Society of Australia ("Boilermakers' case") (1956) 94 CLR 254.

的机构充分尊重宪法原则的信任并不自动适用于联邦宪法的设置。① 因而责任政府的形式不能成为质疑司法审查存在于澳大利亚这个联邦制国家的理由。

二、高等法院关于宪法解释的路径

高等法院的宪法解释路径体现出几对张力：通过司法审查的宪法发展与正式文本修改；解释其他法律文本的原则与承认宪法的特殊要求；宪法制定者的意图与后来者的考虑；法院支持宪法的责任与选举产生的机构为公共利益行动的责任。在澳大利亚，两种宪法传统之间的文化差异加剧了紧张关系，要求法院进行精妙平衡。这种张力产生了"法律主义"（legalism）的宪法解释路径。②

（一）法律主义作为主导的宪法解释路径

法律主义被认为是澳大利亚宪法裁决的正统原则。合适的"外部"标准最明显体现于宪法文本与先例，法院还从基础性的法律原则等更为广泛的来源寻求支持。除了这个核心要求，法律主义本身是有流动性的。一端为形式主义和文本主义，另一端是"严格逻辑"和"高超技艺"允许的多样的分析选择。③ 其应用经常是一个程度问题。法律主义路径保护法院免遭此种质疑：宪法审查侵犯政府经选举所产生分支的政策和立法范围。议会主权的文化与责任政府和对作为最高法的宪法的限制相互调和。长久以来联邦问题主导着澳大利亚宪法。在后期法院回到更为法律主义的说理方式，重新强调宪法的

---

① SAUNDERS C. The Constitution of Australia: A Contextual Analysis [M]. Oxford and Portland, Oregon: Hart Publishing, 2011: 76.
② SAUNDERS C. The Constitution of Australia: A Contextual Analysis [M]. Oxford and Portland, Oregon: Hart Publishing, 2011: 83-90.
③ SAUNDERS C. The Constitution of Australia: A Contextual Analysis [M]. Oxford and Portland, Oregon: Hart Publishing, 2011: 91-96.

联邦特征，为司法审查提供正当性。但法院被指未能影响对联邦一般立法权和特殊行政权的有效限制。宪法条款相对为概括性表达，存在解释空间。对宪法条款的宽泛解释路径对分配给联邦的立法权事项范围扩大产生重要影响，导致从工程师案判决以来联邦权力的扩张。

（二）不同时期司法审查路径的变化

高等法院司法审查路径的发展阶段可以分为形成时期、梅森法院时期和格里森法院时期。①（1）形成时期：法律主义植根于英国普通法传统，认为政策和政治问题最好留给立法者，法官只负责适用法律。此阶段的主要问题一是关于联邦法律适用于州的程度，二是列举的联邦权力与未明确规定的州保留权力之间的界限。法院认为一般而言各级政府之间立法豁免，应尽可能以不影响宪法留给州的权力的方式解释联邦权力。1920年工程师案②中高等法院多数意见支持联邦议会有权制定约束州的法律，迈出宪法解释路径发展上的重要一步。法院认为应强调宪法语词的自然含义，应从"宪法的制定背景、普通法的混合机构和优于普通法的制定法中寻求指引"。（2）梅森法院（Mason Court）时期：法院脱离严格的形式主义，承认其法律制定角色，认为法官有责任发展法律。明确承认上诉终审法院的创造性角色对应于方法论的显著转变，法官更重视实质和宪法条款的目的，更倾向于考虑政策问题来补充文本分析。与其他宪法制度明显不同，澳大利亚宪法体系主要是关于联邦与州议会、政府和法院之间的关系，不包含大量个人权利方面的内容。而梅森法院将关注点从联邦主义转向宪法对个体的保护。法官更重视民主社会中人民的角色，更大胆地从法律原则中推理出新结论。如从司法权的分离引申出对自由和正当程序的保护，从宪法依赖的代议制与责任政府引申出对政

---

① FOLEY K E. Australian Judicial Review [J]. Washington University Global Studies Law Review, 2007, 6（2）: 297–317.
② Amalgamated Society of Engineers v. Adelaide Steamship Co. Ltd. （"Engineers' case"）(1920) 28 CLR 129.

治交流自由的保障。这种转变丰富了宪法权利和自由体系，但也造成选举所产生分支之间的更大摩擦。(3) 格里森法院（Gleeson Court）时期：法院否定梅森法院时期发展的宪法权利和自由体系，更重视宪法第三章及对联邦与州立法权的隐含暗示，重新建立了法律主义的统治。其路径主要是文本主义，强调宪法的文本与结构。它不试图通过确定制宪者的主观意图来回答宪法解释的问题，也不认为对宪法条款的原始理解是决定性的。① 可见，高等法院司法审查权的行使以长久的承认法律主义为特征。起初工程师案确立了严格法律主义的方法论，自此主导法院的宪法裁决。伴随着高等法院真正成为澳大利亚司法系统的顶点和澳大利亚国家及国际意识的增长，梅森法院采用了更强势的途径行使司法管辖权。而格里森法院重新回到法律主义，此外关注点从权利导向转为源自联邦宪法第三章的原则的发展。

第三节 高等法院宪法解释对联邦权力的扩张

在许多联邦制国家，法院解释和演化实践已使权力的真实分配在很大程度上偏离了宪法起草者的初衷，使得联邦制比最初设想的要更加中央化。② 澳大利亚宪法历史的一个特点是自发端就经历了大量权力从州向联邦政府转

---

① FOLEY K E. Australian Judicial Review [J]. Washington University Global Studies Law Review, 2007, 6 (2): 337–338.
② [加拿大] 乔治·安德森. 联邦制导论 [M]. 田飞龙, 译. 北京：中国法制出版社, 2009: 36.

115

移的变化。这种转移是在立法主动的环境下通过司法方式实现的。①

一、工程师案——开启

1920年工程师案发生时,澳大利亚独立运动正在进行中,战争经历激发了国家意识。工程师案的裁决排除与宪法文本和普通法原则无关的含义,形成解释宪法尤其是对待联邦立法权的新路径。法院认为应给予联邦法律充分的效力,在绝大多数情形下联邦法律可以约束州的机构。第二次世界大战期间,法院支持联邦接管州征收所得税权力的立法,是对工程师案方法论的经典运用。可以说此案开启了高等法院通过宪法解释扩张联邦权力的历程。法院在此案中运用的解释方法和阐明的原则,不仅对联邦与州之间的权力划分,而且对宪政秩序发展产生很大影响。

工程师案的直接争议是议会是否有权根据联邦宪法第51(35)条制定法律约束各州。法院裁决强调法律主义,反对考虑社会影响、可能的权力滥用或关于联邦主义更宽泛的社会或政治理论,强调宪法的明确条款和法律与政治的区别。该案中提及"责任政府"形成了其后判决所表达观点的基础,要求政治而不是司法措施处理权力滥用或权力不当。② Stephen Gageler 认为,提及"责任政府"意在强调议会主权原则与依靠政治过程。③ 法院通过对宪法第51条下联邦立法权的灵活宽泛解读授予联邦最高权威,推翻制宪者设

---

① 然而几乎所有倾向于集中权力的提议都遭到选民拒绝。公民投票历史几乎显示了大众对背离宪法原初设定的抵触。这种群体愿望与宪法发展之间的不一致令人惊讶。MARK C L J, RATNAPALA S. The High Court and the Constitution: Literalism and Beyond [M] //CRAVEN G. The Convention Debates 1891–1898: Commentaries, indices and guide, Sydney: Legal Books Pty. Ltd, 1986: 203.
② ZINES L. The High Court and the Constitution [M]. 4th ed. Sydney: Butterworths, 1997: 8–11.
③ Stephen Gageler, Foundation of Australian Federalism and the Role of Judicial Review, 17 F. L. Rev 162, 1987.

定的联邦主义的宪法性均衡,将联邦政府从宪法性限制中解放出来。

工程师案是集中的财政宪政主义（centralising fiscal constitutionalism）的典型体现,体现司法从支持联邦主义转向集权方向。高等法院没有发展一套关于联邦主义的一致理论,也没有明确表达实质的联邦原则或形成适合于联邦主义的解释方法。高等法院的财政宪政主义自工程师案开始是法律主义解释方法（legalistic interpretive）和集权结果主义（centralist consequentialism）的混合。早期法院以保留州权原则和隐含豁免原则共同限制联邦权力。保留权力原则认为解释联邦列举权力时应尊重州的独占领域,并隐含禁止联邦权力扩张。隐含豁免原则曾被用来限制联邦裁决权扩展到州铁路雇员和禁止州对联邦雇员的工资征税。这种更为平衡的解释方法被工程师案打破。① 联邦列举权力被认为应充分地依照文义解释,不考虑对州的影响。

二、联邦权力扩张的主要体现

通过对相关条款的广义解释,联邦管辖权得到扩展:宪法第51（2）条、第81条和第96条关于联邦的财政权力;第109条关于联邦法院对与其不一致州法的优先性;第114条关于政府间的豁免;第51（29）条的外部事务权力;第51（20）条的公司权力。② 具体而言主要体现为以下几个方面:③（1）宪法中的宪法:法院将宪法第51条和其他授予联邦权力的条款提升到宪法上级规范的地位,成为宪法中超越宪法（super-constitution）的条款。这些条款将得到字面的宽泛解读,可能推翻隐含于联邦宪法性安排的规范。

---

① GALLIGAN B. Fiscal Federalism: then and now [M]//APPLEBY G, ARONEY N, JOHN T. The Future of Australian Federalism: Comparative and Interdisciplinary Perspectives. Cambridge University Press, 2012: 328-329.
② 何勤华. 澳大利亚法律发达史 [M]. 北京: 法律出版社, 2004: 70.
③ MARK C L J, RATNAPALA S. The High Court and the Constitution: Literalism and Beyond [M]//CRAVEN G. The Convention Debates 1891-1898: Commentaries, indices and guide, Sydney: Legal Books Pty. Ltd, 1986: 211-219.

这是扩大联邦权威的基本前提。(2) 延伸授权条款的含义：法官 Latham 在"银行国有案"中已预言授予联邦扩张的征税权会带来重大影响：如果联邦议会通过的任何征税法律被认为有效，则征税权能使联邦议会以对特定行为征税的方式，通过针对任何事项的立法。联邦可以通过将职权外事项与职权内事项联系起来的方式，对其职权外事项立法。(3) 放弃审查目的与相关性的责任：高等法院一直拒绝审查立法的目的以及立法与对象之间的联系，只要求形式同一，留给联邦议会决定自身权力限制的宽泛裁量权。如法院在战时授予联邦对国内管理事实上无限制的权力，战时防御权被部分用来为深远影响联邦权力平衡的统一税计划提供正当性。(4) 根据宪法第 109 条将共有权转化为专有权：宪法授予联邦和州在许多领域的共享立法权，同时第 109 条规定联邦与州法律不一致时，联邦法律优先。然而宪法没有预期联邦通过立法领域先占州管辖权。在 Clyde Engineering Co. Ltd. v. Cowburn[1] 案中法院阐明"覆盖领域"（covering the field）原则。如果联邦公开覆盖某特定对象的意图，州将被完全排除在该领域之外。(5) 在执行中创造的立法权：如通过运用对外事务权扩展联邦权力边界。(6) 对州际贸易和商业的权力：法院支持允许联邦广泛管理州际贸易的政策导向。此外，法院支持联邦权力扩张的案例还集中体现于财政权力方面，此内容将在下节详细阐述。

法院有时也通过宪法解释限制联邦权力。在工程师案之后几十年，法院承认从宪法结构包含的联邦主义观念可以推导出一些隐含涵义。法官 Dixon 认为联邦政府和州政府在宪法中都作为独立实体存在。[2] 宪法设定州是自治和独立的政治实体。制宪者期望各权力事项达到联邦列举权力与州保留权力之间的恰当平衡。

---

[1] Clyde Engineering Co. Ltd. v. Cowburn (1926) 37 CLR 466.
[2] Melbourne Corporation v. Commonwealth (1947) 74 CLR 31.

<<< 第四章　宪法解释：联邦与州财政分权的司法塑造

第四节　高等法院宪法解释对联邦财政权力的扩张

澳大利亚联邦宪法被指"不足以作为国家政治之利器，尤其是在联邦与州的权力分配方面"。联邦与州的关系和高等法院对权力的解释模式是宪法学界的关注热点。各州对于联邦的财政依赖，部分是宪法规定本身的产物，部分是高等法院解释的结果。① 法院对消费税的解释扩展了联邦权力范围，对"统一税案"的判决也产生了同样效果。虽然判决允许各州推行此税种，但从联邦征收此税所得中对州的支付，足以诱导各州放弃单独征收所得税。在此案裁决后不久，有学者断言统一税计划的逻辑是随着一个精简的政治框架，州将最终主要由行政机构组成，而所有主要政策将由联邦决定。此外，筹集收入只是财政权的一个方面，另一个方面是为达成政治目的使用收入的能力。高等法院许可联邦将盈余放入特定账户而不分配给州。其后利用州对联邦的财政依赖，通过将州的支出限制于完成联邦政策目标来控制州的经济政策。法院认可联邦通过宪法第 96 条规定的拨款权进入住宅、道路、健康、教育和科研等宪法未授予联邦权力的领域，忽视宪法隐含的联邦平衡。②

一、盈余分配

针对主要税收转移到联邦导致联邦收入过剩而州收入短缺的问题，制宪者考虑将预期剩余收入定期再分配给州，但并未就分配总额及方式问题达成

---

① 安东尼·梅森爵士. 联邦制国家宪法法院的地位与作用——对于澳大利亚与美国的比较研究 [J]. 许章润，译. 比较法研究，1998（4）：406.
② MARK C L J, RATNAPALA S. The High Court and the Constitution: Literalism and Beyond [M]//CRAVEN G. The Convention Debates 1891-1898: Commentaries, indices and guide, Sydney: Legal Books Pty. Ltd, 1986: 219.

119

一个长期计划。根据宪法第94条，在征收统一关税五年后，议会可以基于公平原则，规定将联邦剩余收入按月支付给州。在1908年"盈余分配案"①中，高等法院支持所有剩余收入可以被拨款到联邦信托基金，使第94条形同虚设。1899年在宪法草案中增加现行宪法第96条，授权议会基于其认为合适的条件对州提供财政资助。从此对州的盈余分配由联邦议会根据此条规定自由裁量。

争议在于对"盈余收入"的合理解释。新南威尔士州主张议会为了联邦目的拨出资金放入一个账户不属于第94条的含义范围。O'Conner认为1908年《盈余收入法》结束了第89条和第93条规定的向州分配联邦收入份额的临时开支，同时执行一种新的财务制度作为联邦盈余收入按月向州支付的基础。Griffith主张如果为了特定目的从统一收入里合法拨款，这笔资金不能被视为盈余的组成部分，直到这笔开支不再合法或政府不再认为其有必要。联邦对州的义务履行需要考虑以下因素：在议会制政府中处理公共收入与公共开支的方式、向议会提交的年度报表、对下一年收入与开支报表的评估和提前获取议会对开支的监督的必要性等。法院支持对"开支"的广义解释，支持联邦将盈余放入统一账户以用于将来执行联邦权力时的支出。这是在议会制政府中调整联邦与州财政关系的自然和恰当的含义，这样宪法才能发挥充分的作用。②

---

① New South Wales v. The Commonwealth (Surplus Revenue Case) (1908) 7 CLR 179.
② HOWARD C, SAUNDERS C. Cases and Materials on Constitutional Law [M]. The Law Book Company Limited, 1979: 183 - 184; New South Wales v. The Commonwealth (Surplus Revenue Case) (1908) 7 CLR 179 at 186 - 187, 190 - 191, 197 - 199.

<<< 第四章 宪法解释：联邦与州财政分权的司法塑造

二、"征税"：法律运作还是实际影响

法院在解释宪法时没有局限于条款的本义，而是受内涵的限制。① 征税权的范围取决于以下事项：（1）什么是征税权的必要特征；（2）征税权是否能因社会或经济规制而被合法地用于征税之外的目的；（3）非歧视条款如何限制联邦征税权的运用。对"税"的定义的司法探究主要见于与宪法第90条相关的案件。经典定义由首席法官 Latham 在 Matthews v Chicory Marketing Board② 案中给出：税是公权力为公共目的通过法律执行的强制索取，不是对服务的支付。如今通常观点认为所假定税法的有效性由其法律运作决定，而不是实际影响或经济后果。

（一）"农业机械征税案"③

本案中法院多数意见裁决 1906 年《消费关税法》（Excise Tariff Act）不是关于征税的法律。该法对澳大利亚生产的农业机械征税，但排除了雇员收到公平合理酬劳情形下生产的机械。法院意见认为尽管该法采用了征税的形式，但实质上是管理雇佣环境的法律。④ 法院认为保留权力原则支持联邦征税权必须联系州保留的权力来解释，州保留的权力包括管理雇佣环境；征税权完全不同于直接管理州内事务的权力。即使"征税"可以包括州通过征税对内部事务的间接管理，其在宪法中的含义仍然受制于不能直接干预排他保留给州的事务这个隐含禁止。多数意见否认他们考虑了立法动机或法律的间

---

① 当时法院发展出一套哲学区分"内涵"（connotation）与"本义"（denotation）。条款的"内涵"是指向某些性质并且某事物必须有那些性质以在条款范围内；"本义"由具有所有必备性质的那些事物组成。ZINES L. The High Court and the Constitution [M]. 4th ed. Sydney：Butterworths，1997：17.
② Matthews v Chicory Marketing Board (1938) 60 CLR 263.
③ R V. Barger (1908) 6 CLR 41.
④ HANKS P. Frances Gordon and Graeme Hill, Constitutional Law in Australia (Third Edition) [M]. Australia：LexisNexis Butterworths，2012：313.

121

接后果，但明显他们考虑了被视为立法"实质"的法律的目的。①

然而其后 1911 年高等法院支持《土地税法》（Land Tax Act）的有效性，不考虑该法的真实目的，而认为这是关于征税的立法。该法被指真实目的是分裂大房地产而不是征税，这个质疑与联邦和州之间财政关系没有明确关联。但土地税是联邦在关税和消费税之外领域征收的第一种税，法院裁决体现出其不管该税的间接影响，即使这些影响被认为是该税的真实目的。之后法院拒绝了州对统一所得税法的类似质疑，州认为统一所得税立法的真实目的是将州从所得税领域排除，这是联邦不能通过直接立法达到的目的，但法院裁决对此意见不予考虑。②

（二）"退休金征税案"③

一项联邦立法否认退休金被免于征收所得税，除非一定比例的退休金被投资于联邦或州关于水电煤供应的政府或公司的公共安全。法院一致支持这项法律是关于征税的法律。对于该法"实质上是处理退休金的投资"的观点，Kitto 和 Taylor 回应"实质"不来自于对立法者关注的推测，而在于该法的运行。Menzies 否认一项法律的经济后果或背后动机与法律本身的性质有关。他提出一种纳税免除可能不在宪法第 51（2）条的范围，对来自贩卖海洛因或处理罂粟的所得禁止征税的法律可能不是关于税收的法律，而是通过施加被描述为税的处罚来制止毒品交易。Barwick 认为一项改变纳税责任免除范围的法律在某些情形下可能不与征税相关，但这些情形难以想象。④ 该

---

① ZINES L. The High Court and the Constitution ［M］. 4th ed. Sydney：Butterworths，1997：29.

② LANE W R. Financial Relationships and Section 96 ［M］//Centre for Research on Federal Financial Relations. Canberra：The Australian National University，Vol. XXXIV，No. 1，1975：95 – 96.

③ Fairfax v Federal Commissioner of Taxation（1965）114 CLR 1.

④ ZINES L. The High Court and the Constitution ［M］. 4th ed. Sydney：Butterworths，1997：30 – 31.

<<< 第四章 宪法解释：联邦与州财政分权的司法塑造

案是司法在征税权方面授予联邦间接权力的明显体现。

三、"消费税"：广义还是狭义

宪法第 90 条提出了征税和开支权应如何在两级政府之间分配的问题。关于其中"消费税"含义的争论涉及对该条目的的不同理解，强调法律性还是强调实用性的不同分析技术和对先例的不同态度。这些因素相互影响，在不同时期不同因素占优势，难以抽象出一套连贯的命题。首先，传统观点认为宪法第 90 条的目的是使联邦完全控制商品征税从而控制经济，而大会辩论历史并没有对此提供支持。历史动机最多提供了对消费税的狭义定义。其次，联邦主义税收分配原则不支持高等法院对消费税的广义解释。最后，如果认为"竞争联邦主义"（competitive federalism）获益于更分权的税收系统，那么排除州征收宽泛的消费税更缺乏依据。① 消费税被写入宪法第 90 条是基于其是关税的自然伴随，当时它只是一个相对不重要的税收来源，征收消费税的独有权被视为宪法框架中为了全国关税政策考虑的一部分。与关税的搭配暗示了为保护联邦关税政策被限制的含义，早期法院因此采用狭义解释，尽管也是受到州保留权力原则的影响。② 在随后案例中，"消费税"的定义相继被扩大，尽管狭义解释仍然出现于一些案件中。

从联邦宪法的制定背景和第 90 条的内容可以看出它是为防止州征税破

---

① PETCHEY J, SHAPIRO P. An Economist's View on Section 90 of the Australian Constitution [M] //WARREN N A. Reshaping Fiscal Federalism in Australia, Australian Tax Research Foundation Conference Series No. 20 in association with Economic Society of Australia, New South Wales Treasury, 1997: 41 - 42.
② 将先例放在一边，来自历史的唯一指引在于关于假定目的不同主张的宪法文本。这些假定目的几乎都不关乎历史，而是关于将一种政策转化为法律。COPER M. The Place of History in Constitutional Interpretation [M] //CRAVEN G. The Convention Debates 1891 - 1898: Commentaries, indices and guide, Sydney: Legal Books Pty. Ltd, 1986: 19.

123

坏了联邦对关税政策的绝对控制。联邦对关税的独占权保证其决定对进口商品征收保护性关税的标准，对消费税征收和商品生产或出口奖励金发放的排他控制则阻止州通过改变本地生产成本破坏国家关税政策。① 集中关税征收权和集中消费税征收权是关联的，分别为确保共同对外关税和州际贸易自由。宪法第 90 条禁止州征收的税是由于其应用于进口或本地生产的商品会妨碍联邦的关税政策。换言之，会在进口商品与本地生产商品之间造成歧视。如果各州对其境内所售所有商品实行宽税基销售税，不区别对待州内生产和海外生产的商品，则不会干预联邦关税政策。这种观点使一些法官推断第 90 条只禁止州征收歧视进口商品与本地生产商品的税。然而，对"消费税"的更广义解释使第 90 条更有助于用来保证联邦控制关税政策。高等法院的裁决提及第 90 条给予联邦"对商品税的真正控制"，似乎认为此条目的是使联邦积聚权力来通过商品税执行关税、收入、社会和经济政策。如此宽泛的客体似乎不符合立法者意图，但如果被视为澳大利亚经济与政治需要而进行财政权力分配的一部分，则有其正当性。②

（一）狭义："啤酒制造许可费案"③

经济学上认为消费税是州可以用来基于商品来源区别征税的选择性征税。根据这种定义，州能自由对商品征税，只要不在州之间造成歧视。在本案中法院认为对啤酒制造者征收的固定费率的许可费不是消费税。消费税被限制为在商品生产制造时对其质量或价值征收的间接税。狭义解释认为消费税仅指对国内产品的征税，不排除州对商品销售征税。如果州对商品的销售

---

① 州征收消费税可能改变联邦关税政策的预期效果。例如一州可以通过对地方生产的投入征收消费税，降低联邦关税的保护性效果。结合联邦的主要动机之一是从共同对外关税和州际自由贸易的关税联盟获益，这为联邦独享征消费税的权力提供理由。
② HANKS P. Frances Gordon and Graeme Hill, Constitutional Law in Australia (Third Edition) [M]. Australia: LexisNexis Butterworths, 2012: 334-335.
③ Peterswald v. Bartley (1904) 1 CLR 497.

征税,不管商品是从海外还是州外进口或在本州生产,并不违反宪法第 90 条和第 92 条的意图。这种解释区分对消费征税和对生产征税,将使州能对进入消费的商品征税,比如征收零售税。然而高等法院忽视裁决的逻辑或起草者的意图,争论总是围绕词语的字面含义。① 这种解释部分受到权力保留教义的影响,认为解释宪法时应保留州完整的管理内部事务的能力。首席法官 Griffith 认为宪法不包含这样的条款使联邦议会干预州的隐私或内部事务、限制甚至阻止州管理州内商业活动。与此相悖的解释是违反宪法精神的,除非条款的字面含义使我们必须如此。② 后来对该解释的逆转对州在间接税领域的行为自由施加了严格限制。值得注意的是,州对服务销售征税的有效性并不存在异议。

(二)转折:"牛奶经销征税案"③

在该案中法院多数意见认为,维多利亚州对在墨尔本销售或分发的每加仑牛奶向日常经销商征收的税是一种消费税。多数法官认为,宪法第 90 条阻止州对商品的任何交易(除了消费)征税。法官 Dixon 认为第 90 条意在给予联邦通过税收手段控制生产层级的专有权,保证联邦对商品征税的真正控制和确保任何政策的执行不被州的行为阻碍。因此消费税应被视为包括"在商品到达消费者手中之前的分发阶段的任何时候征收的税",因为其"产生与对制造或生产征税的同样效果"。④ 在此案之前,1926 年"汽油案"⑤ 和

---

① MATHEWS R L, JAY W R C. Federal Finance – Intergovernmental Financial Relations in Australia since Federation [M]. Thomas Nelson (Australia) Ltd, 1972: 131 – 132.
② ZINES L. The High Court and the Constitution [M]. 4th ed. Sydney: Butterworths, 1997: 6 – 7.
③ Parton v. Milk Board (1949) 80 CLR 229.
④ HANKS P. Frances Gordon and Graeme Hill, Constitutional Law in Australia (Third Edition) [M]. Australia: LexisNexis Butterworths, 2012: 336 – 337.
⑤ Commonwealth v. South Australia (1926) 38 CLR 408.

"报纸案"① 也是关于法院对第 90 条进行广义解释、将州排除销售税领域的案例。其后,在 Bolton v. Madsen② 案中法院指出为了宪法的目的,消费税是在商品到达消费者手中之前生产或分配的"某阶段"直接对商品征收的税。"消费税"被适用于对商品生产、分配或销售征收任何税。

(三)延续:"烟草许可费案"③

该案是关于对新南威尔士州征收烟草执照费的质疑。州主张消费税是对商品生产制造征收的税,联邦则主张是对商品征收的一种国内的或内陆的税,这也是该案中法院的多数意见。对"消费税"的理解不一,源于缺乏制宪者对立法目的的可靠指引。近来案例通过强调商品统一征税的意义来提供正当性。目的解释路径导致法院偏离简单定义,更复杂地考察在生产制造之后的阶段征税的问题,并同时从实质与形式的层面判断某种税是否属于消费税。④ 在此前的 Hermatite v Victoria 案⑤中,法院也将消费税解释为对商品的分配或销售征收的任何税。在近期的 Betfair Pty Ltd v. Western Australia 案⑥中,法院仍对"消费税"进行广义解释。

财政联邦制问题是税制改革和联邦制实际运行的潜在主题。在联邦内调整政府财政利益是一个复杂的过程。对于州要求财政自主和联邦在关税政策及宏观经济管理中的角色之间的矛盾,没有明确和一致的解决方法。目前对宪法第 90 条的解读是,为了联邦利益牺牲州利益,对州征收商品税设置宽

---

① John Fairfax and Sons Ltd v. New South Wales (1926) 39 CLR 139.
② Bolton v. Madsen (1963) 110 CLR 264.
③ Ha v. New South Wales (1997) 189 CLR 465.
④ SAUNDERS C. The High Court, Section 90 and the Australian Federation [M] //WARREN N A. Reshaping Fiscal Federalism in Australia, Australian Tax Research Foundation Conference Series No. 20 in association with Economic Society of Australia, New South Wales Treasury, 1997:32 – 35.
⑤ Hermatite Petroleum Pty Ltd v. Victoria ("Pipelines case") (1983) 151 CLR 599.
⑥ Betfair Pty Ltd v. Western Australia (2008) 234 CLR 418.

泛的禁止。第90条规定联邦对关税和消费税的征收和商品生产或出口发放奖励金的专有权。关于征税的立法权可见第51（2）条，并受制于其行使"不歧视州或州的部分"。对"商品的生产或出口"发放奖励金的权力受制于"这些奖励金应该在联邦内统一"。第51条授予联邦一般征税权，第90条只规定其中一部分为排他权力，意味着其他形式的税收在宪法上可以由州征收。联邦的征税权已经被解释，来最小化联邦与州税收法律之间不一致的可能。高等法院认为第51（2）条授予联邦议会为了联邦目的征收的权力不同于为了州目的征税的权力。这样联邦就不能控制州行使自己的征税权，尽管根据其他权力事项制定的联邦法律可以引起不一致而使州税法无效。还有其他关于关税、消费税和奖励金的条款，可以帮助阐明其含义。第93条规定对于在一州生产制造后运送到另一州消费的商品征收消费税，应认为已在消费所在州征收。此外，为了达成议会两院的权力平衡，第55条规定"征收关税的法律应限于关税，征收消费税的法律应限于消费税"，违反该条会导致法律无效。第55条和第90条中的消费税含义相同是个合理的解释。考虑第55条的运作情形增强了确定消费税含义的需要并可能帮助确定其含义。①

四、联邦对州财政资助的目的与条件

（一）"公路案"②

本案讨论1926年第46号《联邦资助道路法》（Federal Aid Roads Act）的有效性。法院认为该法得到宪法第96条的授权，并不受第99条或其他条款的影响。Robert Menzies 和 Fullagar 支持维多利亚州及总督的意见，认为该

---

① SAUNDERS C. The High Court, Section 90 and the Australian Federation [M]//WARREN N A. Reshaping Fiscal Federalism in Australia, Australian Tax Research Foundation Conference Series No. 20 in association with Economic Society of Australia, New South Wales Treasury, 1997: 22 – 24.
② Victoria v. The Commonwealth (1926) 38 CLR 399.

法是关于道路建设而不是对州的财政资助,因此不能得到第96条或第51条的授权。州在该法中仅被认为是道路建设资金的贡献者和联邦执行该项工作的代理。如果该法是对州的财政资助,它并未遵守第96条。在第96条下议会不能附加不属于第51条立法权行使的条件。所附条件由议会施加,而非由行政机关确定。Hannan 支持南澳及总督的意见,认为该法中施加的条件是表明联邦通过州作为其代理在建设道路,不是为了资金偿还或保证资产处于安全状态,不符合第96条所指条件的含义。Brissenden K. C. 和 McTague 支持新南威尔士州干预,认为第96条仅适用于临时目的的借贷。如果该法可能产生只有一个州从联邦获得资金的效果,则违背了第99条禁止给予一州优惠的规定,因为这将使在州之间分配的盈余收入大大减少。Sir Edward Mitchell K. C.（Drake‐Brockman 和他一起）支持被告,认为第96条要求的条件见《联邦资助道路法》第2条的规定,即每个加入的州签署计划中的协议。① 法院认为道路建设可以被认为是州的功能,对其运行提供资金是对州的财政资助。法院裁决支持该法的有效性,联邦可以对拨款附加条件介入州的开支决策。

(二)"统一税第一案"②

1901年以前各殖民地均对个人收入征税,1901年后作为其继受者的各州也征收此税。联邦于1915年首次征收所得税,直至1942年大多数个人收入都被联邦和州各自征收所得税。在1941年6月和1942年5月,由于战争持续,联邦政府要求州退出所得税领域,接受联邦财政拨款为补偿,被各州拒绝。1942年6月,联邦议会颁布四项法案:③（1)《所得税法》（The Income

---

① HOWARD C, SAUNDERS C. Cases and Materials on Constitutional Law [M]. The Law Book Company Limited, 1979: 194 - 195.
② South Australia v. The Commonwealth（"First Uniform Tax case"）(1942) 65 CLR 373.
③ HANKS P. Frances Gordon and Graeme Hill, Constitutional Law in Australia (Third Edition) [M]. Australia: LexisNexis Butterworths, 2012: 354.

Tax Act）：对收入以高税率课税，据估计根据此法案所征税收将大致等于前一年度联邦与州所得税收入的总和。(2)《所得税评估法》(The Income Tax Assessment Act)：该法规定有1936年《所得税评估与社会服务贡献评估法》(Income Tax and Social Services Contribution Assessment Act) 的第221条内容。该条禁止纳税者在未缴清所欠的联邦所得税之前向州缴纳所得税。(3)《资助州（所得税补偿）法》(The States Grants (Income Tax Reimbursement) Act)：授权联邦国库若确信州在该年度没有征收所得税，则以财政资助的方式向州进行年度拨款。每笔拨款将大致等于各州在1939—1940和1940—1941两个财政年度的平均所得税收入。(4)《所得税（战时安排）法》(The Income Tax (War-time Arrangement) Act)：授权联邦国库要求各州国库将其用于评估和征收所得税的工作人员、办公场所、设施及记录等移交联邦。昆士兰、西澳、维多利亚和南澳这四个州认为统一税立法剥夺了它们征收所得税的共享宪法权力。

然而高等法院支持了以上每项立法的有效性。理由如下：① (1)《所得税法》是一项普通的关于税收的法案。法院不能限制议会建议征税的税率。(2)《所得税评估法》给予联邦在其所得税支付上的优先权，这也是一项关于税收的立法，得到宪法第51 (2) 条关于征税立法权的支持。(3)《所得税（战时安排）法》是联邦根据宪法第52 (6) 条有效行使关于国防的立法权。(4)《资助州法（所得税补偿）法》得到宪法第96条的支持。

针对关于《资助州法》的三项批评意见，法院逐项驳回：(1) 意见一指出结合《所得税法》，《资助州法》阻止州征收自己的所得税。法院多数意见认为即使同时考虑这两项立法，也没有任一立法声称阻止州征收所得税。首席法官Latham认为联邦可能通过资助的方式诱导州行使权力（如修路），同

---

① HANKS P. Frances Gordon and Graeme Hill, Constitutional Law in Australia (Third Edition) [M]. Australia：LexisNexis Butterworths, 2012：355-356.

129

样可能通过资助的方式使州放弃行使权力。《资助州法》只是提供了诱因，并未强制州放弃征收所得税的立法权。州征收所得税不会被认为违法。（2）意见二指出《资助州法》是联邦对州基本职责的攻击。Latham 承认征税权是州的基本职责，但认为即使联邦立法事实上甚至意图削弱或破坏州的一些活动，它也可能是有效的。联邦立法的效力并不取决于其影响或意图的影响，而是其法治运行。《资助州法》和《所得税法》都不是关于州职责的法律，不对州议会的任何行为构成命令或阻止。（3）意见三认为结合《所得税法》，《资助州法》会导致对不同州在税收方面的区别对待，因而违反宪法第51（2）条和第99条。Latham 认为《所得税法》对各州以同样的税率征收同样的税，不会在州之间造成歧视。就《资助州法》而言，没有宪法原因解释它为什么不能对州区别对待。

工党引入广泛的立法来执行作为战时措施的计划，以满足战争开支的大量增加和公平分担负担。反对党认为该计划实质上剥夺了州的征税权，防御权不能用来"通过破坏州作为政体的地位而改变宪法"。本案是高等法院促使财政集权化的一个主要裁决，可以被视为运用工程师案所确立原则的巅峰。法院遵循严格法律主义路径开放地解释联邦权力，即使这样允许联邦破坏州的独立。"因此如果联邦议会准备通过这类立法，所有州权将被联邦控制——结果将意味着联邦政治独立的结束。这个结果不能被任何法律决定阻止"。[1] 该案不仅确认在联邦制系统内联邦在实际上的优先性，而且多数法官坚持认为在法庭上解决的问题应是严格的法律问题。对所称权力滥用或行使造成政治竞技场里不恰当目标的补救，不是法院承担的角色任务。决定权在于联邦议会，并最终在于人民。[2] 如果宪法第96条授权联邦议会以其认为

---

[1] First Uniform Tax case (1942) 65 CLR 373 at 429.
[2] HOWARD C, SAUNDERS C. Cases and Materials on Constitutional Law [M]. The Law Book Company Limited, 1979: 223.

合适的条款对州给予财政拨款,那么这种清晰的含义不能被任何隐含的命题所改变。法院不考虑这种解读会被联邦议会用以使州处于经济上完全的从属地位。对第 96 条文义解读产生的经济和政治结果是政治问题,应以政治方式而非法律方式解决。① 这种解释路径不在乎裁决对联邦平衡和州自治的影响。

首席法官 Latham 认为法院未被授权考量一些州是否被政治联合强迫为联邦开支支付过多的份额,这是议会和人民讨论的问题。《所得税法》的征税税率几乎没有给州征收所得税留下空间。《资助州法》表明联邦议会认为州议会应该停止征收所得税的意图。《战时安排法》表明联邦议会认为联邦应该接管州所得税征收制度所需要的人员和设备。《所得税评估法》旨在确保政府征收联邦所得税,不管发生任何州征收所得税的主张,但它独立于完全将州从所得税领域排除的一般计划。而其他三部法律排除州所得税及其机构的意图是明确的。②

法院承认联邦议会无权阻止州行使征税权,但认为在《所得税法》中并不存在这种阻止。联邦不能对特定事项征收如此高的税以致州没有额外征税空间这样的论点没有确切根据,并且此点并非由原告提出。原告提出所争论立法是为州目的而不是联邦目的筹集收入,对此的回应是宪法明确允许联邦为了州或支付给州而筹集收入,对州支付是一个可能与合适的联邦目的。原告还提出联邦议会通过征税法排除州的必要收入来源,因此创造了援助的需要再通过财政资助来缓解,这类资助不在宪法第 96 条的范围。法院认为财

---

① 可以与 Melbourne Corporation v. The Commonwealth (1974) 74 CRL 31 和 Queensland Electricity v. The Commonwealth (1985) 159 CLR 192 两案比较。
② HOWARD C, SAUNDERS C. Cases and Materials on Constitutional Law [M]. The Law Book Company Limited, 1979: 217 – 223; South Australia v. The Commonwealth ("First Uniform Tax case") (1942) 65 CLR 373 at 408 – 409, 411 – 413, 415 – 420, 422 – 425, 427, 429.

政资助的需要在联邦法律表达的联邦政策中并不少见。① 联邦法律创造州的"需要"并不阻止联邦议会根据第96条向州提供财政资助来缓解需要。联邦不能行使立法权来破坏或削弱州的宪法功能或能力,但联邦可以适当地通过提供财政资助诱使州行使或放弃行使其权力。此案中原告没有依据联邦宪法中的任何明示条款,而是依据所称的隐含禁止即联邦不能干预州的宪法功能、能力或行为。他们指向宪法第106条和第107条,但这些条款没有授予州议会任何权力,只是明确了联邦只享有宪法授予的权力,但没有限制所授予权力的范围或行使。即使事实上甚至意图削弱或破坏州的行为,联邦立法也可以是有效的。宪法第109条表明很多情形下都是如此。联邦议会不能立法阻止州议会立法,但这种对联邦议会权力的限制并不来自隐含于宪法中的任何限制,这只是联邦议会对州议会职权相关事项立法权缺失的结果。② 一项法律可能与某事项无关却能对其产生影响,动机或目标的问题与法律的本质无关。某项法律的本质决定于其创设、废止或规制的义务、权利与权力。

（三）"统一税第二案"③

1957年维多利亚州和新南威尔士州质疑持续计划中的两部分内容——对州拨款绑定条件和给予支付联邦税对支付州税的优先性。法院裁决规定纳税者在向州支付所得税前应向联邦支付所得税的条款无效,但再次确认联邦可以州不征收所得税为条件进行税收补偿拨款。联邦征收高额所得税,将州排除在外,因而联邦的垄断并没有受到影响。④ "对州的财政资助"被赋予了

---

① Deputy Federal Commissioner of Taxation (N. S. W.) v. W. A. Moran Pty. Ltd. ("Flour Tax case") (1939) 61 CLR 735.
② HOWARD C, SAUNDERS C. Cases and Materials on Constitutional Law [M]. The Law Book Company Limited, 1979: 219-222.
③ Victoria v. The Commonwealth ("Second Uniform Tax case") (1957) 99 CLR 575.
④ GALLIGAN B. Fiscal Federalism: then and now [M] //APPLEBY G, ARONEY N, JOHN T. The Future of Australian Federalism: Comparative and Interdisciplinary Perspectives. Cambridge University Press, 2012: 330-332.

<<< 第四章 宪法解释：联邦与州财政分权的司法塑造

很宽泛的含义，也得到超越文义解释的应用。其他法官也强调宪法第96条的宽泛运用。McTiernan认为此条授予的权力是笼统的，资助的条件都属于议会决断范围。Williams指出"议会认为合适的条件"应至少包括州能合法遵守的任何条件。Fullagar认为没有原因限制此条中的联邦资助权，只要州能合宪地遵守被施加的条件。①

Dixon指出本案中联邦法律以下条款的有效性受到质疑：1936年《所得税与社会服务贡献评估法》第221条和1946年《资助州法》第5条及第11条。首先要解决的问题是宪法第96条是否足以支持《资助州法》。他提到第96条的起草历史、表达的内容与形式，认为该条只是授权资助及附加条件，不强制州接受资助及附加条件。一系列关于第96条的案例扩大联邦权力并倾向于否认对拨款目的和条件性质的限制。如"公路案"支持联邦以州将所获拨款及部分自身资金用于联邦指定的道路建设为条件向州拨款。Dixon认为这意味着尽管联邦在权力运行中施加条件要求州向州内或与州相关的人支付资金，但只要资金转移到州手中就满足第96条的要求。制宪者可能认为第96条规定的是一种过渡性权力，限制于特殊需要或时机来通过特别资助补充州国库资源、附加要求联邦资助的相关条件。但司法裁决没有考虑这种限制解释。一旦确定某项法律根据第96条有效或不包含对州的财政资助，进一步对其有效性的考察不超出附加条款的可容许性。一旦接受"公路案"的解释，很难找到理由否认可以将州不能征收特定形式的税作为联邦提供财政资助的条件。②

还有关于第96条是否受到宪法中特定限制的讨论。早在联邦成立初期，

---

① HANKS P. Frances Gordon and Graeme Hill, Constitutional Law in Australia (Third Edition) [M]. Australia: LexisNexis Butterworths, 2012: 356 – 359.
② HOWARD C, SAUNDERS C. Cases and Materials on Constitutional Law [M]. The Law Book Company Limited, 1979: 242 – 245; Victoria v. The Commonwealth ("Second Uniform Tax case") (1957) 99 CLR 575 at 597 – 598, 602, 604 – 607, 609 – 611.

133

Deakin 就意识到联邦利用第 96 条控制财政的可能性。他曾指出:"由于英国国库的权力是通过众议院的权力而建立的,澳大利亚最终将不可避免地建立起联邦权力。各州天真地以为宪法会保障各州的自治政府。宪法给予它们法律上的自由,但财政上却对其实行制约。"[1] 早期的案例认为联邦议会可以利用第 96 条鼓励州实施特定政策或弥补联邦立法权的短缺,更多的近期案例认为第 96 条不能用于回避对联邦权力的明确限制。

其一,"面粉税案"[2]。本案提出第 96 条是否可以被用以回避宪法中的特定限制而不是来克服权力缺位的问题。《面粉税(小麦工业资助)评估法》以州将所获拨款支付给小麦种植者为条件向州提供拨款。法院认为该法不因为向州提供的财政援助有返还税收的影响而无效,该税由全澳所有面粉磨坊主向五个州的小麦种植者和第六个州即塔斯马尼亚州的面粉磨坊主支付。宪法第 51(2)条禁止歧视的限制只适用于税法,不适用于根据第 96 条的立法。统一无歧视的联邦法律在各州的执行可能出现不平等的结果。宪法第 96 条提供一种方式使联邦能根据议会的判断调整这种不平等,不受任何歧视禁令的限制。在上诉审中枢密院支持了高等法院的裁决,尽管它对允许第 96 条权力"似是而非"的运用提出告诫:在资助州的借口下,该法案的实质内容与目的可能就是产生税收歧视,这可能超越联邦议会权限。[3] 然而司法对立法目的的探究受到强烈阻止,在操作上也很困难。

---

[1] Letter to London's Post, 1April, 1902. 转引自 [澳] 帕瑞克·帕金森. 澳大利亚法律的传统与发展: 第三版 [M]. 陈苇, 等译. 北京: 中国政法大学出版社, 2011: 158 - 159.

[2] Deputy Federal Commissioner of Taxation (NSW) v W R Moran Pty Ltd ("Flour Tax case") (1939) 61 CLR 735.

[3] HANKS P. Frances Gordon and Graeme Hill, Constitutional Law in Australia (Third Edition) [M]. Australia: LexisNexis Butterworths, 2012: 363.

<<< 第四章　宪法解释：联邦与州财政分权的司法塑造

其二，"教会学校案"①。在本案中受质疑的几项法案以州将资助转给指定的非政府学校为条件向州提供资助。法官 Gibbs 指出，议会通过宪法第 96 条弥补其直接立法权的短缺是一回事，以逃避宪法的禁止为目的来创立一个条件是另一回事。议会根据第 96 条的行为不能违背第 116 条关于宗教自由的规定。② 此案体现出高等法院对第 96 条联邦资助权力受到一些特定宪法限制的考虑。

其三，"ICM 农业公司案"③。在本案中法院多数意见认为联邦在向州提供财政资助时不能附加条件要求州将资助用于以非正当条件征收财产。宪法第 96 条受到第 51（31）条的限制。第 51（31）条是一项应被宽泛解释的宪法保障，这也是透过法律形式看法律的实质影响。ICM 案中的裁决引起对之前 Pye v. Renshaw 案④的质疑。该案中州将联邦拨款用于以低于市场价强制征收土地，法院驳回拨款权应受到第 51（31）条限制的主张。然而，在 ICM 案中多数法官并没有否决 Pye 案，他们认为早期的裁决是可以解释的，因为在联邦根据第 96 条拨款与州立法引起强制征收之间缺乏联系。另一方面，在 ICM 案中多数法官清楚认可了更早期 PJ Magennis Pty Ltd v The Commonwealth 案⑤的裁决，该案中一项联邦法案认可州将联邦拨款用于以低于土地现有价值征收土地，法院多数意见裁决这项法律是关于以非正当条件征收财产，违反宪法第 51（31）条的规定。法院在 Spencer v. The Commonwealth 案⑥中回到第 96 条与第 51（31）条之间的关系，原告主张一项限制蔬菜清

---

① Attorney-General for Victoria; Ex rel Black v. The Commonwealth (1981) 146 CLR 559.
② HANKS P. Frances Gordon and Graeme Hill, Constitutional Law in Australia (Third Edition) [M]. Australia: LexisNexis Butterworths, 2012: 363 – 364.
③ ICM Agriculture Pty Ltd v. The Commonwealth (2009) 240 CLR 140.
④ Pye v. Renshaw (1951) 84 CLR 58.
⑤ PJ Magennis Pty Ltd v The Commonwealth (1949) 80 CLR 382.
⑥ Spencer v The Commonwealth (2010) 241 CLR 118.

洗的法案是对财产的征收,这种征收是由州与联邦之间的一项协议促成的,授权该协议的联邦法案为基于非正当条款征收而制定,因而违反第51（31）条。法院指出 ICM 案中多数意见没有解决这个问题:根据第96条向州提供资助的法案是否可以参考联邦与州之间的非正式协议,为关于征收的法律定性。法院认为需要考虑是否存在联邦与州之间的非正式协议（达不到政府间协议的程度）,规定联邦对州提供财政资助以州根据非正当条款向农民征收财产为条件;如果存在这项协议,其宪法意义是什么。[1]

五、开支权

由于政治和行政方面的一些原因,联邦政府有时更愿意直接从事开支,而不是通过州的机构进行。联邦政府可能希望自己为特定开支项目争取政治荣誉,而不是与州政府分享。也可能认为州政府机构无效率或会造成阻碍,不适应创新项目的引进与运行。宪法明确提及开支的条款是第81条和第83条。前者规定联邦政府的所有收入形成一个统一的收入基金为联邦所用,其方式、费用与责任依照宪法规定。后者规定任何从联邦国库的支出必须依照法律拨款。如今高等法院认为宪法第81条没有授予联邦任何实质的权力,使用公共资金的权力应在宪法其他条款中寻找。法院多数意见提出这种权力可见第61条关于联邦行政权的规定。

（一）"药物福利案"[2]

1941年工党政府基于对宪法第81条的宽泛理解颁布一系列立法,在第51条定义的联邦直接立法权之外的领域引入直接的联邦开支项目。法院多数意见裁决受质疑的法案无效,阻止联邦政府在发起联邦直接立法责任之外的

---

[1] HANKS P. Frances Gordon and Graeme Hill, Constitutional Law in Australia (Third Edition) [M]. Australia: LexisNexis Butterworths, 2012: 364 – 366.

[2] Attorney – General (Vic); Ex rel Dale v. The Commonwealth （"Pharmaceutical Benefit case"）(1945) 71 CLR 237.

新开支政策时求助于直接开支。Williams 认为联邦议会可以授权开支的目的"必须都能在宪法里被找到"。Dixon 认为开支权不是基于第 81 条，而是建立在议会特定立法权之上。这些权力包括联邦作为一个国家的存在和作为中央政府的功能运行相关的任何事项，更基本的考虑则是联邦与州之间权力和功能的分配。Starke 认为第 81 条中"联邦目的"包括联邦立法、行政及司法职能所涉事项以及任何源于"联邦的存在及其作为联邦政府的地位"的事项。Latham 和 McTiernan 对联邦开支权持更广义的观点，支持由议会而非法院来判断某个目的是否属于联邦目的。药物福利案的裁决促使联邦政府推动一项关于修改宪法的公民投票，在宪法第 51 条中增加一项，为福利项目的范围提供确定的基础。①

(二)"资助计划案"②（APP 案）

1972 年底选举产生的惠特拉姆（Whitlam）工党政府试验性地推动通过 1974-1975 年的第一号拨款法（Appropriation Act），该法案授权给予澳大利亚资助计划（Australia Assistance Plan）拨款开支。澳大利亚资助计划是为了不属于联邦权力实质事项的目的，对不是州的接受者给予资助的几个计划之一。通过建立社会发展地区委员会，以统一收入基金（Consolidated Revenue Fund）拨付的资金进行社区福利服务的调查与发展，包括超越宪法第 51 条授权联邦议会立法的事项。法院支持对第 81 条的广义理解，驳回对资助计划拨款有效性的质疑。McTiernan，Mason 和 Murphy 基于对第 81 条的广义解读，主张留给议会决定拨款的目的。Stephen 和 Jacobs 驳回质疑则是基于拨款法的特殊性质。Stephen 认为法案没有授予权利或特权，也没有施加责任或义务，而只是允许国库支付资金。州政府或总检察长都没有立场质疑该法案的

---

① HANKS P. Frances Gordon and Graeme Hill, Constitutional Law in Australia (Third Edition) [M]. Australia: LexisNexis Butterworths, 2012: 367-368.
② Victoria v. The Commonwealth and Hayden (1975) 134 CLR 338.

合法性。Jacobs 认为拨款是内在于联邦政府的事项，其本身不能成为合法性质疑的对象。即使拨款可以受到质疑，目前的开支也没有超越"联邦目的"。"联邦目的"不仅包括联邦宪法描述的事项，而且扩展至联邦作为中央政府的角色隐含的其他目的。资助计划涉及的活动要求国家性而非地方性的计划，属于"联邦目的"的概念范围。Cheryl Saunders 认为拨款法作为内在于议会过程的方式的特质阻止法院裁决其合法性的观点在历史上、法律上和原则上都是错误的。① 宪法没有确定联邦行政权的范围。APP案的裁决颠覆了"药物福利案"的窄化影响，为联邦直接开支项目的显著扩张提供理由。可以看出高等法院在立法权之外为不断扩展的联邦权力寻求正当性的意愿。

　　法官 Mason 提出，第一个问题是联邦议会的拨款权是不受限制还是限于与联邦作为中央政府根据宪法所享有权力和功能相应的目的。在"药物福利案"中有观点认为第81条不是拨款权的来源，宪法中有其他条款假定拨款立法权的存在，如第51（39）条或特殊拨款的立法权，包括第51条、第52条和第122条。因而认为拨款权的范围限于"通过有效法律的制定可以做的"。反对者提出第81条通过"为了联邦目的"的表述确定了拨款的隐含权力的程度与范围。在确定"为了联邦目的"的涵义时，有必要考虑拨款法的功能与目的。第83条规定"联邦国库的款项只能依照法律支出"，拨款法具有授权和限制支出的双重目的。② 受限制的拨款权与宪法设计的权力划分相适应，对维持联邦在其界限内活动发挥着有力作用。一项拨款可以为支出提供必要的议会批准，但不为联邦参与提供法律权力。联邦是否能参与特定活

---

① SAUNDERS C. 'Parliamentary Appropriation' in Current Constitutional Problems in Australia, C. Saunders et al (eds), Centre for Research on Federal Financial Relations, ANU, Canberra, 1982: 33. 转引自 HANKS P. Frances Gordon and Graeme Hill, Constitutional Law in Australia (Third Edition) ［M］. Australia: LexisNexis Butterworths, 2012: 368–370.

② Commonwealth v. Colonial Ammunition Co. Ltd. (1924) 34 CLR 198.

动取决于联邦立法、行政与司法权力的范围。对第61条联邦行政权"扩展至宪法和联邦法律的执行与维持"的理解,应与宪法的联邦特征、联邦与州的分权等结合起来。在考察权力的潜在范围时需要考虑以下几点:首先,第51(39)条的附带立法权(incidental legislative power)结合其他权力尤其是第61条,为联邦执行其他特殊权力提供了更宽泛的范围。① 其次,除了特殊权力和列举权力,联邦还享有来自于其作为政体的隐含权力,只要这些隐含权力没有超出国内安全范围和不对州造成颠覆破坏。② 如果给予隐含行政权宽泛运作,使联邦能执行立法权事项之外的项目,将从根本上改变联邦依据宪法规定的责任领域,不符合联邦与州立法权划分达到的责任划分。③ 而要求这种款项支出的活动,至少大部分都是在联邦行政权边界之外的。

Stephen 认为,拨款法反映了立法对行政在财政事务上的控制,这是议会民主的一个基本原则。然而,如今行政变成了控制众议院多数的同种力量的代表,议会拨款的重要性主要在于为反对党和公众监督提供机会。拨款法尽管是国库款项法定支出的必要前提,但不指向联邦公民;它不是管理法,不授予权利也不施加义务,只是允许基于总督的令状将国库款项支出给政府部门。立法机构控制所提议政府部门的开支,这在联邦政体的框架内有意义,但对州的权力没有直接影响。④

Gibbs 认为,"联邦目的"是指联邦作为一个政治实体由宪法授予执行的目的。这种解释得到宪法第83条的支持——这种权力只能依据有效通过的

---

① Burns v. Ransley (1949) 79 CLR 101.
② Australian Communist Party v. Commonwealth (1951) 83 CLR 1.
③ HOWARD C, SAUNDERS C. Cases and Materials on Constitutional Law [M]. The Law Book Company Limited, 1979: 139 – 145; Victoria v. The Commonwealth and Hayden (1975) 134 CLR 338 at 391 – 401.
④ HOWARD C, SAUNDERS C. Cases and Materials on Constitutional Law [M]. The Law Book Company Limited, 1979: 145 – 147; Victoria v. The Commonwealth and Hayden (1975) 134 CLR 338 at 384 – 387.

法律行使。第94条提供了进一步支持，它明显意在保障联邦盈余收入对州的支付，而如果拨款权是自由的，几乎不可能产生盈余。附带立法权并不授权议会对其认为是国家利益相关的任何事项立法。联邦地位的提高不具有破坏宪法规定的权力分配的作用。本案资助计划不仅限于调查，款项也不是支付给州。宪法第61条限制联邦行政权，明确表明行政不能对完全在联邦立法能力之外的事项行为。如果认为授权对该计划支出的立法无效，则联邦公共资金也不能合法地用于该计划的目的。①

Jacobs 则认为，资助计划是在联邦权力范围内。联邦行使行政权开支款项并相应地行使立法权拨付资金。这项开支附随着联邦关于社会福利权力的执行，属于宪法第51（39）条附随权力的范围。"联邦的目的"包括附随于拨款立法权行使的联邦权力和为联邦目的支出款项的财政权。"附随事项"可以是实体的，而不仅是对相关权力的辅助或程序。附随于权力行使的事项比附随于权力内容的隐含权力范围更广。议会可以对特权内的任何事项立法，并不意味着在一项特权行使之前立法是必需的。女王在广泛领域通过总督根据行政委员会的建议行使特权，如果立法是先决条件，除非有议会法律的批准，女王将只能通过议会授权来行使行政权，这会导致国家在宣战、缔约、任命州官员等事项上的无能力。除非宪法有特殊规定，否则特权应不受影响。②

对联邦开支权范围的广义解释在其后的 Davis v The Commonwealth 案③中得到巩固。法院认为庆祝首批欧洲人定居澳大利亚两百周年属于联邦的行政

---

① HOWARD C, SAUNDERS C. Cases and Materials on Constitutional Law [M]. The Law Book Company Limited, 1979: 148 - 149; Victoria v. The Commonwealth and Hayden (1975) 134 CLR 338 at 373 - 379.

② HOWARD C, SAUNDERS C. Cases and Materials on Constitutional Law [M]. The Law Book Company Limited, 1979: 149 - 152; Victoria v. The Commonwealth and Hayden (1975) 134 CLR 338 at 404 - 415.

③ Davis v The Commonwealth (1988) 166 CLR 79.

权范围,支持为此拨款的法案的合法性。Mason,Deane 和 Gaudron 主张即使从狭义观点而言,为了有效行使联邦行政权的拨款也属于宪法第 81 条规定的联邦目的,更明确指出 AAP 案作为一个权威支持拨款法通常不易受到有效的合法性挑战。①

(三)"税收奖励案"②(Pape 案)

本案裁决回到对宪法第 81 条的狭义解释。2009 年联邦议会颁布第 2 号《澳大利亚工作者税收奖励法》(Tax Bonus for Working Australians Act)。法案规定向有最低纳税责任和满足其他标准的澳大利亚居住者支付数额不等的税收奖励。草案的解释备忘录指出,税率奖励意在提供直接的经济刺激以促进需求,应对全球财政危机。Pape 认为第 81 条不是关于开支的权力,而是为已被授权的具体行为拨款。他否认为了全国经济的宪法责任授权或隐含任何特殊的权力。这类开支也不能得到第 61 条加上附带立法权的支持。法官一致认为第 81 条和第 83 条没有授予联邦实质的开支权,这项权力应在宪法其他条款中寻找。法院否认联邦认为开支权不受限制的主张。但多数意见支持联邦政府通过向个人纳税者支付现金来刺激开支以对抗全球金融危机,认为法案得到宪法第 61 条和第 51(39)条的支持。

在联合意见中,Gummow,Crennan 和 Bell 认为,宪法第 81 条和第 83 条是关于联邦政府所筹集和接受资金的处理以及从国库拨款的要求,没有提供可以支持法律创设权利、施加义务或另外使用拨款的"开支权"。第 61 条授权联邦政府决定在经济危机中进行财政刺激的需要,类似于在国家危难时决定紧急状态。立法创设接受奖励的权利和偿还所多付款项的义务,得到第 51(39)条附带权力的支持。French 认为第 81 条和第 83 条规定公共资金及其

---

① HANKS P. Frances Gordon and Graeme Hill, Constitutional Law in Australia (Third Edition) [M]. Australia: LexisNexis Butterworths, 2012: 369.
② Pape v. Federal Commissioner of Taxation (2009) 238 CLR 1.

开支的议会控制。使用公共资金的权力受到第81条为联邦目的开支的限制，应在宪法其他地方或据此制定的法律中寻找依据。他同样认为支付奖励得到第61条的支持，也同意规定附带开支事项的立法得到第51（39）条的授权。Hayne和Kiefel认为第81条管理"政府与议会之间关系的一个特殊方面——财政关系"，但应在别处寻找为特定目的使用公共资金的权力。他们不认为支付奖励得到第61条支持，但认为如果将此理解为不超过接受者纳税义务的支付，得到第51（2）条制定税法权力的支持。Heydon认为第81条在授权行政使用拨款资金这个意义上，没有创设独立的立法权；拨款管理立法与行政之间的关系，但使用拨款资金的权力应在别处寻找。他不认同经济危机是使第61条行政权付诸实施的充分根据。[1]

基于工程师案的方法论，高等法院宽泛解释联邦权力——最著名的是1983年塔斯马尼亚大坝案[2]关于"对外事务"和2006年工作选择案[3]关于"公司"的解释。然而法院在Pape案中检视联邦行政权，对联邦开支权进行限制，体现了更为平衡的宪政主义考量。该案中法院要解决两个核心问题：一是第81条开支权的存在和意义；二是第51（39）条附带立法权支持的第61条行政权的范围。联邦主张对其选择的任何事项开支具有一般性和不受限制的权力，提出受质疑的法案得到以下五个基础中任何一个或全部的支持——结合隐含权的拨款权、隐含的全国性权力、对外事务权、贸易和商业权以及征税权。联邦主要强调前两者，认为第81条是对联邦决定的任何事项开支的权力；政府享有澳大利亚作为一个国家隐含的宽泛权力。尽管从制宪辩论开始有大量争论，但没有关于联邦拨款和开支权范围的确定理解，也没有关于联邦行政是否享有隐含的全国性权力的一致意见。所有法官承认第61

---

[1] HANKS P. Frances Gordon and Graeme Hill, Constitutional Law in Australia (Third Edition) [M]. Australia: LexisNexis Butterworths, 2012: 371 – 372.
[2] Commonwealth v. Tasmania ("Tasmanian Dam case") (1983) 158 CLR 1.
[3] New South Wales v. Commonwealth ("Work Choices case") (2006) 229 CLR 1.

<<< 第四章 宪法解释：联邦与州财政分权的司法塑造

条一些隐含的全国性权力来源于或隐含于联邦政府作为一个中央行政机关的性质，但只有四名法官支持争议法案属于此权力范围。所有法官都同意第 81 条及第 83 条并不授予实质的开支权，而是规定对公共开支的议会控制。联邦开支的目的应在宪法关于联邦权力的其他条款中寻找。首席法官 French 指出："第 81 条和第 83 条运行下的历史、文本与逻辑与其作为'开支'或'拨款'权力来源的特征不符合"。Pape 案的裁决允许政府的激励性支付，但否认联邦的无限开支权，对联邦开支权的范围和界限没有给出明确的答案。①

在 Pape 案之后，可以说除了立法明确授予的权力和普通法特权，联邦行政机构拥有"从事特别适合政府和为国家利益进行的事业和行为"的权力。这是在 APP 案中法官 Mason 表达的准则，在 Pape 案中似乎得到除 Hayne 之外其余法官的接受。似乎可以说"行政权的轮廓大致跟随立法权的轮廓"仍然是正确的。尽管 Pape 案中多数法官拒绝表明行政权的外部限制，但他们确定了几种特殊限制。首先，行政不是自身权力的裁决者——其权力不扩展到"政府认为为了国家利益的任何行为或事业"。然而，该案中有些陈述暗示了对于什么是国家利益的判断，至少在危机时期是特殊地属于行政的领域。其次，三名法官提到对行政权的两个固定限制——需要立法支持从澳大利亚引渡逃犯，政府可能不免除对法律的遵守。Pape 案强调了行政权与立法权关系的两个问题：一是第 61 条维护宪法的行政权是否在某些方面超越议会的控制。议会对这些事项的权力是否是"有限的支持性的立法权"，或者是附带权力或立法的国家性权力产生的更宽泛概念。二是关于行政权能通过第 51 (39) 条用于扩大议会权力的范围。法官 Brennan 曾在 Davis v The Common-

---

① GALLIGAN B. Fiscal Federalism: then and now [M]//APPLEBY G, ARONEY N, JOHN T. The Future of Australian Federalism: Comparative and Interdisciplinary Perspectives. Cambridge University Press, 2012: 333-336.

143

wealth 案中指出：第 51（39）条授予的立法权范围当然取决于行政权的范围。多数法官暗示了第 51（39）条附带立法权的受限制的性质。Gummow，Crennan 和 Bell JJ 提到本案中被质疑的法律与"药物福利案"中不同，没有创设权利和义务试图控制在联邦立法权之外的事项。①

（四）"资助学校牧师项目案"（Williams 案）②

2006 年联邦政府发布了全国学校牧师项目（National School Chaplaincy Program）（NSCP）对学校中牧师服务提供直接资助。NSCP 是非法定的，根据教育和劳工关系部发布的指南和文件运行。根据此项目，联邦与昆士兰圣经协会（Scripture Union Queensland）（SUQ）签订协议，对昆士兰 Darling Heights 州立小学的牧师服务提供支付。原告 Ron Williams 要求对自己在该校就读的孩子进行世俗教育，质疑该协议及支付的合法性。高等法院裁决该案中资助协议和根据协议的支付是无效的。裁决的中心在于联邦根据宪法第 61 条订约与开支的行政权的范围。关于此问题有以下几种观点：该权力可以是不受限制的，基于联邦的能力类似于其他法人的能力；该权力扩展到由法律授权的任何行为；该权力扩展到联邦立法权事项范围内的订约与开支。尽管法院多数认为该项开支不属于联邦行政权，但原因大有不同。多数法官将裁决基于协议与支付是否得到第 61 条的支持，而非支付是否得到拨款授权。他们还认为 1997 年《财政管理与责任法》（Financial Management and Accountability Act）没有为订约或开支提供权力来源。关键问题是考虑到该计划是非法定的，联邦行政权是否能扩展到该协议与支付。③

Williams 案承认非法定行政权力的显著领域包括特权、全国性权力、政

---

① HANKS P. Frances Gordon and Graeme Hill, Constitutional Law in Australia (Third Edition) [M]. Australia: LexisNexis Butterworths, 2012: 219 – 222.
② Williams v. The Commonwealth (2012) 248 CLR 156.
③ SAUNDER B B. The Commonwealth and the chaplains: Executive power after Williams v Commonwealth [J]. Public Law Review, 2012, 23 (3): 153 – 154.

府的一般功能和关于执行与维护法律的权力。本案的说理论证体现了对联邦主义的强调,确认联邦主义塑造了非特权行政权的轮廓。多数意见强调NSCP的非法定特征和行政与代议分支结合并受到立法机构监督的事实,认为非法定权力违背代议民主原则,破坏议会对行政尤其是对开支的控制。法院暗示立法授权对于政府大多数项目的执行是必需的。首席法官 French 的说理主要基于联邦主义。他认为联邦主义将行政权限制于联邦立法能力的事项范围。因为联邦立法能力领域是与州的"共享能力"领域,受制于宪法第109条联邦法律的至上权威。联邦没有被一般性授权单独以行政行为进入立法权领域,因为这将侵犯州的地位。联邦可能通过立法途径侵犯州的行为领域。因此在考虑联邦权力范围时必须考虑联邦行为对州的实际影响。这个观点显著缩小特权和国家性权力之外非法定行政权的范围,暗示着立法对广泛多数的联邦行为而言是必要的。Gummow 和 Bell 认为,APP 案的裁决也不能支持联邦行政权扩展到联邦立法权事项范围之外的订约与开支,或扩展到由法律授权的任何行为。其一,即使属于立法权事项,也不能认为存在行政权来行使,因为立法经常是必要的。其二,宽泛的开支权将解除政府从事立法过程的需要,将破坏立法主导的假设,扭曲宪法第一章与第二章之间的关系。联邦主义限制超越立法权的行政权,考虑"州有效从事所讨论事业或行为的充足权力"。NSCP 超越了宪法第 61 条的范围。州在法律和实践上有能力为 NSCP 计划做准备,没有国家性灾难或紧急情况要求联邦的"国家性"权力。Hayne 指出不能假定联邦与自然人有相同的订约和开支权力。政府开支的公共性质和议会对开支的控制否认不受限制的开支权。如果联邦有权开支任何合法拨出的资金,将极大扩展联邦立法权范围。同时还会导致第 96条联邦向州资助的权力没有必要,因为第 96 条的所有工作将可以通过结合第 61 条和第 51(39)条来完成。他认为议会控制开支的原则同样限制开支权。议会控制由立法影响,因此联邦开支权必然受到联邦立法权范围的限制。Crennan 认为，责任政府和议会控制行政的原则"不可避免地限制联邦订约和开支的能力"。政府开支的公共性质、要求开支是为"政府目的"、政府能力可以用来管理行为和执行政府政策，都显示了联邦的能力不同于其他法律实体的能力。Kiefel 指出对联邦行政权的限制"被认为是来自宪法规定的联邦与州的权力分配"，因此开支权也是有限的。NSCP 属于州的领域，没有什么"特殊地留作全国性政府之用"。Heydon 认为"联邦行政权包括做联邦立法机构可以通过立法授权行政去做的事的权力，不管联邦立法机构是否实际上颁布了法律。"[1]

本案的主要争论为联邦的行政行为、订约权和开支权是否限于得到立法授权的行为或开支；订立支付学校牧师服务的协议及根据协议的开支是否得到宪法第 51（20）条、第 51（23a）条、第 61 条、第 81 条、第 96 条的授权；从统一收入基金拨款以支付联邦根据协议的义务花费是否得到 1997 年《财政管理与责任法》的授权。第 27（5）条规定在没有可得拨款时，提款权对打算授权支付公共资金的范围没有影响。第 44（1）条要求行政长官管理代理处事务，以促进其负责的联邦资源的合理使用。NSCP 没有得到具体立法的授权，而由拨款提供财政支持。原告认为 2007—2008 年以及 2011—2012 年的拨款法没有授权提款，根据联邦与昆士兰圣经协会的协议，也没有授权支付资金。[2] 原告提出本案中的订约和支付不属于尤其适合国家政府从事的行为，不是为了国家的利益。行政订约与支付不能被视为"政府的常规年度服务"开支。如果将二者等同，行政将不会根据责任政府的要求关于该政策对议会负责，可见宪法第 53 条和第 54 条的规定。联邦认为订约与支付本来可以得到议会授权，作为第 51、52 条和第 122 条立法授权的对象。另一

---

[1] SAUNDER B B. The Commonwealth and the chaplains: Executive power after Williams v Commonwealth [J]. Public Law Review, 2012, 23 (3): 155 – 160.
[2] Williams v. The Commonwealth (2012) 248 CLR 156 at 156 – 158.

种观点是资助协议得到1997年《财政管理与责任法》第44(1)条的授权。六名法官拒绝基于该条的意见,一名法官认为没有必要就此发表意见。

首席法官French认为,没有立法授权联邦以这种方式订约和支出公共资金。宪法第61条的起草历史、文本、目的及宪法的联邦性质,表明第61条没有授权联邦在立法授权缺位时订约及开支。他反对将联邦行政机构作为一个独立法人对待。政府作为国家政体分支的性质,关联于其权力与立法分支,尤其是参议院的权力之间的关系。第61条规定的行政权包括联邦法律的执行与维护必要的或附随的权力、法律授予的权力、根据可归属于国王的特权确定的权力、联邦与法人共同的权力及源于联邦作为国家政府的性质与地位的固有权力。立法权事项是特定为某目的,不是同意行政权。此外,联邦管理和控制的开支可能在实践中削减州在其能力领域行为的权威,这不是法律无效的一个标准,而是不接受广义解释的原因,因为广义解释认为行政仅服从拨款的要求自由裁量行使这些行为。[1] 他还追溯行政权及宪法起草的历史以论述行政订约与开支的能力。联邦宪法没有很好地解决对行政权的认知。责任内阁制度下行政权的运作和职能与两院制立法机构之间存在张力,其中一个元素是州的议院。一些代表预见到联邦政府对州的财政主导,但可能没想到发展至如今的程度,尤其是经常运用宪法第96条进行有条件的资助,以及将拨款条款作为开支权的来源。如果认为联邦行政有处理联邦立法能力内事务的一般权力,将破坏议会对行政的控制和削弱参议院的角色。宪法第53条规定参议院无权提出拨款法案、无权修改政府常规年度服务的拨款法案,也表明参议院在面对得到众议院信任的行政时处于弱势。参议院保护州利益的功能式微,部分归因于责任政府之下强有力的行政运用政党纪律机制对两院里的政党施加重要影响。他最后总结立法权并不直接推导

---

[1] Williams v. The Commonwealth (2012) 248 CLR 156 at 179–193.

出这个领域的行政权,联邦作为国家级政府的性质并不产生仅以行政行为进入该领域的一般授权。①

法官 Gummow 和 Bell 认为,在确定联邦行政权的范围时,法院应同时注意在宪法建立的联邦制度中州的地位和政府各分支之间的权力关系。NSCP的效力来自于财政安排,如资助协议,而不是立法。《财政管理与责任法》的第七部分旨在对财政的谨慎管理,而不是对开支的授权。宪法第51、52条和第107、108、109条承担着在州与联邦之间分配立法权的任务。议会授权或取消行政权某些方面的能力,与立法范围内事项相关的行政权范围是有区别的,联邦依赖后者来支持资助协议。当行政开支计划在拨款计划之外没有立法承诺时,仍然存在关于代议制度和责任政府的考虑。资助协议因超越宪法第61条规定的联邦行政权而无效。②

法官 Hayne 指出,最终问题是联邦政府在没有拨款法之外的授权时,是否有权根据资助协议进行支付。首先,争议的开支是政府作出的对公共资金的开支。其次,联邦政体中议会控制公共资金的筹集与开支。最后,宪法只授予联邦议会有限的立法权。围绕这些问题的还有宪法关于规范议会对资金法案的操作的规定。宪法的内容与结构要求联邦开支公共资金的权力不是也不能是无限的。议会对筹集和开支公共资金的控制否定了行政可以选择开支统一收入基金,可见于宪法第一章(尤其是第53至56条)和第四章(尤其是第81、83、94、96和97条)的相关规定。第97条和第51(39)条规定了议会对"为了联邦的收入和开支"的监督。议会控制针对"拨付收入或资金"和"征税",监督收入与支出。宪法授予联邦的权力不包括行政选择开支任何合法拨付的资金,而不管拨款使用的目的或情形。开支权的有限性是宪法在联邦与州之间分配权力的要求。是议会而不是行政控制开支,而议会

---

① Williams v. The Commonwealth (2012) 248 CLR 156 at 202 – 217.
② Williams v. The Commonwealth (2012) 248 CLR 156 at 217 – 239.

只能通过立法控制开支。①

法官 Heydon 指出，在实践中和法律上，参议院在监督行政开支方面扮演着积极角色。参议院可以通过评估委员会的工作、与责任部长的交流、对拨款法案的辩论和问询作为参议员或其代表的部长等方式监督开支。行政权跟随立法权有几个例外：其一是宪法第 51（2）条规定的征税权。行政不能征税，在第 53 条至第 56 条有明确权力处理征税。其二是如果联邦行政权扩展到特权影响的权利或责任，未行使的联邦立法权不允许行政更改州法之下的权利与责任。其三是行政开支权的行使不能削减州行使政府职能的能力。他认为 NSCP 没有创设与联邦或州法律相冲突的权利或义务，因此不需要立法即可实施。②

法官 Crennan 指出，联邦基于普通法上订约自由的宽泛观点必须根据以下几点来考察：宪法关于行政权保护或益于国家政体的文本和结构；联邦与州之间行政权的划分；联邦与州之间的财政关系；联邦议会与联邦行政关于开支的关系，包括行政对议会的责任。行政对议会负责体现于明确要求行政在处理财政时获得众议院的信任，以及部长就其行为对所属议院负责。宪法第一章与第二章之间、议会与行政之间、第 1 条与第 61 条之间、代议制与责任政府之间的关系体现于诸多宪法性要求。关于行为的目的，第一章中相关要求包括议会年度会议（第 6 条）、两院由民主选举（第 7 条和第 24 条）、议会制定法律（第 51 条）包括税收立法［第 51（2）条］以及从统一收入基金中拨款要满足第 53、54 和 56 条的要求。第二章关于行政，除了第 61 条，还包括联邦行政委员会向总督提出建议（第 62 条）；部长如果不是或不将成为两院之一的成员，不能执掌部门超过三个月（第 64 条），以确保其对议会负责；第 83 条确保议会对供给的控制；第 96 条处理联邦与州的财政关

---

① Williams v. The Commonwealth (2012) 248 CLR 156 at 240 – 271.
② Williams v. The Commonwealth (2012) 248 CLR 156 at 316 – 321.

系；第97条施加审计要求。行政的责任不仅来自于宪法的要求，还来自于议会辩论和质询机制、行政成员向议会委员会提供信息的要求。议会对开支的控制贯穿于整个立法过程。一个融合责任制和民主代议制的政府制度，其动态运作产生一个更一般性和灵活的"责任政府"观念，表明回应公众意见和对选民负责的政府，允许政治决定的流通、包容和有效权威。行政对议会负责和议会控制供给与支出的原则，限制行政订约与开支的能力，联邦行政的开支经常要求拨款法之外的立法授权。责任政府机制保护共同体免受专断的政府行为。只有议会可以对行为管理制定核心措施和附加刑事后果，制裁和施加惩罚的权力属于司法权，行政无权免除遵守法律的义务。NSCP没有受制于适用于相关立法的议会监督与辩论过程。而《财政管理与责任法》的目的是"为公共资金提供合适的使用和管理"。该法建立账目制度，规定官员和部长的提款权，对拨款权授权公共资金以未经拨款授权方式使用没有影响。①

　　法官Kiefel认为，本案中没有必要解决是否以及在何种情况下要求立法或来自宪法授权的问题。因为联邦确定两项权力适合于支持资助协议：宪法第51（23a）条有利于学生和第51（20）条关于贸易公司的规定。影响Wool Top Case②中法官Isaacs观点的一个因素是要求立法或宪法授权行政订约是责任政府的原则。责任政府原则是澳大利亚宪法的中心特征。原告和昆士兰州副检察长指出，如果行政开支权是无限的，第51（39）条用来支持行政权时，可能将该权力扩展到立法权之外的范围。这会改变行政与立法的关系和议会的主导地位。这种权力扩展还会使联邦侵入州的责任领域，影响联邦与州之间的权力分配。③

---

① Williams v. The Commonwealth (2012) 248 CLR 156 at 336 – 359.
② The Commonwealth v. Colonial Combing, Spinning and Weaving Co Ltd (1922) 31 CLR 421 at 438 – 439, 446 – 451.
③ Williams v. The Commonwealth (2012) 248 CLR 156.

(五)"资助学校牧师项目第二案"(Williams 第二案)①

在该案中,法院裁决认为没有必要回答 SUQ 资助协议是否得到拨款法的支持这个问题;在条款关于资助协议和声称根据该协议的支付的运行中,《财政管理与责任法》第 32B 条无效;资助协议不得到争议条款的支持;联邦订约和根据资助协议进行开支,不得到联邦行政权的支持;支付行为无效。

2012 年 Williams 第一案裁决联邦向学校牧师服务提供资金的协议以及根据该协议的支付不得到宪法第 61 条联邦行政权的支持。裁决发布后不久,议会颁布《财政框架立法修改法》(Financial Framework Legislation Amendment (No3)),修改 1997 年《财政管理与责任法》及《财政管理与责任条例》,意图为这类协议和支付及许多其他协定和拨款提供立法支持。《财政框架立法修改法》新增加到《财政管理与责任法》的内容为"承诺开支公共资金的补充权力"。在第一案中,联邦没有提出拨款法中的条款为协议和支付提供了法律授权。而在本案中,联邦提出 2011—2012、2012—2013、2013—2014 年度的拨款法授权了拨款协议,规定这些拨款可以适用于被认定为国家学校牧师工作和学生福利项目的成果。如果联邦所依赖的拨款法被解释为提供了法定授权,同样产生这类条款的有效性问题。联邦提出在拨款法授权开支拨款资金的范围内,拨款法作为附属于拨款权的法律,得到宪法第 51(39) 条的支持。《财政管理与责任法》第 32B 条作为附属于拨款权或第 61 条开支与订约的行政权的条款,得到附属权的支持。这种观点的前提——联邦行政权扩展到任何形式的开支公共资金和为此的订约——是在 Pape 案和 Williams 第一案中已被否定的。《财政管理与责任法》第 32B 条应理解为授权联邦制定、修改或执行协定或拨款,只在这种授权是属于议会权力范围的

---

① Williams v. The Commonwealth [2014] HCA 23.

情况下。① 如果进行更广义的解释，可能使该条款超越宪法权力或本身语词所能合理承载的意义。

联邦提出四个主张支持重新审理第一案：第一，第一案中确定的原则并没有在后续重要案件中谨慎而顺利地进展，并违背各方已接受的传统法律地位；第二，第一案的听证过程导致法院没有收到"足够的争论，或作为宪法事实的关于成为最终问题的足够材料"（据说包括"参议院如何在拨款过程中发挥功能的证据"和"州关于 NSCP 的咨询的证据"）；第三，第一案中法院多数意见的说理没有回答联邦开支何时及为什么需要授权的立法，以及授权立法的要求是"只在联邦层面还是既在联邦层面也在州层面"运转；第四，第一案的裁决导致相当的不便，又没有相应的显著利益。对此法院回应如下：关于第一点，第一案的裁决是基于 Pape 案的前提，即使联邦提出的第一点理由成立，也不构成重新审理的理由。联邦并没有提出裁决忽略任何相关法律争论或裁决缺乏程序公正。关于第二点，联邦也没有提出第一案听证中没有证实所有相关的宪法事实。联邦提出的参议院实践和政府间咨询是否相关宪法事实很值得怀疑。如果是，联邦完全可以在第一案中提出并作为依据，但他们没有。因此认为第一案有缺陷的意见应被驳回。关于第三点，无法解释这些如何以及为何指向重新审理的需要。关于第四点，唯一不便是需要制定关于争议内容的条款，这不是足以允许重审的理由。

联邦认为宪法第 61 条规定的行政订约与开支权，扩展到被合理认为能从宪法文本和结构中辨别的适合于中央政府的事项。这种理解可能将对联邦开支权范围的判断交给议会。联邦提出牧师项目是具有全国性利益或考量的事项，因为各州已经协商并支持牧师项目的延长。法院认为这并不能补充联

---

① 联邦和 SUQ 试图为争议条款寻找宪法依据，认为是属于宪法第 51（23a）条为学生提供利益的立法权限。SUQ 进一步提出是属于宪法第 51（20）条对贸易或金融公司的立法权限。

邦宪法权力的缺失。宪法包含州与联邦可以参与完成共同目标的条款，第51(37)条关于权力移交和第96条附条件拨款就足以说明，但这都与本案事项无关。联邦提出行政的开支与订约权力只受到七种限制：（1）行政不能"侵入立法保留领域"；（2）行政权的行使不能束缚立法权的行使并不能免除法律的运行；（3）只有议会以拨款立法的形式授权才能从统一收入基金拨款；（4）第51条规定议会有权禁止或控制行政的开支行为；（5）议会通过集体负责制和部长负责制控制开支；（6）宪法承认州的独立存在和持续组织；（7）普遍适用的州法在没有立法授权时适用于联邦的开支和订约。这些实际上只是对联邦在第一案中提出而被六名法官驳回的"宽泛基础"的重复。联邦认为确定行政权的范围应只从两个前提出发："一个政体应拥有其作为一个政体行使职能的所有权力"和"行政权是一个政体拥有的不是立法权也不是司法权的所有权力"。这两个前提可能可以被接受。但得出这个结论还需要有第三个前提：联邦行政权应被假定不少于英国行政机关的行政权。法院认为，决定联邦行政权的范围不能开始于其必须同等于英国行政权范围的假定。这个假定否认了宪法影响联邦与州之间权力与职能分配的基本考虑。英国是没有成文宪法的单一制国家，而联邦主义渗透于成文的澳大利亚联邦宪法，提供了关于联邦行政权的一般限制的基本原理。宪法还包含分权、责任政府和法治等原则，可以想象在其他语境中它们也能对第61条的含义产生影响。普通法上的行政权范围，包括没有法律授权的订约和开支范围问题，随着对行政权不断增加的依赖而突显。在澳大利亚这种发展还受到回避联邦权力的联邦限制和联邦财政主导地位的促进。政府和议会应反省其遵循宪政的实践，接受联邦行政权受到政体联邦形式的限制。英国宪政实践的历史对恰当理解联邦行政权很重要。这段历史阐释了宪法第53条至第56条关于议会立法、拨款法案、征税法案和对财产法案投票的建议等规定的缘由，也阐释了第81条至第83条关于统一收入资金及开支与拨款的内容。但对于该章其他条款，如官员及财产的转移、关税、消费税与奖励、贸易、商业和州内交往及对州的支付并无关系。而关于开支的行政权范围问题应考虑所有相关条款，不仅仅是来源于英国宪政实践的条款。①

第五节 高等法院支持联邦权力扩张的可能理由

高等法院解释宪法作出的裁决在很大程度上改变了宪法的重点，这与立宪者主要考虑保护州的利益存在明显区别。通过高等法院的裁决，联邦权力得到加强。出现这种变化的原因复杂多样，如正在变化的经济环境、对政府不同作用的认识、澳大利亚国际地位和环境的变化、技术和社会方面的变化。② 对于立法者的期望与实际权力分配之间的差异，有几个可能的解释。如对宪法第51条文字的扩张解释、制宪者可能没有意识到某些权力的潜在范围。更为基本的三个要素可以概括为"情势变更"（changed circumstances）、"未来一代"（future generation）和"被误解的描述"（mistaken characterization）。"情势变更"的解释强调制宪时未预料到或不可预见的政治、经济和技术变化对联邦权力范围的巨大影响，将政府的重点从州事务的"保留领域"变为第51条的特定联邦权力。政治变化的例子，有防卫责任范围扩大、在国际协商和条约中处理事项的增多及直接税与间接税的重要性增强。经济变化包括海外和州际贸易及运输的增长、通过控制资金进行集中式经济管理的技术发展以及通过银行、保险公司和贸易金融公司进行经济活动的比例增长。技术变化成为许多有关"政治"和"经济"发展的基础，但它

---

① Cheryl Saunders, Williams [No 2] Symposium: Cheryl Saunders on the Executive Power of the Commonwealth after Williams [No 2] http: //blogs. unimelb. edu. au/opinionsonhigh/2014/06/25/saunders – williams/.

② 何勤华. 澳大利亚法律发达史 [M]. 北京：法律出版社，2004：90.

们有独立的影响,尤其是大量通讯如收音机和电视机的发展可以被包括在宪法第51(5)条"其他服务"的范围,以及在制宪辩论中争议颇多的其他技术(尤其是铁路和州际河流的使用)的衰退。①

一、法律解释的路径

高等法院建立后的前20年,受到美国司法模式的影响,法院通过一系列案例确立联邦与州之间功能运作互相豁免的观念,还发展了支持州的规则。两级政府之间的立法权划分遵循州权保留原则,隐含限制联邦的立法权,不能侵犯保留给州的国内权力。如首席法官Griffith在Peterwald v. Bartley案中指出:"宪法没有条款使联邦议会侵入州的私有或内部事务,或限制州管理辖区内任何商业或贸易的权力…"。② 工程师案中法院多数意见从责任政府和帝国内一个共同的不可分割的主权这两个角度发展出不同解释路径。工程师案对联邦制的影响,不仅在于对联邦议会立法延伸的认可使联邦能进入被认为属于州立法保留权力的领域,而且对法院的宪法解释模式产生普遍影响。宪法被按照"一般和自然含义"进行解读,法律主义的解释路径长期主导法院对宪法的解释。③ 法院通过基于文本主义和对立法权的宽泛解释,对政治动态产生重要影响,最明显体现于财政联邦主义领域。

二、国家发展的政治需要

以工程师案为例,该案裁决时澳大利亚是一个全国统一体,民众的国家

---

① CRAWFORD J. The Legislative Power of the Commonwealth [M]//CRAVEN G. The Convention Debates 1891 – 1898: Commentaries, indices and guide, Sydney: Legal Books Pty. Ltd, 1986: 118 – 122.
② Peterwald v. Bartley (1904) 1 CLR 497.
③ Koowarta v. Bjelke – Petersen (1982) 153 CLR 1; Commonwealth v. Tasmania ("Tasmanian Dam case") (1983) 158 CLR 1; Re Dingjan; Ex parte Wagner (1995) 183 CLR 323.

认同意识强烈,联邦承担的国家责任日益增加,扩展联邦权力被认为是合理的。① 法官 Windeyer 在工资税案②中曾这样总结工程师案的缘由与影响:澳大利亚联邦是一个国家,其国家性通过经济和商业的融合、联邦法律的统一影响、对英国军事权力依赖的降低以及承认与接受对外利益和义务而得到巩固。伴随着这些发展,联邦政府的地位提高而州的地位衰落。在法律上这是联邦议会在共享权力方面占主要地位的结果。这种法律上的主导在实践中得到财政上主导的加强。联邦将利用其财政优势,随着时间推移逐渐以直接或间接方式进入以前被州占据的领域。

Sawer 认为高等法院司法环境中的政治发展,如关于财政权力,大大影响了联邦发展。后期有一个发展是从政治上强调州的联邦结构转向更关注全国性的机构。高等法院的裁决为这种转型提供了部分环境,关于宪法财政条款的裁决就是典型的例子。然而这些裁决本身也可以被视为对高等法院考虑文本主义和历史主义等因素的回应。表面上看来的中央向心力是巨大全国性力量的结果,如战争及全国性经济和福利状态处于紧急情况。③ 美国库里法官曾预言:从本质上来说,各州保留的权力不可能如最初所预料对日益增长的联邦权力形成足够约束。最终联邦政府必然对它本身的权威作出最后决定,必然是执行自己的意志。因此只有掌权的人根据宪法的授予以自己对宪法的责任感所作的解释,才能对联邦政府逐步扩大的管辖权进行有效制约。④

---

① MASON A. The High Court of Australia: A Personal Impression of Its First 100 Years [J]. Melbourne University Law Review, 2003, 27 (2): 872 – 873.
② Victoria v. Commonwealth ("Payroll Tax case") (1971) 122 CLR 353.
③ SELWAY B, WILLIAMS J M. The High Court and Australian Federalism [J]. Publius, 2005, 35 (3): 487.
④ [美] 库利. 宪法的原则 [M], 143. 转引自 [美] 威尔逊. 国会政体 [M]. 熊希龄,吕德本,译. 北京:商务印书馆,1986:14.

三、遵循先例与判决一致性

一般而言遵循先例有助于维护法律秩序的连贯和可预期，并使当事人获得公平对待。高等法院若要改变自工程师案以来的扩张解释路径，需要给出足以令人信服的理由。这可能也是法院在多数案件中持同样立场支持联邦权力扩张的一个考虑。如在"统一税第二案"中，首席法官 Dixon 认为，统一税的整个计划已经成为澳大利亚财政制度被承认的一部分。十五年来没有州提出质疑，因此推翻这个裁决将涉及"重大的司法责任"。法院对推翻先例持审慎态度。

四、高等法院法官的组成来源

高等法院作为联邦政府的分支，是建立联邦的产物，总体趋势是维护联邦权威和加强联邦集权。高等法院的法官由联邦行政任命，主要从与联邦活动相关的行业中选出，可能对联邦政府的目标有自然赞同的倾向。[1]

高等法院对宪法的解释忽略创建联邦制度的意图、制宪会议辩论和草案、宪法作为整体的结构、旨在扩张联邦权力的全民公决失败以及权力受限制的主张。如何重建宪法的联邦均衡？理论上可以有以下路径：一是通过第128条正式修宪，重新定义联邦权力或给予州更明确的权力。然而修宪程序只能由联邦触发，尽管州召集宪法会议旨在重获均衡，但他们无法在全民公决中向选民提出问题以修宪。二是法官改变宪法解释路径，重视州权保留原则和原旨主义解释，恢复联邦结构主义。三是关于法官任命。可以考虑从小州任命更多法官。他们可能在裁决中持更为平衡的立场、更重视州的观点。

---

[1] MARK C L J, RATNAPALA S. The High Court and the Constitution：Literalism and Beyond［M］//CRAVEN G. The Convention Debates 1891-1898：Commentaries, indices and guide, Sydney：Legal Books Pty. Ltd, 1986：206.

比较分权案例和隐含权力案例可以发现：在联邦主义案例中增加联邦政府权力，在自由言论案例中限制联邦和州政府的权力。法官在联邦主义案例中采用文意主义，在自由言论案例中强调结构主义。我们可以假定由中央政府任命的最高层级法官可能有支持中央的轻微倾向。①

---

① ALLAN J, ARONEY N. An Uncommon Court: How the High Court of Australia Has Undermined Australian Federalism [J]. SydneyLaw Review, 2008, 30 (2): 287-294.

第五章

政治运行：联邦与州财政关系的动态实践

制宪者结合英国议会内阁制度和美国联邦制度，并借鉴瑞士制度的某些特征。澳大利亚宪法中，立法、行政和司法分支的分立、议会结构、联邦议会的立法权，都类似于美国宪法的规定。联邦议会的立法权规定于宪法里，剩余权力由州议会享有。众议院中的代表以人口为基础，州在参议院中有相同数量的代表，不同的是参议员通过直接选举产生。在威斯敏斯特（Westminster）制度下，部长对议会负责，在众议院拥有多数席位的政党组成政府。联邦司法权，尤其是高等法院司法权，借鉴美国（尤其关于宪法解释）和加拿大模式（高等法院是州最高法院的上诉法院）。公民投票的理念则来自瑞士制度，作为宪法修改及解决参众两院僵局的方式。① 参议院的财政权力及其对州利益的代表程度、联邦制与责任内阁制之间的张力之下政府与议会之间的关系、政党及选举制度的运行都是在政治运行中影响联邦与州财政分权的因素。

---

① MATHEWS R. The Changing Pattern of Australian Federalism [M] //Centre for Research on Federal Financial Relations. Canberra：The Australian National University, 1976：1 - 7.

第一节　参议院的职能：是否作为州利益的代表

澳大利亚实行代议制民主与责任内阁制度。联邦议会由女王（总督为其代表）、众议院和参议院组成。参议员由州的人民直接选举产生。众议员由联邦人民直接选举产生，人数尽可能为参议员人数的两倍，各州选出的众议员人数应与各州人口数成比例。众议院多数党或政党联盟组阁执政。制宪者授予联邦充足权力管理国家，同时也保留给州相当大的权力进行自我管理，为此设计一系列关于政治、财政和司法的宪法机制。最显著的政治保障是确保州在参议院得到平等代表，同时期望参议院能代表州的利益。殖民地多年来实行议会制责任政府制度，在这种制度下议会有权拒绝通过年度供给法案，众议院被认为是政府尤其需要负责的对象。一部分人据此支持限制参议院的权力，尤其是关于财政法案的权力。而另一些人认为联邦制不仅要求一个各州得到平等代表的参议院，而且要求参议院与众议院平等或几乎平等的权力。最终妥协是众议院对提出预算立法有单独责任，参议院无法修改财政法案，但在其他方面享有与众议院平等的权力，包括否决或拒绝通过这类法案。

在联邦议会初期，政党制度的发展也处于早期，参议院似乎在政府形成中担任重要角色，但不久就让步于相对严格的议会制责任政府制度，由众议院主导，尤其是政党逐渐掌握支配权力。同时支配性的政党逐渐占到众议院和参议院的稳定多数。参议院成为由政党纪律控制的议院，这种纪律得到议会制政府的现实政治和意识形态分歧的加强。随着1948年引入比例投票制向参议院注入新的力量，参议院反对政府不是基于其代表州的利益，而是比例投票经常使小党来保持权力平衡。参议院成为代表更多元投票者的议院，而不是在任何显著意义上代表州的议院。在此意义上,由参议院代表州利益这个联邦主义的防护机制未能达到制宪者保护州财政独立的期望。①

一、代表州的利益

联邦宪法中一些条款体现了参议院的联邦性设计,在规范层面参议院在一定程度上代表州的利益,维护联邦平衡。然而,在实际运行中受到责任政府制度和政党发展的影响,参议院作为审查院的角色增强,对州利益的代表性减弱。

(一)规范层面:代表州的利益

参议院体现的联邦原理如今在于其组成而非运行。州在参议院的平等代表权不仅是代表性的,而且保证小州在联邦议会有相对更大数值的代表权。参议院的联邦性设计也可见于宪法其他条款,如州议会可以根据联邦议会制定的参议员选举办法来制定本州参议员的选举办法;州议会可以立法规定本州参议员选举的时间和场所(宪法第9条);州长官在本州选举参议员时发布令状(宪法第12条);临时参议员空缺由州议会或州长官指定填补(宪法第15条)。

(二)实际运行层面:对州利益的代表性减弱

参议院联邦原理意义的弱化首先体现于如今相关条款在实际中运行的方式。参议院选举的时机和令状的发布都依照联邦与州广泛的补充性立法进行,与联邦决定的选举时间表一致;1977年宪法修改规定临时参议员空缺由退休参议员所在党派的被任命者填补,参议院代表州利益的角色进一步弱化。另外,参议院的成员比众议院更为独立或属于小党,大党难以在参议院独占多数。这种政党代表形式促成了一个相对强大的参议院委员会系统,使

---

① ALLAN J, ARONEY N. An Uncommon Court: How the High Court of Australia Has Undermined Australian Federalism [J]. SydneyLaw Review, 2008, 30 (2): 262-264.

参议院担任重要的审查角色。① 代表们达成一致接受双重代表制是对建立联邦的必要妥协，他们设想参议院将为各州尤其是小州的利益发声。参议院的结构为州提供在联邦表达利益诉求的平台，形成对抗中央集权的力量。然而，尽管参议院意图代表州的利益，这些利益最终不得不让步于以众议院为中心的议会制责任政府制度。而且随着富于组织纪律性的政党制度不断发展强大，参议院成为政党的议院。澳大利亚制宪者接受同等代表制，不是基于哲学原则，而是因为这是保证殖民地形成联邦的唯一路径。在澳大利亚议会制度中，众议院在宪法上是更强大的一院，有权组成政府和修改财政法案。② 尽管各州不管人口多少有相同数量的参议员，但参议院在实践中发展为一个审查院（a House of Review）（政党意识形态有压倒性的影响）的角色强过作为州的议院（a House of the States）。③ Gilligan 曾指出澳大利亚的参议院是全国性机构，被当成联邦性机构是个经典的误解。④ 联邦主义的解决方法并不在于议会部分是全国性的、部分是邦联性的，而在于全国性和地方性政府组成的复合的共和国，并且人民有双重性质的公民权，既是国家的公民又是州的公民。

---

① SAUNDERS C. The Constitution of Australia: A Contextual Analysis [M]. Oxford and Portland, Oregon: Hart Publishing, 2011: 119 – 120.
② THOMPSON E. The Constitution and the Australian System of Limited Government, Responsible Government and Representative Democracy: Revisiting the Washminster Mutation [J]. University of New South Wales Law Journal, 2001, 24 (3): 661 – 663.
③ HUNTER J S H. Federalism and fiscal balance: a comparative study [M]. Canberra: Australian National University Press and Centre for Research on Federal Financial Relations, 1977: 4.
④ GALLIGAN B. A Federal Republic Australia's Constitutional System of Government [M]. Cambridge University Press, 1995: 65 – 67. 转引自刘海波：《联邦主义与司法——兼论美国联邦主义的一种解读》，见刘海波著：《政体初论》，北京大学出版社 2006: 190 – 191.

二、执行审查职能

参议院通过各委员会的调查和对部长进行问询的方式，监督预算、审查立法草案，执行对政府的审查职能，促使政府对议会负责。

(一) 方式：参议院委员会的调查与部长对参议院问询的个人责任

根据代议制民主的特征，参议院被授予广泛权力审查和否决法案，并对政府行为作出评价。尽管只有众议院能通过不信任投票解散政府，但政府对两院都应负责任。① 参议院不仅被认为是"代表性"的一院，而且通过各委员会的调查和部长对参议院问询的个人责任，执行着对政府的"审查"功能。②

(二) 职能：监督预算、审查议案、促使政府负责

联邦宪法在政府分支之间划分权力最重要的方面是通过参议院的宪法性植入完成的，如促使部长负责、审查立法、必要时质疑预算条款③。1970年代参议院引入立法与常规目的常设委员会（Legislative and General Purpose Standing Committees）制度，考察政府行为问题。在1979—1982年间，参议

---

① THOMPSON E. The Constitution and the Australian System of Limited Government, Responsible Government and Representative Democracy: Revisiting the Washminster Mutation [J]. University of New South Wales Law Journal, 2001, 24 (3): 663.

② 有观点认为在这样的宪法和政治氛围中，认为政府在集体负责的意义上只对众议院负责似乎并不合适。加上由于现代政党制度的运行，行政在实践中有控制众议院的倾向。因此，建议是行政应该对议会两院负责，但是以不同的方式。还有观点认为在议院被政党有效控制的环境中，行政不能同时对两院负责——因为两院的多数可能支持不同的政党。而随着1949年在参议院引入比例代表制，以及参议员中不断增加的小党派和独立议员代表，在两院中的平衡权很可能由不同的政党掌握。LIPTON J. Responsible Government, Representative Democracy and the Senate: Options for Reform [J]. Uuniversity of Queensland Law Journal, 1997, 19 (2): 204-213.

③ 除了参众两院对预算案的审批，议会还通过专门委员会、议会性机构和审计机关有效地实现对财政预算的监督。澳大利亚财政预算在绩效预算、政府会计核算及预算信息公开等方面的相关制度设计也对提高财政支出有效性、增强政府公共管理的责任性、促进预算的透明与公正发挥着重要作用。

院关于财政与政府运行的常设委员会调查政府的所有非部门性单位（"半官方机构"），并建议改善年度报告、财政监管和政府控制。1994年参议院重建委员会体系，在八个主题领域内各建立两类委员会——调查委员会（References Committee）和立法委员会（Legislation Committee）。① 参议院作为审查院的功能要求它有一般立法权。参议院的委员会制度使参议院能更有效地审查政府决定，促使政府对其行为负责。

尽管参议院有时发挥着州利益代表的功能，但更多是依照政党路线投票或作为对众议院所通过法案进行监督的审查院。1995年《欧哲斯澳大利亚参议院实践》（Odgers' Australian Senate Practice）列举了自联邦成立以来参议院执行的各种职能：（1）在需要时确保州的足够代表；（2）代表不能确保众议院成员选举的重大投票团体；（3）作为审查院对众议院通过的法案再次提供意见；（4）监督财政议案；（5）提出非财政议案；（6）检查法律的执行和督促部长负责；（7）考察行政机关制定规则的权力；（8）监督政府行为。② 这里列举的职能是参议院实际执行的职能，不管其是否得到宪法条文的明确支持。

参议院的审查功能和代表州利益的功能也存在关联性。参议院站在特定立场上执行审查职能，必须代表特定的利益，对其而言所代表的特定利益就是州的利益。通过成为代表州的一院，参议院才能合适地执行其审查功能。③

---

① THOMPSON E. The Constitution and the Australian System of Limited Government, Responsible Government and Representative Democracy: Revisiting the Washminster Mutation [J]. University of New South Wales Law Journal, 2001, 24 (3): 665 – 668.
② LIPTON J. Responsible Government, Representative Democracy and the Senate: Options for Reform [J]. Uuniversity of Queensland Law Journal, 1997, 19 (2): 199.
③ WOOD D. The Senate, Federalism and Democracy [J]. Melbourne University Law Review, 1989, 17 (2): 303.

<<< 第五章 政治运行:联邦与州财政关系的动态实践

第二节 责任内阁制与联邦制之间的张力

　　普遍的观点认为责任政府与联邦制不相容。一方面,责任政府要求行政对众议院负责,这意味着众议院必须是占支配地位的一院;另一方面,联邦制要求参议院代表州的利益,有着与众议院几乎相等的权力。① 民主与联邦制之间困境的解决在于如何平衡民主原则与州的利益,如何决定州的利益何时足以超越众议院代表的多数规则,多数可以利用民主权利控制行政和立法。第一,小州利益可能受到联邦行政行为的威胁,参议院保护小州利益的角色要求其对行政的政策制定有一定发言权。第二,参议院如果享有与众议院几乎同等的立法权,可能妨碍众议院表达人民意志。联邦制不要求参议院拥有多过保护州利益所需要的权力,可以将参议院的立法权限制于关于州的特定的立法权,与全国性立法对应。② 因此可以通过授予参议院足够权力保护州的利益不受众议院和联邦政府的侵犯,来实现民主与联邦制的兼容。众议院在财政立法方面拥有更大的权力,一是由于它更具有代表性,二是由于它作为政府席位所在的角色。参议院权力的受限确保政府在财政事务上的主动权和对预算计划的控制。然而,参议院对任何议案的否决权意味着,得到众议院信任的政府也不能保证财政立法的通过,其继续执政的资格将受到威胁。结合参议院代表州利益的设想,这种宪法安排可以被理解为是责任政府

---

① WOOD D. The Senate, Federalism and Democracy [J]. Melbourne University Law Review, 1989, 17 (2): 297.
② WOOD D. The Senate, Federalism and Democracy [J]. Melbourne University Law Review, 1989, 17 (2): 301-305.

165

与联邦制之间张力的产物。①

澳大利亚议会与英国议会的一个很大区别是两院制的发展方式。一院如果越民主,就越要求实质权力,也更可能与另一院产生冲突。就联邦议会而言,参议院以为了联邦目的各州在其中获得平等代表的角色,获得更多的权力。另一个不同是责任政府与澳大利亚联邦制的结合,产生在联邦宪法下议会主权的限制和参议院作为代表各州的强大的第二院等相关讨论。② Griffith 主张宪法应"足够灵活以允许任何可能的必要发展",宪法对此最多规定部长们可以(而非必须)在议会中有席位,没有必要规定部长的任期取决于他们是否保有来自立法机构的信任。Baker,指出责任内阁制可能与联邦制互相扼杀,因为内阁制度的实质是议会中某一院的支配权力,而联邦制的实质是两院权力至少应该近乎同等,这是两个不可调和的命题。O'Connor 则主张无论联邦采取何种形式,都应与责任政府的运行一致,这意味着限制代表州的一院的权力。Higgins 也认为责任政府只能对拥有财政权的那一院负责。③

一、责任内阁制要求行政对处于支配地位的众议院负责

政府对议会负责是责任政府的基本要求,其主要体现是议会对公共财政的监督。行政分支应依法行使行政权,这里需要讨论行政权的范围问题。一是相对于议会而言行政权的深度,涉及代议制民主和责任政府原则;二是相对于州行政权而言联邦行政权的深度,涉及在联邦制下联邦与州的行政权划分。

---

① SAUNDERS C. The Constitution of Australia: A Contextual Analysis [M]. Oxford and Portland, Oregon: Hart Publishing, 2011: 125.
② SAUNDERS C. The Constitution of Australia: A Contextual Analysis [M]. Oxford and Portland, Oregon: Hart Publishing, 2011: 116 – 117.
③ CROMMELIN M. The Executive [M] //CRAVEN G. The Convention Debates 1891 – 1898: Commentaries, indices and guide, Sydney: Legal Books Pty. Ltd, 1986: 137 – 141.

(一) 政府对议会负责

责任政府原则与代议制民主紧密相连，政府对议会负责，因为议会最终对选民负责。在英国，责任政府的概念仅涉及行政对众议院负责，因为只有众议员是由选举产生，参议员是通过任命或继承获得成员资格。贵族终身享有席位而平民院的议员只被选举为特定期限在任。贵族院如果不通过平民院已经通过的法案，则可能被压倒，并且贵族院无权阻止拨款法案。而在澳大利亚，参议员是通过直接选举产生，并被授予在财政法案以外领域与众议院几乎同等的立法权。另外如今政府一般由众议院占多数的政党组成，行政易于利用其在众议院的党派多数将意图实行的项目制定为法律，事实经常变为行政控制议会，① 因此责任政府是否适合于如今的政治现实也值得重新考量。②

责任政府在澳大利亚宪政主义中扮演着中心角色。它为代议民主转化为有效政府提供了原则框架。③ 责任政府以民主选举产生的众议院的持续信任为基础。部长就政府的管理对议会负个人责任和集体责任。失去众议院信任的政府不能继续执政，必须寻求重新选举或将执政权移交下议院准备信任的另一个部长团体。④ 政府对议会的依赖在宪法文本上源于第64条，禁止"州

---

① 行政部门需要立法部门给予立法协助。一个主要而且必要类型的立法就是征税法。如果履行职责的人同时不是进行立法的人，征税者必定和需税者争吵。内阁在重要场合可以内阁辞职或解散议会相要挟，以迫使议会通过立法。见［英］沃尔特·白芝浩. 英国宪法［M］. 夏彦才，译. 北京：商务印书馆，2005：66 – 68.

② LIPTON J. Responsible Government, Representative Democracy and the Senate: Options for Reform [J]. Uuniversity of Queensland Law Journal, 1997, 19 (2): 195.

③ 有观点认为议会一旦选举产生，可以推论代议民主就从属于责任政府的需要，至少就议会的机构而言。暂且将政府在上议院缺乏多数的复杂性搁置一旁，即使考虑议会委员会的运作，也可以认为澳大利亚议会支持统一和效率胜过多元和机构平衡。SAUNDERS C. The Constitution of Australia: A Contextual Analysis [M]. Oxford and Portland, Oregon: Hart Publishing, 2011: 112 – 115.

④ SAUNDERS C. The Constitution of Australia: A Contextual Analysis [M]. Oxford and Portland, Oregon: Hart Publishing, 2011: 147 – 148.

的部长"在没有在议会任何一院获得席位的情形下任职超过三个月。此外宪法第65条至第67条规定了部长的人数和薪金以及公务人员的任命"直到议会有其他规定"。在议会至上模式之下,行政权服从联邦和州立法机构的意志。议会的立法权受到宪法的限制。然而,议会政府的威斯敏斯特体制要求常规行政和特权与法律下权力的行使都委托给部长,部长通过议会对选民负责。同时要求部长遵守法律对行政权设定的实体与程序限制。[1]

政府对众议院负责的一个主要体现是议会对政府财政的控制与监督。议会控制公共资金拨付的权力归因于其代表性特征。宪法关于联邦议会拨付公共资金的规定主要在第81条和第83条。第83条规定必须"根据法律"拨付公共资金,第81条规定政府筹集的资金必须进入一个中央基金,"从中为了联邦的目的拨款"。此外,第56条要求拨款目的由总督向议会提议,意味着只有政府可以建议拨款。根据第53条和第54条关于众议院和参议院的权力划分,有必要区分"为了政府常规年度服务"的拨款法案和其他拨款法案。对于前者,参议院无权修改。众议院的预算辩论遵循精密的程序,预算评价受到参议院常设委员会的监督。公共账目与审计联合委员会(a Joint Committee on Public Accounts and Audit)复查由独立审计办公室进行的所有财务声明审计,并指导绩效审计。议会控制拨款与政府管理开支和回应意外需求时的灵活性要求之间存在紧张关系。曾经财政部长依法定程序在常规预算之外提供资金产生修改拨款立法的效果,以此缓解这种冲突。[2] 但1990年代联邦转向采用权责发生制(accrual accounting),根据产出而不是项目来拨款,这种紧张关系加剧。

---

[1] RATNAPALA S. Australian Constitutional Law:Foundation and Theory [M]. 2nd ed. Oxford:Oxford University Press,2007:35.
[2] SAUNDERS C. The Constitution of Australia:A Contextual Analysis [M]. Oxford and Portland,Oregon:Hart Publishing,2011:133-135.

(二) 行政权的范围

联邦政府的执行权有三个来源：宪法第61条、联邦立法和普通法中的特权。宪法第61条规定行政权由女王授予，由总督行使，延伸至"本宪法和联邦法律的执行与维护"。因此联邦立法成为执行权的一个持久来源。第61条没有提到特权，但司法接受联邦政府继承了符合宪法的英国王权的特权。[1] 制宪会议认为责任政府是惯例而非法令，在联邦宪法里全面规定行政分支是无必要、不恰当甚至不可能的，规定行政的组成已经足够，行政的权力范围可以留待推论，而立法与行政的关系、行政分支内部各元素之间的关系则大部分可以保留惯例。联邦制要求两级政府的权力划分。原则上立法权的划分不及行政权的划分重要。然而，宪法第一章详细规定了立法权的划分，第二章关于行政权的划分却是"暗示的而非明示的"。Harrison Moore 解释这与殖民地的宪法实践相符：立法权已经包含为执行法律制定详细规则的权力；执行法律的许多措施属于王权的特权，已经得到特权法而不是法令的授予；政府的组织以及部长与议会的关系不被认为是属于组织法管理的事项。然而满足19世纪实践的解释并不构成第二章不能满足联邦制基本要求的理由。[2] 宪法的联邦特征要求行政权的具体化，需要在责任政府与两院同等权之间做出选择。对部长议员身份的要求阻碍了大会考虑两院同等权而设计行政分支的发展。议会在塑造和监督行政机构中的角色已经有所呈现。不管代表们最终支持的"责任政府"意味着什么，都应该包括立法对行政的

---

[1] RATNAPALA S. Australian Constitutional Law: Foundation and Theory [M]. 2nd ed. Oxford: Oxford University Press, 2007: 31.
[2] CROMMELIN M. The Executive [M] //CRAVEN G. The Convention Debates 1891–1898: Commentaries, indices and guide, Sydney: Legal Books Pty. Ltd, 1986: 127–131.

超越。①

行政权的范围在普通法体系中是一个复杂的问题。一方面源于其对历史发展的依赖，另一方面由于行政行为的需求与机构的多样性。在澳大利亚这种复杂性还受到以下因素的叠加：从殖民地到独立的影响、法院对于宪法与普通法的关系和联邦与州为联邦目的的行政权划分问题的观点改变。深层的复杂性在于立法对一般行政权的影响。② 宪法第61条规定联邦行政权"延伸至联邦宪法及法律的执行与维护"。"执行"意味着根据宪法行使行政权力，"维护"宪法这个概念也很宽泛。总之，"延伸"暗示着列举的行政权的组成可能并非详尽。因此有必要决定什么属于"内在"行政权。

George Winterton从两个面向分析这个问题。一是相对于议会而言行政权的深度，二是相对于州行政权而言联邦行政权的广度。前者涉及代议制和责任政府原则，后者涉及联邦原则。其一，在没有议会授权时行政可以做什么，这是普通法宪政主义中一个古老而重要的问题。一般认为这种内在权力可以被分为两类：特权如参加条约的权力和其他"不独属于王权的普通法权力"如订约与开支的权力。然而，关于特权指"王权手中权力的剩余"或者是"为公共利益行使的自由权力"，仍有很大异议。其二，逻辑上而言，联邦行政权广度的主要标尺是联邦的立法权。如联邦宣战的行政权相对于联邦关于防御的立法权，州的矿产开采权相对于州关于土地的立法权。然而，有两个问题需要考虑。一是关于行政权深度的考察是否适用于行政"能力"，还是只适用于有特权性质的权力。这决定了联邦订约和开支权力的范围。二是行政权的范围是否扩展到立法权范围之外，如果是，在何种程度上如此。

---

① CROMMELIN M. The Executive [M] //CRAVEN G. The Convention Debates 1891 - 1898: Commentaries, indices and guide, Sydney: Legal Books Pty. Ltd, 1986: 147 - 148.

② SAUNDERS C. The Constitution of Australia: A Contextual Analysis [M]. Oxford and Portland, Oregon: Hart Publishing, 2011: 176.

行政权是否扩展至"联邦作为一个国家性政府的性质与地位产生的可以确定的责任"。权力的"国家地位"面向支持联邦根据宪法与州订约的权力。这类行为具有内在国家性，也不与州发生竞争。在 Pape 案中持中间立场的法官 French 认为，经济激励措施是在"国家性政府的能力内某个规模和时限里"传达。联邦行政权超越立法权范围的程度，同时产生责任政府与联邦制的问题。责任政府假定议会能立法超越行政权，表面看来如果行政权更宽泛会被禁止。这个问题通过宪法第 51（39）条得到部分解决，该条授权议会"为有关宪法授予政府的任何权力的执行事项"立法。然而，该条的运用越广泛，得到附带立法权强化的扩大的行政权越有可能破坏立法权的联邦划分。在普通法系国家，行政权与立法权的关系处于不稳定状态。在联邦宪法下，还受到行政权联邦划分的不确定法理及与附带立法权之间关系的影响。①

二、联邦制要求与众议院几乎同等权力的参议院保护州权

基于参议院在一定程度上反映州的利益这一假定与规范层面的确认，以及开支权的行使涉及议会与政府之间的关系，参议院的财政权力和行政是否对参议院负责的问题成为影响联邦与州财政分权状态的一个因素。

（一）制宪会议中关于参议院财政权力的讨论

1975 年宪法危机促使对参议院角色的重新审视，之后参议院的财政权力、宪法解除僵局机制的妥善性和参议院与责任政府的共事方式，成为宪法中争论颇多的议题。关于参议院的基本架构与角色，制宪会议代表们有一定共识。最初他们普遍同意州在参议院的平等代表权，同意参议院在财政法案之外的领域享有与众议院同等的立法权以及参议院对财政法案享有否决权。另外关于参议院无权提出财政法案也几乎没有争论。1891 年悉尼会议上争论

---

① SAUNDERS C. The Constitution of Australia：A Contextual Analysis [M]. Oxford and Portland, Oregon：Hart Publishing, 2011：177–181.

是否应授予参议院对拨款和征税法案的部分否决权（veto – in – detail）；1897年阿德莱德会议上争论是否应授予参议院修改征税法案的权力。有观点提出由于参议院有权建议众议院修改其无权修改的法案，同时有否决权支持这样的要求，因此"修改"与"建议"的差别难以区分。① 两次会议的主要发展是制宪者在思考如何使参议院更直接对人民负责：首先通过由州的人民选举而不是州议会委任参议员；其次设置双重解散机制而不是维持永久存续。1981年会议规定参议院无权修改财政法案，但责任政府并不是强制的。Griffith指出一个强大的参议院是联邦制政府的必要部分，也是州（尤其是小州）接受联邦制的必要先决条件。然而强大的参议院与传统的责任政府不相容，因而在实践中应灵活调整行政的形式以适应联邦两院制。1891年宪法草案只规定部长"可以在议会任一院中获得席位"，这种构想是允许而不是要求责任政府形式。在1897年阿德莱德开始的第二次大会中，压倒性多数支持责任政府和在宪法中写入"部长必须是或将在三个月内成为议员"。关于参议院是否有权修改财政法案的争论激烈，最终否定参议院有此权力。②

争论所反映的实质异议是关于政治原则和机构设置的问题。总体而言，关于参议院财政权力的争论集中于联邦制的性质和联邦制下参议院与责任政府结合的方式，提出了国家形式和民主原则如何嵌入政府机构的深层次问题。两种对立观点来自小州的州权主义者如 Baker, Downer, Braddon, Forrest 与国家主义者如 Deakin, Higgins, Isaacs。国家主义者更倾向于是激进的自由主义者和多数决民主主义者，州权主义者则一般是保守的自由主义者。介

---

① GALLIGAN B, WARDEN J. The Design of the Senate ［M］//CRAVEN G. The Convention Debates 1891 – 1898：Commentaries, indices and guide, Sydney：Legal Books Pty. Ltd, 1986：89 – 90.
② GALLIGAN B, WARDEN J. The Design of the Senate ［M］//CRAVEN G. The Convention Debates 1891 – 1898：Commentaries, indices and guide, Sydney：Legal Books Pty. Ltd, 1986：91 – 94.

<<< 第五章 政治运行：联邦与州财政关系的动态实践

于二者之间的主要代表如 Parkers, Barton, O'Connor, Reid，他们坚持"联邦主义者"的妥协成为两次大会的主导观点：（1）州权主义者支持强大的州与相对弱势联邦政府的结合，支持联邦参议院层面更间接形式的代议制民主，认为联邦政府只能被授予为特定国家目的如防卫、移民、关税和贸易的权力。通过在国家立法机构享有同等权力的一院里给予州平等的代表权，阻止联邦干预州的事务。坚持州通过其在参议院的代表对国家立法包括财政法案表达有效的意见。即使这会削弱或改变基础构架和责任政府的运作原则，也应被作为采用联邦制的结果得到接受。（2）国家主义者坚持建立一个强大和统一的国家，认为各州人口很不平等因而参议院平等代表权是不民主的。Deakin 认为联邦政府的权力受到严格限制，并且州将保留绝大多数现有权力，因此州已经得到联邦制结构的足够保护。① 他呼吁联邦制的基本结构将州事务与国家事务分离，使不同层级政府各自负责。国家主义者还利用联邦理论和历史来反驳小州的要求，指出在参议院的平等代表权不是如小州代表所说是一个联邦原则，而是一个妥协。② 他们否认州权在不受联邦分权保护的非法律意义上的存在。他们预测阶层和经济利益而不是州的利益将决定联邦政治，而这些将被党派代表。这些利益及代表它们的党派将超越州的界限。③

---

① 例如商业和贸易方面的联邦法律或规则不得限缩州内人民的权利或居民对河流水源保存或灌溉的合理利用。还有相关条款确保联邦对各州的公平对待：关税和奖励金在联邦内统一；征税的法律不得歧视州或州的部分；商业或收入立法不得对州或州的部分有优惠资助。
② Isaacs 解释了平等代表权是如何被美国宪法采用，作为康涅狄格妥协（"Connecticut Compromise"）来打破国家主义者和同盟者之间的僵局，前者要求在两院中根据人口比例决定代表，后者要求州在两院中的平等代表权。GALLIGAN B, WARDEN J. The Design of the Senate [M] //CRAVEN G. The Convention Debates 1891－1898：Commentaries, indices and guide, Sydney：Legal Books Pty. Ltd, 1986：99.
③ GALLIGAN B, WARDEN J. The Design of the Senate [M] //CRAVEN G. The Convention Debates 1891－1898：Commentaries, indices and guide, Sydney：Legal Books Pty. Ltd, 1986：94－100.

第一次大会草案规定了一个强大的参议院，不直接对人民负责，即使干预立法进程也不能被解散。第二次大会更多考虑民主责任和合法性，规定参议院由州的人民直接选举，如果坚持否决众议院通过的议案则参议院可以被解散。从间接选举到直接选举和考虑同时解散与联席会议的僵局条款，尽管削弱了参议院的强制权力和大众意志的独立性，但同时也加强了其合法性和抗衡政府及众议院的权力。这在宪法上削弱参议院，在政治上则相反。最终小州只能相信参议院会同时作为对抗大州的防御武器和在联邦内发展其自身利益的平台。大州的代表多数认为设立参议院是为了联邦需要付出的代价。大州和小州之间达成"联邦的平衡"，但参议院的形成更多是政治妥协的过程，而非宪法理论的运用实践。①

（二）关于行政是否对参议院负责的争论

联邦议会和除了昆士兰以外的州立法机构，都实行两院制。两院制在宪法和理论上产生重要问题。一是关于政府对参议院的责任以及参议院解雇获得众议院多数支持的政府的能力。二是关于两院在提议立法方面的分歧和解决分歧的宪法手段。② 上议院通常被视为联邦议院，其构成在某种程度上反映了地方要素。间接选举产生的上议院通常在政府间关系中发挥的作用很有限，因为政府的代表和反对党的代表同时得到输送。上议院议员由直接选举产生时，议员倾向于更多地依据政党而非地区界限来投票，且独立于其所来自的构成单位的政府。③ 澳大利亚参议院是在一个现代议会责任制政党政府里促使政府负责的审查院，存在于由强有力的政党建立的"党派"政府里。

---

① GALLIGAN B, WARDEN J. The Design of the Senate [M] //CRAVEN G. The Convention Debates 1891 – 1898：Commentaries, indices and guide, Sydney：Legal Books Pty. Ltd, 1986：110.

② RATNAPALA S. Australian Constitutional Law：Foundation and Theory [M]. 2nd ed. Oxford：Oxford University Press, 2007：53.

③ [加拿大] 乔治·安德森. 联邦制导论 [M]. 田飞龙, 译. 北京：中国法制出版社, 2009：101 – 102.

<<< 第五章 政治运行：联邦与州财政关系的动态实践

如果执政党在参议院占多数，参议院将变成政府的傀儡。如果对立党在参议院占多数，两个主要政党各自控制一院，很可能产生直接冲突。这些情形都会影响政府的高效运行，并可能导致提早选举甚至双重解散，如此参议院将转向危害责任政府的角色。参议院的角色作用最终依赖于比例代表制的持续存在和投票者继续否定参议院中占多数的任一大党，将平衡的权力交到参议院小党手中。①

参议院与政府之间的冲突是澳大利亚历史中非常重要的部分。1990年代小党和独立参议员维持参议院平衡的趋势加强，共和主义辩论推动主要宪法性变化，包括厘清参议院的角色及其在现代澳大利亚政治与宪法体制中的权力，使关于参议院阻碍财政法案的权力和政府对参议院负责程度的争论更为激烈。② 行政是否对参议院负责的问题，关系到是否允许参议院通过阻碍拨款法案来迫使政府辞职。如果允许，可能对稳定的宪政政府产生很大冲击。如果行政意志在关于拨款或重要立法议案事项上受到任何一院的反对，议会制民主都将难以运转。③

部长对议会同时负有个人责任和集体责任，个人责任通过成员所属的那一院执行。例如许多政府部长是参议员，他们对各自行政活动向参议院负责。同时在现代议会制实践中，参议院委员会可以要求部长解释其行为和政策、回答问题及提供文件便于委员会监督。因此，在个人部长责任制层面，

---

① THOMPSON E. The Constitution and the Australian System of Limited Government, Responsible Government and Representative Democracy: Revisiting the Washminster Mutation [J]. University of New South Wales Law Journal, 2001, 24 (3): 666–669.
② LIPTON J. Responsible Government, Representative Democracy and the Senate: Options for Reform [J]. Uuniversity of Queensland Law Journal, 1997, 19 (2): 197–198.
③ RATNAPALA S. Australian Constitutional Law: Foundation and Theory [M]. 2nd ed. Oxford: Oxford University Press, 2007: 70.

实践中政府已经在对参议院负责。① 更重要的问题是政府的集体责任是否扩展至参议院。一方面，在联邦宪法下，参议院对拨款法案以外的政府法案的否决并不使政府承担辞职的义务。另一方面，参议院能通过否决政府供给或关键立法措施来迫使政府选举。问题在于参议院能在何种程度上抵抗众议院的意志而不损害责任政府制度。②

第三节 政党制度对纵向政府间关系的影响

在现代国家中，政党实际控制着政治权力的运作。政党的宪政功能主要体现于民主和权力制约两个方面。前者指政党事实上成为直接民主的代用品和政党促成民主政治和责任政治的实现；后者指政党间的分权、反对党对执政党的监督与制约成为宪政体系中权力制约的重要机制。③ "现代民主立宪国家中，政党已成为不可欠缺的要素，或谓立宪国家即政党国家，亦不为过。"④ 政党成为民主政治的实践机制，以议会为最重要的活动舞台。政党制度内在地影响政府权力关系的纵向配置。

松散的政党组织体制与实行政治性分权的政府权力配置体制是相适应的。政党组织内部的整合程度将影响政府间纵向关系的整合程度，也影响着主要参与者的行为及其相互间关系。政党对政府间纵向关系的影响还受到其

---

① LIPTON J. Responsible Government, Representative Democracy and the Senate: Options for Reform [J]. Uuniversity of Queensland Law Journal, 1997, 19 (2): 200.
② RATNAPALA S. Australian Constitutional Law: Foundation and Theory [M]. 2nd ed. Oxford: Oxford University Press, 2007: 54 – 55.
③ 叶海波. 政党立宪研究 [M]. 厦门：厦门大学出版社，2009：31.
④ 许志雄. 宪法之基础理论 [M]. 稻禾出版社，1992：201.

<<< 第五章 政治运行：联邦与州财政关系的动态实践

他因素的制约：①（1）国家的政体形式：一党制之外的政党制度的影响受到政府内部权力机制的制约。一般而言以立法机关为权力中心的政府机制下，政党对政府间纵向关系影响较大；（2）政党类型：由于选举的需要，现代政党之间趋同性增强，使政府间纵向关系的处理更加具有连续性；（3）选举制度的制约：一般而言，单人选区多数制有利于大党对政府间纵向关系的影响。多人选区比例制则有利于地方性的小党参与国家政治。

政党制度影响政府纵向权力的配置，从而可能对财政分权状态产生作用。这种作用力的发挥内在地以选举规则、议会和内阁制度为渠道和平台，同时政党所持政策立场的不同也可能直接影响财政政策。

一、政党制度通过议会和内阁影响政府纵向权力配置

联邦制体系中的政党制度和选举规则深刻影响着宪法运行的实效。一些联邦制国家的功能和特征已经随着政党体系的演化而发生了戏剧性的变化，尽管宪法文本可能保持不变。② 澳大利亚政党制度是从英国移植议会制度和选举制度的必然产物。20世纪20年代到30年代，政党制度在澳大利亚国家政治中已取得支配地位。首先表现为政府由执政党组阁，执政党领袖为联邦总理，政党的施政纲领得到本党支持者的遵循和维护。其次，全国性反对党作为执政党或联邦政府的对立面而存在，其地位得到宪法的保护和社会的认同，以合法手段与执政党进行政治斗争，议会则是政党交锋的主要场所。③ 工党（the Australian Labor Party）和自由党（the Liberty Party of Australia）是

---

① 张志红. 当代中国政府间纵向关系研究［M］. 天津：天津人民出版社，2005：139 -141.
② ［加拿大］乔治·安德森. 联邦制导论［M］. 田飞龙，译. 北京：中国法制出版社，2009：75-76.
③ 王宇博. 简析澳大利亚政党制度的起源与属性［J］. 江苏教育学院学报（社会科学版），2002（3）：65.

澳大利亚的两个主要党派。它们是国家性政党，在它们之间的政府交替发生在联邦和所有州的意义上。澳大利亚政党制度更为严格的纪律和更为集中的控制，排斥了对于州利益的有效反映。① 当议会逐渐由政党力量控制，联邦与州之间的关系无疑受到政党制度的影响。当参议院被政府反对党控制时，可能通过破坏联邦的谈判力量而使联邦与州之间的政策协调变得更为困难。②

  关于澳大利亚联邦制的讨论如今呈现极化状态，根本原因在于政治。政治分化源于最近几十年选民在联邦和州选举中的不同投票，导致没有控制联邦政府的主要政党经常控制了大部分甚至所有州政府。在1983—1996年霍克（Hawke）和基廷（Keating）联邦工党政府时期，州由自由国家党联盟管理。在1996年联邦选举霍华德（Howard）联盟政府后，州由工党政府统治。在这种环境下，联邦与州之间的关系被政党塑造，对联邦主义的主导态度也取决于两派政党各自控制哪级政府。在霍克和基廷工党政府主政的时期，保守主义者经常控诉联邦政府过于中央集权而威胁联邦与州之间的平衡。在霍华德联盟政府时期，州层级的工党政治家经常控诉联邦政府中央集权。联邦工党政府与州自由党政府之间冲突的典型例子是塔斯马尼亚堤坝案。在该案中联邦政府试图阻止州政府在塔斯马尼亚西南部戈登河建设堤坝，维多利亚州、新南威尔士州、昆士兰州和塔斯马尼亚州认为宪法没有授权联邦干预。法院基于联邦的对外事务权和公司权支持联邦立法。反映联盟联邦政府与州工党政府之间冲突的典型例子则是工作选择案。联邦颁布更符合联盟政府经济自由观的法律，得到法院支持。③

---

① 安东尼·梅森爵士. 联邦制国家宪法法院的地位与作用——对于澳大利亚与美国的比较研究 [M]. 许章润，译. 比较法研究，1998（4）：411.
② MATHEWS R. Issues in Australian Federalism [M] //Centre for Research on Federal Financial Relations. Canberra: The Australian National University, 1978: 13 – 14.
③ ALLAN J, ARONEY N. An Uncommon Court: How the High Court of Australia Has Undermined Australian Federalism [J]. SydneyLaw Review, 2008, 30（2）: 257 – 258.

<<< 第五章 政治运行：联邦与州财政关系的动态实践

　　选举制的类型影响联邦国家的稳定和中央政府对少数民族和地方社区利益的代表能力。最高票当选制或议席相对多数制，有利于培育稳定的多数政府，但对少数群体的意见代表不够。澳大利亚施行比例代表制，能更精确地反映选票的实际分布情形，倾向于多党制且常常组成联合政府。这些选举程序有利于政党体制的调整。政党体制的性质又会影响政府间关系，主要在于联邦与州层面是否存在有效整合政党的机制所带来的影响。① 澳大利亚选举制度的设计内容广泛并实行强制性选民登记和投票，这样扩大众议院获得支持的民主基础。排序复选（a full preferential voting）或选择投票（alternative vote）制度的广泛使用确保各议员能呼吁来自其选区的选民多数的支持，政党能呼吁所有选民多数的支持。结合参议院使用的比例单一转移投票（a proportional single transferrable vote），这些安排也给选民提供了相较两个主要政党的建议更为广泛的初始选择。② 根据"排序型"选票结构③，选民对候选人进行偏好排序，一方面使选民能更丰富地表达政治偏好，另一方面使政党意识到引导选民表达偏好的重要性和复杂性，促使政党自身朝向更为组织化与纪律性的方向发展，有利于大党巩固其地位。此种投票制度下的两党体系保障政府的稳定性，这种稳定性背后也存在大党内部的派系干预和小党对大党的政策影响。④

---

① 戴维·卡梅伦. 政府间关系的几种结构［M］. 张大川，译. 国际社会科学杂志（中文版），2002（1）：117-118.
② SAUNDERS C. The Constitution of Australia：A Contextual Analysis［M］. Oxford and Portland, Oregon：Hart Publishing, 2011：110-114.
③ 澳大利亚选举实行优先顺序投票与可转移计票规则，选民在选票上候选人名字前填满顺序号；若候选人得到标注为"1"的选票超过50%即当选；若无人过半数则开始转移计票，候选人中得"1"票最少的被淘汰，其选票按标注"2"的多少被转移到其他候选人。此程序不断重复直至某个候选人获得绝对多数当选。见范瑜. 独具特色的澳大利亚联邦选举制度［J］. 山东人大工作，2004（7）：54.
④ 陈健. 转票制（即刻复选制）分析——以澳大利亚选举及政党政治为例［J］. 法治湖南与区域治理研究，2011（5）：339.

179

二、不同的政党立场影响财政政策及分权状态

政党在选举竞争中关于财政政策的立场改变会影响联邦与州之间的财政分权状态。联邦与州共同负责的政策领域中,联邦经常以州没有能力为由主张联邦接管。以商品与服务税的引入为例,自由党霍华德(Howard)政府先是承诺所有收益分配给州,给予州最需要的增长型税收代替其他拨款。这种赞成联邦主义(pro-federal)的举措赢得了州总理的支持并帮助从选举方面兜售新税。而他后来反联邦主义(anti-federal)的行为和对州政府的责怪,则反映了当政府面临选举失败时在选举策略上的转变。工党在执政时也曾为了政治目的不顾联邦限制(federal limitations)。但随着联邦政府势弱和州进入复苏模式,政治联邦主义(political federalism)的发展呈现出自身复杂的周期特点,并不断进行修正。[①]

政党政策是支持联邦还是支持州这样的立场不同会对财政政策及分权状态产生决定性作用。工党坚持中央对州财政主导的明显事例为1973—1974年,34%的澳大利亚政府开支分配给州,其中超过1/3按照澳大利亚政府规定的方式使用。[②] 战争期间工党集中援助战备是必要的,但战后政府没有做出显著努力来改变州的财政弱势。自由党支持联邦主义,赞成转移支付到需要的领域。在1959—1960年以及1971—1972年,特殊目的支付增加了350%,一般收入拨款增加了200%。[③] 转移支付增强州的财力,但也加剧联邦对州的财政控制。自由党确立以下主要原则规制政治权力的行使:各级政

---

① GALLIGAN B. Fiscal Federalism: then and now [M]//APPLEBY G, ARONEY N, JOHN T. The Future of Australian Federalism: Comparative and Interdisciplinary Perspectives. Cambridge University Press, 2012: 322-325.

② Fiscal Federalism - Some Problems and Options, A research study published by the Committee for Economic Development of Australia, P. Series No. 16, March 1975, p. viii.

③ Fiscal Federalism - Some Problems and Options, A research study published by the Committee for Economic Development of Australia, P. Series No. 16, March 1975, pp. 14-15.

府之间权力与责任划分为确保公民在决策制定过程中的最大参与和作为对独裁主义的必要防御；联邦与州议会之间权力清晰以确定州议会对其完全负责的事项有充足和确定的收入来源；各级政府之间的合作。此外定期重新审视宪法来评估经济和社会发展对联邦的影响，建议由公民投票决定进行修改，确保宪法不被联邦的任何主导性财政权力破坏。① 又如1999年由于民主党控制了参议院的权力平衡，关于商品与服务税的引入政策，不得不与民主党进行协商并作出修改。

---

① Extract from the Official Federal Platform of the Liberal Party of Australia, October, 1974, Committee for Economic Development of Australia, Fiscal federalism: some problems and options, P. Series; no. 16, 1975, pp. 83 – 84.

第六章

余 论

规则、司法和政治因素之间也是相互作用的。澳大利亚近年的预算文件、联邦改革白皮书及相关报告阐述了关于收入分享与责任分担的新安排。基于之前关于影响因素的分析，建议通过以立法形式明确中央与地方的收入来源与支出责任、建立中央与地方的协议合作机制、重视运用司法手段调节中央与地方财政关系、统筹安排积极推动相关配套改革等，深化财税体制改革，推动我国中央与地方财政关系法治化。

第一节 规则、司法及政治因素之间的相互作用

政府间关系结构受到诸多要素的影响，包括宪法体制、政治体制、人口与地理因素、社会与文化因素、历史因素、环境因素（外部威胁或内部危机）。集权或分权的程度往往是不断演变的历史与政治环境的产物，而非宪法正式表述后的结果。集权与分权的程度影响政府间的权力平衡，因而也改变了主要参与者的行为及其相互关系。政府间关系依据以下三个向度而有所变化：制度化程度、政府间关系的决策性质、透明度。司法裁定型政府间关

系是政府间关系结构的一种类型。① 宪法对于权力的分配没有定局。联邦内权力平衡有一个相当持久的发展，但是大多数都并非发源于或引起文本的正式改变。在这个发展中大众期望、财政需要和司法解释发挥着主要作用。② 宪法关系的有效改变持续来源于司法审查（如关于征税与开支权）、政治谈判（如关于铁路运作）和财政协议（如关于特殊目的项目）。③

一、联邦平衡背景下的政治博弈

财政分权的动态变化体现出一种在宪法框架和理论下的政治博弈妥协。集权的主要驱动力是政府间的政治。联邦政府为了政治目的扩展和巩固联邦的财政权力。当政治条件合适时，联邦可能充分扩展其权力；即使政治条件不合适，联邦权力可以对州施加压力，使州的政策符合联邦期望。但联邦权力仍然是受限制的。尽管法院支持联邦权力得到宽泛解释，联邦仍然有必要证明立法与特定事项之间至少存在联系，实际上是"充分的"联系。联邦试图充分行使立法权仍然存在制度上和政治上的阻碍。法律必须在联邦议会两院获得通过，并且联邦政府至少每三年要面对选民，如果挑战极限他们会面对潜在的选举反冲。最后，尽管州立法权可能减弱，但州的独立存在仍然得到宪法保障，联邦政府仍然受到来自政治合法性和州政府使用制度权力的压力。④ 澳大利亚维持着一个动态的联邦政体，州保留着一些真正的政治和政策独立，联邦的政治权力和政治能力具有局限性，其财政权力也不是无限

---

① 戴维·卡梅伦. 政府间关系的几种结构 [M]. 张大川, 译. 国际社会科学杂志（中文版），2002（1）：115-119.
② CRISP L F. Australian National Government [M]. 4th ed. Melbourne: Longman Cheshire, 1978: 40.
③ MATHEWS R. Issues in Australian Federalism [M] //Centre for Research on Federal Financial Relations. Canberra: The Australian National University, 1978: 15.
④ ALLAN J, ARONEY N. An Uncommon Court: How the High Court of Australia Has Undermined Australian Federalism [J]. SydneyLaw Review, 2008, 30 (2): 258-260.

的。这种联邦平衡是宪法上的需要。制宪者建立了一个联邦机构,在联邦与州两级政府间划分权力。制宪者意图使州政府仍然作为宪法上的独立实体来运作,而不仅是政府的分支机构。这种联邦平衡"不是作为政治的或社会的偏好而维持,而是作为宪法上的需要"。①

借助参议院将地方引入中央政府机构是实现"中央权力联邦化"的宪法安排的一种方式。任命方式实际确定了中央表达地区利益的方式,如在澳大利亚参议员由直接选举产生。参议院的主要职能是站在地方和少数群体的角度,审视联邦的立法情况。② 联邦与州在征收所得税问题上的态度是政治博弈影响财政分权状态的一个典型例子。州征收所得税在法律上可行,但在政治上不可行。统一所得税立法没有对州征收所得税施加法律禁止,州有权选择接受资助(以不征收所得税为条件)或拒绝资助而自己征税。但某个州征收所得税将承担本州公民比他州公民支付更多所得税的政治后果,因此在政治上和经济意义上,州对此并没有选择权。州的行为惯性、各州之间未达成一致、害怕联邦收回财政资助和高等法院的裁决等因素都阻碍州在实际中行使所得税征收权。在州协议缺失时,联邦政府可能对征收所得税的州撤回资助。而联邦税率的统一要求也导致单个州无法退出统一税体系。③

二、司法与立法因素之间的相互作用

法院在案件中审查相关立法的有效性,形成对立法效力的直接判断,如1946年高等法院裁决使所得税偿还拨款正式化的州拨款法有效。法院裁决也

---

① New South Wales v. Commonwealth (2006) 229 CLR 1.
② 戴维·卡梅伦. 政府间关系的几种结构 [M]. 张大川, 译. 国际社会科学杂志(中文版), 2002 (1): 119.
③ HUNTER J S H. Federalism and fiscal balance: a comparative study [M]. Canberra: Australian National University Press and Centre for Research on Federal Financial Relations, 1977: 53.

可能违背关于联邦与州财政分权的立法规定。如宪法第114条规定了联邦与州针对对方财产征税的限制。而在联邦建立初期的 Wire – netting 案①和 Steel Rails 案②中，高等法院支持联邦可以对州为任何目的进口的商品征收关税，不管联邦对州财产征税的宪法限制。

法院裁决还可能促成关于联邦与州财政分权的立法。如1997年在"烟草许可费案"中法院废除允许州对酒精、烟草和汽油征税的不恰当情形。这个裁决促成1999年商品与服务税立法计划的实现，是对税收制度的重要重构。1945年"药物福利案"引起对联邦在社会服务领域开支的质疑，之后公民投票通过修宪增加第51（23a）条，使联邦提供社会服务的权力有了宪法依据（司法裁决导致修宪）。③ 有时，法院判决和宪法修正案共同改变宪法。澳大利亚联邦议会在财政问题上的主要立场就是通过这种合力达成的：一方面是1928年通过的正式修正案扩大联邦在财政事务上的权力；另一方面是1942年涉及所得税的法院判决。④

司法审查是民主过程的一部分："作为民主过程的输入者，它通过适度的开放和不断的调试以反映和回应民意；作为民主过程的输出者，它具有维护多数、教导多数和塑造多数的功能。"⑤ 立法通过法官的任命机制和频率影响司法。人民选举总统和议员并通过他们任命法官，从而影响司法。公众意见还可能直接渗透到法官的任命过程中。然而政治学者达尔认为，从根本上法院可以影响立法机构的进程，但不能完全阻止立法机构坚定而重大政策

---

① R v. Sutton (1908) 5 CLR 789.
② Attorney – General (NSW) v. Collector of Customs (NSW) (1908) 5 CLR 818.
③ SMITH J. Fiscal Federalism in Australia: A Twentieth Century Chronology [M]. Canberra: Australian National University Federalism Research Centre, Discussion Papers No. 23, 1992: 20 – 23.
④ [英] K. C. 惠尔. 现代宪法 [M]. 翟小波, 译. 北京：法律出版社, 2006: 106.
⑤ 何海波. 多数主义的法院：美国联邦最高法院司法审查的性质 [J]. 清华法学, 2009 (6): 132.

的推行。立法机构往往有足够的力量和办法来克服法院的阻力。① 其一，法院否定议会立法是一个相对少数的现象：（1）通过所谓"政治问题"的限制，排除法院对一定领域社会事务的干预。这可以说是法院对立法机构最大的尊重；（2）多数案件仅仅涉及制定法的解释。在制定法含义不明的情形下，只要行政机关的解释是合理的，法院一般予以尊重；（3）即使案件涉及对立法的合宪性审查，法院多数时候还是认同立法的合宪性。其二，否定议会立法的判决可能符合判决当下多数公众的意见。其三，从较长时段看，司法判决与公众意见呈现趋同状态。其四，司法机构及其司法审查整体上获得公众支持。②

第二节 收入分享与责任分担的安排

财政联邦制度有四条主线：政府职能和开支责任分配；征税权；政府间拨款和税收分享协定；借贷条款。统一所得税安排、高等法院明确拒绝州征收宽税基消费税和联邦控制贷款委员会从而控制州的借款，是造成纵向财政失衡的主要因素，都是在作为联邦宪法基础的权力与责任划分时没有考虑到的。联邦获得对州的财政主导并处于财政资源大大超过开支责任的位置。州承担除了防御、对外关系和宏观政策等之外的广泛职能，却难以对所得税和宽税基消费税这两种主要税收类型行使征税权，其征税和借款权力受到严格限制。解决这个问题的两种主要思路为收入分享和责任分担。

---

① Robert DAHL R. Decision Making in a Democracy: The Supreme Court as a National Policy-Maker [J]. Journal of Public Law, 1957, 279 (6). 转引自何海波. 多数主义的法院：美国联邦最高法院司法审查的性质 [J]. 清华法学, 2009 (6): 123.

② 何海波. 多数主义的法院：美国联邦最高法院司法审查的性质 [J]. 清华法学, 2009 (6): 110–112.

<<< 第六章 余 论

一、收入分享安排

政府间财政关系涉及各级政府的收入来源、州对联邦拨款的依赖程度、拨款形式及拨款总额与分配方式、州借贷的范围、在各州之间分配收入与贷款的方式等。关于政府间财政关系的安排产生在政治和法律层面的诸多争论。纵向失衡严重影响政府对公共需求的回应，也不利于政府对选民负责。而其主要原因在于州的收入不足以满足其开支需求。因而收入分享协议成为澳大利亚规制纵向财政失衡的重要方式。

收入分享安排主要可以考虑州分享个人所得税、联邦与州共享征税权、税收补征和引入增值税这几种方式。[①]（1）州分享个人所得税：各级政府可以选择自身的免税限制和适用的税率及条件，但税基由法律规定。州将获得独立征税权和稳定收入，地方保留在一定限度内的自治，同时不影响中央政府以累进税率征收更高所得税。可以通过改变免税限制和州税上限来保证灵活性。然而由于宪法上的原因，所得税共享协议的实施需要联邦政府同意以州的名义征税；（2）联邦与州共享征税权：各级政府可以按其意愿征收任何税收。如果不进行税收协调就可能产生相当程度的税收竞争，造成行政重复和可能的高税率；（3）税收补征：中央政府评估和征收，州在中央确定的区间内自由决定税率。这可以为州提供独立的增长税，但可能降低联邦政府对宏观经济的管控，也可能扩大各州之间服务标准差异。关于引入边际州所得税，降低联邦税同时提供更多均衡性的拨款的建议更为可取；（4）引入增值税：由联邦征收以避免增值税可能被视为消费税而导致的宪法问题，按人口比例在联邦与州之间分配。税率可以由州决定，这将给予州相当程度的独

[①] HUNTER J S H. Federalism and fiscal balance: a comparative study [M]. Canberra: Australian National University Press and Centre for Research on Federal Financial Relations, 1977: 47-51.

立，尽管税率需要各州达成一致，并且来自联邦的资助可能仍然要求将增值税保持在合理水平。然而严格区分税收来源缺乏适应变化情势的灵活性。如果州开支增长快于联邦，纵向失衡将扩大。

1999年商品与服务税立法计划是一次重要的收入分享安排。联邦代表州征收商品与服务税，收入作为一揽子拨款（block grants）基于横向财政均衡原则再分配给州，州废除一系列交易税作为商品与服务税收入的交换。通过重新安排财政资源确保州有足够经济来源承担其宪法责任：州与联邦共同对经济管理负责；收入分享达到纵向均衡要求各级政府收入与责任一致。州政府需要重新获得满足其财政需要的所得税分享和减少来自联邦拨款的附加要求。而联邦将征收所得税视为影响经济需求水平的重要方式，并通过控制所得税对州开支水平实行一定程度的控制。然而，税收分享、拨款和借贷协定可能模糊征税和开支决策责任界限、削弱政治和行政上的可责性、削弱政府对公民需求和偏好的回应、未能利用作为联邦制主要合理性的分权决策和多元化的机会，在一定程度上降低了政府效率。①

二、责任分担安排

澳大利亚州享有相对较强的宪法自治，但财政上处于弱势。高等教育尽管在宪法上是州的职能，但由联邦政府提供财政支持。医疗和健康服务的提供主要由州负责，得到联邦的大量支持。经济管理角色责任没有明确划分，导致选民难以评判政府质量。结合以下两个表格可以大概了解联邦与州的开支分配：②

---

① MATHEWS R. The Commonwealth – State Financial Contract ［M］//Centre for Research on Federal Financial Relations. Canberra：The Australian National University，1982：33 – 35.
② Towards Responsible Government ［R］. The Report of the National Commission of Audit，February 2014：17 – 19.

表6.1　2012-2013年度澳大利亚联邦与州在主要领域的开支情况

联邦开支	社会保障与福利	包括商品与服务税在内的其他目的	医疗	教育	防御	公共服务
各项比例	33%	19%	16%	8%	6%	5%
州开支	医疗	教育	公共秩序与安全	交通与通讯	社会保障与福利	住房
各项比例	26%	24%	10%	10%	8%	5%

表6.2　2012-2013年度澳大利亚政府主要开支事项的资金来源

	联邦自身资金	联邦提供资金支持	州
防御	100%	-	-
公共秩序与安全	15%	1%	84%
初级和中级教育	1%	35%	64%
高等教育	57%	12%	31%
医院	3%	34%	63%
医院之外的医疗	75%	3%	22%
社会保障	99%	-	1%
福利服务	48%	11%	41%
住房	17%	31%	52%
环境保护	62%	3%	35%
娱乐与文化	45%	1%	54%
交通与通讯	8%	32%	60%

可以通过在政府层级之间重新分配责任来重建责任政府。如果将教育、医疗、福利和交通责任转移给联邦，州的财政问题将得到很大缓解。但这将导致联邦政府权力扩张，可以通过提高地方政府地位来缓和这种权力集中趋势。具体方式是通过投票权条款将交通、自然资源和地方政府的责任转移给联邦，同时停止财政均衡拨款之外的对州拨款。联邦降低其所得税份额确保

州有足够资金承担责任。州可以决定其征税税率。为补偿联邦失去对个人所得税和州开支结构的控制,州被要求在影响经济管理的事项上与联邦合作。联邦政府可以通过拨款委员会和贷款委员会在财政上资助地方政府。① 尽管联邦对州现有责任的控制由于特殊目的拨款的停止而减弱,但会对地方政府进而对社区行为实行相当程度的控制。

为获得全国性的外部性,服务提供的分散可能需要伴随着设置最低全国性标准。在澳大利亚被授予联邦的职能明显具有全国性外部性,但包括教育在内的绝大多数服务的提供责任仍然主要由州承担。Giblin 曾指出:州与联邦政府之间的财政关系可能不会占据联邦宪法的大篇幅内容,但这是联邦性质的主要决定因素。如果没有足够的收入,大量权力授予联邦政府可能毫无用处。如果联邦政府掌握广泛的财政资源,它总能找到方式扩展权力,即使不通过正式的宪法修改方式。② 这些年来联邦政府确实主要通过宪法第96条为项目提供资金扩展了责任领域。各级政府在许多领域的联合投资导致责任界限的模糊,尤其是在医疗和学校领域。如果服务提供是明确层级的而不是在层级间分享,责任会得到增强。筹集收入的责任分立,没有哪级政府需要为参考征税等级的开支责任负责,造成政治上不负责、经济上无效率、服务与设施提供在有些领域过度扩张而在有些领域长期短缺等问题。③

与纵向财政失衡相关的一个问题是政府功能重叠,各级政府都害怕失去某些权力,不同层级政府之间合作困难。关于政府纵向职能划分,应从以下

---

① Fiscal Federalism – Some Problems and Options, A research study published by the Committee for Economic Development of Australia, P. Series No. 16, March 1975, pp. ix – viii.
② Giblin, L. F. Federation and finance, Economic Record, 1926, vol. 2, pp. 145 – 60. 转引自 WILLIAMS R. Fiscal Federalism: Aims, Instruments and Outcomes [J]. The Australian Economic Review, 2005, 38 (4): 353.
③ MATHEWS R. The Structure of Tax [M] //Centre for Research on Federal Financial Relations, The Australian National University, 1980: 21 – 23.

几方面考虑:①(1)区分公共物品的地方性和全国性,明确提供公共物品的主体资格:地方政府将更多承担本地区社会事务管理和公共服务的责任;(2)区分地方政府职责的强制性和非强制性,厘清各级政府的职责分工关系:强制性政府职能如基础教育、环境保护和社会保障等;非强制性政府职责则为地方政府竞争提供参照体系;(3)政府职能的纵向配置自上而下呈现从宏观到微观的层级递减趋势。政府间职责划分不清,很容易造成各级政府在财政收支上的"越权"和"缺位"行为。许多应由中央承担的公共物品和服务由地方政府承担,造成公共物品和服务的提供存在不足和不均。在澳大利亚提供服务的责任与筹集收入的手段如此分离,财政责任不再与行政和政治责任一致,财政问题破坏责任政府。宪法第51(37)条授权联邦就此类事项制定法律:"州议会移交联邦立法的事项,但该立法只适用于就此要求联邦立法的州,或事后表示采用该立法的州"。这样州可以不通过投票方式而向联邦政府转移权力。在制定财政重组政策时要考虑以下几点:回到责任政府能使选民的任务变得容易;澳大利亚宪法很难修改,联邦又有着缺乏合作的历史;地方政府可以发挥更重要的角色;宪法没有在联邦和州之间划分经济管理的责任,这个任务逐渐成为联邦政府的任务,尽管州政府也从事征税和公共开支等作为经济管理传统工具的行为。

纵向财政失衡的问题本身不如责任界限模糊的问题严重。在一个非联邦但分权的模式中,只要州政府筹集自身收入的主要部分,可以只基于以有效方式开支资源的能力和满足公共服务需求的能力评价政府管理。在医疗等领域分立的责任导致政府层级之间的成本转移。州负责医院事务,联邦负责老年人照顾和私人医疗咨询。老年人照顾的成本属于州成本还是联邦成本取决于此人是在医院还是在老年人照顾机构。教育领域的开支实行联邦与州和公

---

① 朱光磊,张志红."职责同构"批判[J].北京大学学报(哲学社会科学版),2005(1):107-108.

共与"私人"的两分法。在联邦辖区之外的大学都是州的机构,但公共资助几乎完全来源于联邦政府。① 澳大利亚政府委员会曾于 2005 年 6 月召开会议,提出加强合作模式解决共同提供服务的低效问题。

澳大利亚商业委员会认为政府间财政关系是需要优先处理的问题。在收入层面,一个建议是州重新征收个人所得税。这在宪法上没有障碍,尽管有明显政治上的障碍需要克服。另一个建议是引入正式的税收分享协定,缓解纵向财政失衡和增加州的财政独立。在开支层面,站在州的角度主要问题是联邦持续进入传统上属于州的领域,这是联邦财政垄断难以避免的结果。建议在宪法会议上重新考虑两级政府的宪法权力与责任划分,确保进一步明晰和更好地反映当今的情形。② 此外还应建立协调政府间税收政策的有效制度。可以由联邦和州政府一起确立协议和最低国家标准。征税和开支决定分立的模式下,效率和平等主要取决于政府间转移的形式和性质。

三、具体措施

在征税与拨款方面,可以通过联邦与州达成协议或法院进行宪法解释的方式,针对所得税、消费税和商品与服务税进行改革。具体而言:联邦降低税率留给州征收所得税的空间,或联邦征收所得税后由州分享份额;引入增值税由联邦征收后分配给州;法院对消费税进行狭义解释;提高商品与服务税的税率和扩大其税基。联邦运用宪法第 96 条增加对州的无条件拨款比例。在支出方面,可以通过修宪或联邦行使宪法第 51 条立法权的方式由联邦分担州的部分开支责任与债务。

---

① WILLIAMS R. Fiscal Federalism:Aims, Instruments and Outcomes [J]. The Australian Economic Review, 2005, 38 (4):358.
② FINLAY L. The Power of the Purse:An Examination of Fiscal Federalism in Australia [J]. Giornale di Storia Costituzionale/Journal of Constitutional History, 2012, 24 (Ⅱ):89 - 91.

<<< 第六章 余 论

第三节 近年关于联邦与州财政分权的改革计划

联邦与州之间的财政关系一直是澳大利亚国家治理的重要议题。2017—2018年度预算文件、联邦改革白皮书计划的前期报告及国家审计委员会的报告都试图对联邦与州的收入及支出分配进行规范调整。

一、2017—2018年预算文件

2017—2018年预算文件包括四个分文件,其中第三份预算文件[①]为联邦财政关系,呈现了关于联邦与州和地方政府之间财政关系的信息。在2017—2018年,联邦将在医疗、教育、社区服务、基础设施建设等重要领域继续向州提供稳定水平的资助,并继续支持重要的提高产出的项目与改革。联邦将向州提供总额为1190亿澳元的支付,其中对学校和医疗等特殊目的支付为559亿澳元,一般收入资助为631亿澳元。一般收入资助主要来源于商品与服务税收入,向州提供无约束资助以支持州提供服务。联邦对州的支付总额将占联邦开支总额的25.6%,占州收入总额的46%,将有力支持州开支的45%左右份额。

联邦将为学生提供更公平的资助,包括在2018—2027年间增加186亿澳元资助。联邦致力于建立一个长期的基于需求、便利和透明的向学校提供资助的计划,并要求州的改革和责任承担来提升教育产出。通过与州协商一个新的协议,增加可负担的住房的供应,包括来自全国可负担住房特殊目的支付的现有资助和对无住房者的新资助。在未来预估时期后,联邦将针对此协

---

① Budget Paper No.3, Federal Financial Relations 2017-2018.

议提供 46 亿澳元的资助。根据全国合作关系规制改革，联邦将提供 3 亿澳元用于清除关于竞争和规制的不必要屏障，这些障碍通过定向支付抑制小商业发展。联邦将提供 15 亿澳元引入一项新的进行中的澳大利亚人技能基金，为澳大利亚人提供未来所需技能的培训。在 2016—2017 年和 2019—2020 年间，联邦将增加 33 亿澳元支持公立医院。

二、联邦改革白皮书

2014 年 6 月澳大利亚政府发布了联邦改革白皮书（the White Paper on the Reform of the Federation）的内容范围（Terms of Reference），指出面对新的挑战，是时候通过明晰责任来优化联邦制度的运行了，而不是寻求权力的进一步集中。白皮书指出联邦政府的地位与多项内容相关，其中包括：在不同政府层级之间分配职责时适用的原则和标准，包括辅助性原则、公共服务提供的平等、效率和有效性、"国家利益"的考虑、产出成果的绩效责任、联邦与州层级的财政持续性等；如何解决州政府无法从其自身来源筹集充足收入以实现开支职能的问题；联邦财政关系政府间协议的有效与管理；改善澳大利亚政府委员会使其成为一个战略性的、咨询性的与合作的决策平台。联邦改革白皮书试图改善各级政府的开支责任及由联邦筹集的收入如何在各州之间分配的问题。相关议题报告（Issues Paper）涉及联邦改革概论、政府在住房供给、医疗、教育领域的角色与责任以及澳大利亚政府委员会与联邦财政关系等内容。

其中 2015 年 2 月发布的报告《澳大利亚政府委员会与联邦财政关系》[①]指出，纵向财政失衡本身并不是一个问题，然而高度的纵向财政失衡将允许联邦以危害州自治的方式行为，导致民主责任的混乱，还会造成州预算严重

---

① Issues Paper 5 – COAG and Federal Finanical Relation, February 2015.

依赖联邦拨款从而无法适应联邦财政优先顺序的变化。联邦拨款占州预算的相当大比例份额,2012—2013 年度约为 45%,这些拨款中超过一半来自商品与服务税。2012—2013 年度澳大利亚税收收入中,联邦筹集的收入占 81.5%。其中商品与服务税收入占所有税收收入的 12.1%,由联邦筹集后对州进行转移支付。2009 年联邦财政关系政府间协议将联邦与州之间范围广泛的具体协议归为六类全国性协议,集中于医疗、教育、技术和劳动力发展、残障人服务、经济适用住宅和土著居民福利等六个关键改革领域。这些全国性协议界定了各级政府在其中的角色与责任。

三、《迈向责任政府》——国家审计委员会报告

2014 年 2 月澳大利亚国家审计委员会发布报告《迈向责任政府》,介绍了联邦财政现状,并提出了进一步改善联邦与州财政关系的建议。联邦宪法为政府设定了基本规则。宪法授权联邦议会制定在防御、对外事务、州际和国际贸易、税收、外国事务、贸易和商业公司、婚姻、移民及州际劳务调解与仲裁领域的立法。宪法规定的联邦权力并未特别提及教育、环境、刑事法律和道路等重要领域,但这并不意味着这些事项在联邦权力之外。尽管州能在更广泛的领域立法,但联邦政府被认为是更强大的一方。一个主要原因是宪法第 109 条给予联邦法律效力的优先性。传统上州没有筹集充足收入执行职能,联邦通过宪法第 96 条影响其没有直接立法权的领域。联邦与州在角色和责任上的共享可能加剧行政重复与重叠,导致更高的行政成本和成本转移,造成低效和服务提供的不公平。报告提出改善联邦与州之间财政关系的建议包括厘清联邦与州的角色与责任、解决严重的纵向财政失衡问题、减少对州的附条件拨款等。联邦可以降低 10 个百分点的个人所得税税率,为州征收自己的所得税附加费留出空间,同时相应降低联邦对州的财政资助。其他选择还包括州从现有税基中获得更多收入、改变关于商品与服务税的协议

和联邦向州提供更大比例的无条件拨款。

第四节　对我国中央与地方财政分权的启示[①]

如前所述，澳大利亚联邦与州财政分权受到规则、司法和政治因素的影响。立法和政府间协议是政府间财政关系的规则基础，政府间协商机制发挥着促进规则形成的作用。司法作为解决纠纷的主要机制，通过解释规则对政府间财政分权也产生重要影响。

财政权的分配是中央与地方关系确立和调整的重要内容，是我国国家治理的重要议题。2016年8月，国务院发布《关于推进中央与地方财政事权和支出责任划分改革的指导意见》，重申推进财政事权和支出责任划分改革的必要性，提出改革的指导思想、总体要求、划分原则、主要内容及保障和配套措施等，使中央与地方的财政关系进一步规范化、法治化。1994年开始施行的分税制改革奠定了我国目前财政分权制度的基本框架，其后几经调整，相关规范日益完备。然而中央与地方的财政关系仍然存在法制问题，需要通过法治化路径予以完善。

一、分税制改革与地方财政分权实践

1993年12月国务院发布《关于实行分税制财政管理体制的决定》，自1994年1月1日起施行。2002年1月，我国实施所得税收入分享改革，将中央与地方关系所得税划分办法改为按统一比例划分。2003年开始按照"简税制、宽税基、低税率、严征管"的原则进行税制改革。2006年开始调整消费

[①] 此部分主要内容以《完善中央与地方财政关系的法治化路径》为题发表于《学习与实践》2016年第10期。

税税目、税率及相关政策。2008年1月,新《企业所得税法》实施,对税收收入的跨地区分配规定了收入在来源地和居住地(或实际管理机构所在地)之间划分的新措施。

分税制改革后,随着经济社会的发展,我国财政体制经历了局部调整,包括调整金融保险营业税收入划分、调整证券交易印花税分享比例、实施所得税收入分享改革、改革出口退税负担机制、完善政府间转移支付制度。[①] 2016年5月起,我国全面推行营业税改征增值税试点,将建筑业、房地产业、金融业、生活服务业全部纳入"营业税改征增值税"试点,这是财税体制的又一次重大变革。

分税制改革奠定了我国目前财政分权制度的基本框架,其主要内容为:其一,根据事权划分合理确定各级财政的支出范围:中央财政主要承担国家安全、外交和中央国家机关运转所需经费,调整国民经济结构、协调地区发展、实施宏观调控所必需的开支以及由中央直接管理的事业发展支出。地方财政主要承担本地区政权机关运转所需支出以及本地区经济、事业发展所需支出。其二,根据事权与财权相结合原则,将税种统一划分为中央税、地方税和中央与地方共享税,并建立中央税收和地方税收体系,分设两套税务机构分别征管。将维护国家利益、宏观调控所必需的税种划为中央税;将与经济发展直接相关的主要税种划为中央与地方共享税;将适合地方征管的税种划为地方税,并充实地方税税种,增加地方税收入。中央税、共享税以及地方税的立法权都集中于中央,以保证中央政令统一,维护全国统一市场和企业平等竞争。其三,科学核定地方收支数额,逐步实行比较规范的中央财政对地方的税收返还和转移支付制度。其四,建立和健全分级预算制度,硬化各级预算约束。分税制改革加强了中央财政的宏观调控能力,同时激发地方

---

① 谷成.中国财政分权的轨迹变迁及其演进特征[J].中国经济史研究,2009(2):47-48.

政府的征税积极性。税基和税率的改变使收入基础更为合理,中央与地方收入分享比例的改变使二者财力对比趋于合理。改革之后地方财政自主权扩大而且相对稳定,财力相对规模缩小,中央通过转移支付制度进行财政收入再分配。

虽然分税制基本实现了预设目标,但仍存在不少问题。其一,分税制只是划分中央与省级政府的财政收支范围,对省级以下政府间财政分配关系未做具体规定。改革回避了一些关键问题,继续保留了"基数法"和"存量不动、增量调整"的渐进模式,财政包干体制的做法仍然痕迹明显,存在政府职能定位不明、各级政府间职能划分不明确、政府间财权划分不规范、地方财政收支的确定方法不合理等问题。[1] 其二,分税制没有解决税制不平等问题。分税制以1993年为基期年,保持地方既得财力不变,但继续用基数法确定各级政府的体制基数,则延续了"苦乐不均"的状况。另外,地方税制内外有别,违背税负公平原则。[2] 其三,在程序上分税制改革属于中央政府主导的行政性财政分权,没有赋予地方政府参与协商和决策的地方空间。其四,与分税制改革配套的财政转移支付制度并未充分发挥维护社会公平和地区均衡的功能。

二、当前我国财政分权体制存在的法制问题

我国的财政分权并不是完全意义上的"分权"。按照地方政府决策的独立程度,财政分权主要包括分散化、授权和权力下放这三种类型。权力下放是最充分的分权形式,而我国财政分权属于分散化或授权的范畴。我国分税制虽然在中央与地方之间划分税种,但税收立法、征收管理等权限仍然集中

---

[1] 刘卓珺. 中国财政分权改革的路径依赖与体制创新 [J]. 经济体制改革, 2009 (5): 104 – 105.
[2] 张千帆. 中央与地方财政分权——中国经验、问题与出路 [J]. 政法论坛, 2011 (5): 98.

于中央，是主要限于划分税收的分税制，而非"分权"的分税制。① 在法制建设方面，目前我国财政分权体制主要存在以下方面的问题。

（一）财政分权缺乏法制保障，规范性和稳定性不足

我国宪法未明确规定征税权。当前除了《税收征收管理法》《个人所得税法》《企业所得税法》和《车船税法》由全国人大及其常委会制定，其他税收法律规范均由政府机关制定。此外，国务院通过"通知"、"决定"等形式的规范性文件来变更政府间共享税种、分成比例及出口退税机制。② 我国的财政分权是在一个制度供给失衡的环境中进行：政府之间的财政关系缺乏宪法和法律保障，财政分权与行政垂直集权存在矛盾，造成政府行政的商业化和机会主义倾向、地区间公共产品提供的差距扩大和地方政府预算约束软化。③ 中央与地方财政关系的安排与调整随意，缺乏规范性和稳定性，出现中央政府推诿事权、分税制改革后中央财政对所得税的分享从无到有、对证券交易印花税分享比例由少到多、缺乏可预见性的转移支付体系等现象与问题。④ 历次财政分权改革的出发点主要是为调动地方增收节支的积极性和转移中央负担，而不是赋予地方政府较大的税收自主权。地方与中央博弈，处于一种不规范的"财政争权状态"。⑤ 中央掌握主要的财税资源分配权和规则制定权，由于缺乏必要的法律约束，可以随时全面调整中央与地方的财权

---

① 刘卓珺，于长革. 中国财政分权演进轨迹及其创新路径 [J]. 改革，2010（6）：35.

② 2008年修订通过《增值税暂行条例》《消费税暂行条例》和《营业税暂行条例》。其他规范性文件如《关于实行分税制财政管理体制的决定》《关于印发所得税收入分享改革方案的通知》《关于改革现行出口退税机制的决定》。2013年10月底公布的十二届全国人大常委会立法规划中，立法项目里包括增值税法等若干单行税法，属于条件比较成熟、任期内拟提请审议的法律草案。

③ 姚洋，杨雷. 制度供给失衡和中国财政分权的后果 [J]. 战略与管理，2003（3）：28.

④ 谷成. 中国财政分权的轨迹变迁及其演进特征 [J]. 中国经济史研究，2009（2）：50.

⑤ 崔运政. 我国财政分权程度的实证研究 [J]. 地方财政研究，2011（10）：33.

分配，中央政府集中财权的趋势难以避免。行政机关的政策性调整办法效力等级低、稳定性不足，决策过程缺乏地方的参与和利益表达，因而权威性和决策执行效果也大打折扣。转移支付体系仍存在法律缺失、结构不合理、绩效考核不到位等问题。

（二）有关地方财政自主性和独立性的法制缺失

在事权划分与支出责任方面，中央与地方事权关系应以宪法进行明文规定，成为权力来源的宪法依据。这不应是基于中央与地方在经济和政治利益上的讨价还价，而是基于制度化的权力分享。① 《宪法》规定国务院享有的十八项职权中，除了国防、外交、戒严等职权外，其他与地方政府职责基本相同。各级政府在纵向间职能、职责和机构设置上高度一致，呈现"职责同构"现象。宪法和地方组织法的规定将政府的所有对内职责潜在地贯穿在整个政府体系中，没有对各自权力来源和管辖事项进行合理划分，造成各级政府职权重叠、缺乏独立性。各级政府在财政收支上的"越权"与"缺位"现象并存。许多应由中央承担的公共物品和服务实际上由地方政府承担，造成公共物品和服务的供给存在不足和不均。

我国中央与地方政府间事权与财权划分不合理，地方政府承担着提供地方公共产品的大部分支出责任但收入资源有限。财政收益权和财政立法权又主要集中于中央，使纵向财政关系处于"财政收支倒挂"的失衡状态。② 中央享有主要的税收立法权，可以根据经济形势的需要开征或停征税种、调整税目、调节税率。然而中央统一立法要求地方征收的某些税种，地方未必有足够的税源。同时地方无权设立税种而无法开辟新的税源，也会造成潜在的

---

① 王绍光，胡鞍钢. 中国国家能力报告 [M]. 沈阳：辽宁人民出版社，1993：168.
② 刘剑文，陈立成. 中央与地方财税改革应走法治化道路 [J]. 中国税务报，2013 - 10 - 23.

税收收入流失，税种结构不适应税源结构。[1] 我国地方税大多是小税种，共享税比重过大，容易阻碍全国统一市场，加剧恶性税收竞争和地方保护，降低资源配置效率。财权逐步上移而事权进一步下放，造成地方财政困难。地方财政的不合理分配导致乡镇公共财政资源短缺，而基层政府又承担提供基本公共服务的职能，财政紧缺造成预算外的乱收费现象严重。

（三）地方筹集收入与提供公共服务之间联系断裂，制度监督不足

传统分权理论认为具有相同偏好和收入水平的居民会自动流动聚集到某一地方政府周围。地方政府要吸引选民，就必须按照选民的要求提供公共产品和服务，否则居民会迁徙到自己满意的地区。"用手投票"和"用脚投票"的双重约束机制在我国的实施中遇到颇多障碍。从地方政府角度而言，在现有干部任命与绩效考核体制下，政府公共服务供给行为缺乏制度监督，地方激励结构扭曲。政府过多介入地方经济发展，造成以市场分割和产业同构为主要特征的"行政区经济"，与应然意义上的政府职能及公共利益导向产生偏离，导致社会经济非均衡发展。[2] 从居民角度而言，地方居民所缴纳税金与享有的公共服务之间没有明显联系，削弱其督促地方政府对财政决策负责的积极性。

三、完善中央与地方财政关系的法治思考

财税法治是深化财税制度改革的最优路径，也是推进国家治理体系和治理能力现代化的必然要求。基于法治建设与国家财政治理相结合的路径，建议以立法形式明确中央与地方的收入来源与支出责任、建立中央与地方的协议合作机制、重视运用司法手段调节中央与地方财政关系，并统筹安排积极

---

[1] 李波. 中央与地方政府间税权划分问题研究 [M]. 见张千帆，[美] 葛维宝编. 中央与地方关系的法治化 [M]. 南京：译林出版社，2009：296-301.

[2] 刘华. 中国地方政府职能的理性归位——中央与地方利益关系的视角 [J]. 武汉大学学报（哲学社会科学版），2009（4）：505.

推动相关配套改革。

(一) 完善立法,明确中央与地方的收入来源与支出责任

财政分权与民主宪政紧密相关。税收法定主义是现代财政法的基本原则。应严格贯彻立法权保留事项,财政授权立法应有明确的授权依据、符合法定程序、提交全国人大常委会备案并由其审查合法性。① 2015 年 3 月通过的修改后的《立法法》第 8 条规定关于税种的设立、税率的确定和税收征收管理等税收基本制度、基本经济制度以及财政、海关、金融和外贸的基本制度的事项只能制定法律。第 9 条规定对于第 8 条规定的事项尚未制定法律的,全国人民代表大会及其常委会有权作出决定,授权国务院可以根据实际需要对其中的部分事项先制定行政法规,但是有关犯罪和刑罚、对公民政治权利的剥夺和限制人身自由的强制措施和处罚、司法制度等事项除外。《税收征收管理法》第 3 条规定税收的开征、停征以及减税、免税、退税、补税,依照法律的规定执行;法律授权国务院规定的,依照国务院制定的行政法规的规定执行。

财权是政府筹集财政资金的权力,财力是政府能够支配的资金;事权是政府承担的责任,支出责任是政府为履行职能而承担的财政支出。财政体制改革的整体逻辑是理顺中央与地方的事权关系、按照事权界定支出责任、根据支出责任来梳理配置财权、落实税收法定主义走向财税法治。② 财权与合理化的事权相顺应是分税制的前置环节,财力与事权和支出责任相匹配是分税制逻辑的归宿,也是分税制建立和完善的优越性与动力源。③ 应以立法形

---

① 刘剑文. 宪政与中国财政民主 [J]. 税务研究, 2008: 7.
② 刘剑文. 地方财源制度建设的财税法审思 [J]. 法学评论, 2014 (2): 32.
③ 贾康,梁季. 全面审视分税制改革 [J]. 中国投资, 2014 (8): 84.

式明确划分各级政府的收入来源与支出责任。①

1. 合理配置财政立法权、预算权和收益权

财政立法权是财政权的重要组成部分,其中最为重要的是税种的开征权与停征权、税目的确定权和税率的调整权、税收优惠的确定权等。② 中央与地方的税收立法权必须获得合理分配。在中央统一制定基本法律的前提下,地方税的部分政策调整权可以交给地方。对于个人所得税、房产税和城镇土地使用税等对国家宏观经济影响相对较小而对地方经济影响较大的地方税,中央应只负责规定税种,地方应有权规定其实施办法、税目、税率、税收减免和起征点等事项。对于税源零星分散、征收成本高、地方差异大的契税、车船使用税、耕地占用税和印花税等税种,地方应享有立法权、解释权和征收管理权。③ 行使共享税税权时,应充分听取地方在税收立法、税率税目调整和税收减免等事项上的意见。适当缩小共享税范围并适时调整分享比例。另外可以考虑采用税率分享替代现行的收入分成制,税基由中央立法统一规定,中央和地方按照各自税率征税。④ 这样可使地方政府能相对平等、规范地分享某些大型税基的课税权,增加地方政府对税收收入的可预见性,提高地方税收灵活性和地方政府的财政融资能力。

---

① 有些国家将财政分权问题写入宪法性文件,也有些国家在行政政策层面运作财政分权。这背后折射出财政分权的民意基础和民主化程度差别。以财政民主和财政法治程度为依据,可以将财政分权模式概括为法制化与行政式两种类型。前者以高位阶立法确立财政分权制度,后者则是由政府主导财政分权。见刘剑文等. 中央与地方财政分权法律问题研究 [M]. 北京:人民出版社,2009:107 – 109.
② 张守文. 税权的定位与分配 [J]. 法商研究,2000 (1):45.
③ 张千帆. 中央与地方财政分权——中国经验、问题与出路 [J]. 政法论坛,2011 (5):101.
④ 谷成. 财政分权下政府间税收划分的再思考 [J]. 财贸经济,2008 (4):78.

预算审批是财政民主的重要体现。① 2014 年修改后的《预算法》明确规定"强化预算约束，加强对预算的管理和监督，建立健全全面规范、公开透明的预算制度"。各级预算应当遵循统筹兼顾、讲求绩效和收支平衡等原则，建立跨年度预算平衡机制、权责发生制的政府综合财务报告制度和规范合理的中央与地方政府债务管理及风险预警机制。构建"一级政权有一级合理事权，呼应一级合理财权，配置一级合理税基，进而形成一级规范、完整和透明的现代意义的预算，并配之以一级产权和一级举债权"的财政体制。② 根据《预算法》规定，在没有得到特别授权的情况下，地方政府并不拥有发债权。国务院于 2011 年批准上海市、浙江省、广东省、深圳市启动地方政府自行发债试点，被认为是给地方债松绑的信号。然而目前我国还没有建立起债务风险防控机制，中央和地方人大对债务发行量、发行方式及偿还期等问题的控制力也不够，不宜放开地方发债权。③

合理配置中央与地方税种与收益范围，完善纵向财政转移支付制度。随着"营业税改征增值税"在全国推开，地方政府将失去营业税这一主要收入来源，迫切需要确立新的财源，培育地方的主体税种，加快构建地方税收体系。围绕建立现代财政制度，需要以推进地区间基本公共服务均等化为主要目标，遵循加强顶层设计、合理划分事权、清理整合规范、市场调节为主、规范资金管理等原则，改革和完善转移支付预算管理，加快转移支付立法和制度建设，建立规范、公平、公开的财政转移支付制度。

---

① 还可以从程序层面理解预算的意义。平衡预算通过要求决策者量入为出来改变政府的决策程序。如果能阻止政府通过制造赤字来掩盖政府开支的真实成本，则选举对政治过程的制约将更有效。见［澳］布伦南、［美］布坎南. 征税权——财政宪法的分析基础［M］. 冯克利，魏志梅，译. 见［澳］布伦南、［美］布坎南. 宪政经济学［M］. 冯克利，等译. 冯克利，冯兴元统校，中国社会科学出版社，2004：236－237.

② 贾康. 优化重构中央与地方财税关系［J］. 中国税务报，2013－07－01.

③ 刘剑文. 地方财源制度建设的财税法审思［J］. 法学评论，2014（2）：30－31.

2. 明确中央与地方的事权划分及支出责任

建立事权与支出责任相适应的制度。适度加强中央事权与支出责任，关系全国统一市场规则和管理等属于中央事权；部分社会保障、跨区域重大项目建设维护等属于中央和地方共同事权；区域性公共服务属于地方事权。中央通过安排转移支付承担一部分地方事权支出责任。地方政府更多承担本地区社会事务管理和公共服务的责任。在政府职能归位的基础上明确划分政府间职权范围，各级政府职权需要经过本级人大授权并接受法律监督；中央与地方之间的事权划分应根据"事务本身的性质"来决定，应采取"影响范围"标准而非"重要程度"标准。既要保证中央宏观调控和基本公共服务均等，又要重视地方自治和效率。

（二）建立中央与地方协议合作的法治机制，保障地方利益的表达

为什么西方国家的财政制度会出现集权的安排？深层次的原因在于通过上下级政府之间的纵向分权建立一种相互制衡的机制，可以通过对财政权和人事权的分别控制来实现。[1] 中央与地方的关系正逐渐体现出契约化的特征。在二者互动过程中，一方面中央政府要承认地方的主体性，同时又能通过施加压力或施予利益对地方进行调控；另一方面地方政府在财政分权之下政府能力和政治责任得到强化，可以通过制度化途径参与中央决策。中介机制和公平合理的程序建设对重塑中央与地方关系意义重大。中央集权制与地方选举制度之间的内在冲突，凸显地方自治与行政控制之间的张力。[2]

---

[1] 对财政集权安排的传统解释是中央掌握足够财政资源以解决跨区域公共服务产生的溢出效应和地区发展不均衡问题。这个解释并不充分。因为跨区域公共服务的外部性可以通过地区间协商机制得到解决，而且中央以国家财政提供这类服务同样产生外部性问题，因为不受益于该服务的地区事实上也为其支付税收。而且在地区发展均衡的国家同样存在财政集权现象。见张永生. 中央与地方的政府间关系——一个理论框架及其应用 [J]. 经济社会体制比较, 2009（2）: 66.

[2] 苗连营, 王圭宇. 地方"人格化"、财政分权与央地关系 [J]. 河南社会科学, 2009（2）: 71.

应建立地方与中央的沟通协商机制，充分吸纳地方参与，保障地方利益的表达和对决策的影响。可以考虑在全国人大常委会下设立"政府间财政关系委员会"，作为中央与地方沟通协商财政事项的一个平台，审议需要提交全国人大及其常委会立法的与政府间财政关系相关的事项，包括确定政府间事权和财政支出责任、调整税收征管权、确定税种归属、确定共享税种类及调整共享税比例、调整转移支付均等化水平及控制地方发行公债的规模等。①

（三）重视运用司法手段调节中央与地方财政关系

中央对地方的控制手段日渐多元和隐秘，包括立法约束、行政控制、政党机制、财政资助、司法调解等。仅仅依靠集中立法权和行政方面的措施，不足以有效调整中央与地方之间的关系。② 其一，从立法权角度而言：上级人大享有对其辖区内各级财政预算的审批权。地方财政虽然相对独立，但从根本上受制于中央管控。其二，从司法权角度而言：现行行政诉讼体制下法院对"规章以下"的规范性文件有实质审查权，中央政府可以运用司法手段形成对地方财政的监督，调整地方财政来源与公民权利的冲突。其三，从行政权角度而言：在财权划分上中央将优质税源纳入中央税范畴，在事权划分上又通过科层制的管理体制将行政目标逐级分解下放；财政转移支付制度要求地方进行相当比例配套资金，实际上是责任下移；现有绩效评价体制和官员升迁模式，也是控制地方的行政手段。③ 政府间财政关系会向着宪政分权的方向发展，违宪审查权的实施是一个重要方向，有利于从宏观层面构建立法、行政、司法三者的权力制衡结构，改变行政机关强势的局面，协调中央

---

① 刘剑文等. 中央与地方财政分权法律问题研究 [M]. 北京：人民出版社，2009：184.
② 房亚明. 超大空间的有效治理：地方自治导向的分权？——论我国纵向府际关系的制度变革 [J]. 国家行政学院学报，2009（3）：94.
③ 王理万. 中央与地方财政分权的合宪性检视 [J]. 上海政法学院学报，2014（1）：72.

权力和地方利益关系。① 通过建立一个超越各方利益的机构,有助于使中央与地方财政关系达到一种动态均衡。

除了在立法关系上实现法制统一的解释、批准、备案、审查和撤销的监督制度外,中央与地方之间的沟通协商和纠纷解决制度就分别是在常态交涉和个案对抗情形下的基本制度保障。《宪法》第 67 条第 1 款规定全国人大常委会的职权包括解释宪法和法律。《立法法》第 45 条规定全国人大常委会享有法律解释权。而目前政府间的权限争议未被纳入行政诉讼受案范围。由司法机关处理政府间权限争议纠纷也存在困难。政府间财政权限纠纷如果涉及对分权法律条款解释的重大分歧,由全国人大常委会裁决最为适宜。1993 年《关于修改宪法部分内容的建议的说明》指出:"根据宪法第七十条的规定,全国人大可以设立专门委员会性质的宪法监督委员会,宪法可以不再做规定。"这留下了全国人大设立"宪法监督委员会"或类似机构的政治空间,这也是具有宪法依据并且受到最少政治法制阻力的一种制度安排。② 可以考虑在全国人大之下设立违宪审查机构,处理中央与地方之间的权限争议案件。

就进一步改革而言,如果对中央与地方的权限采用法律分权制,则应确立司法调控机制。在法律分权制下,各级政府的事权和财权需要法律的支持和保障。一旦发生冲突,应由相对独立的司法机关进行裁决。③ 目前司法在调整我国中央与地方财政关系中的作用十分有限,如税收争议缺乏正规的诉讼程序。中央与地方政府之间的冲突多数情形下并不体现为两者之间的直接对抗,而是以私人利益纠纷的形式表现出来。在这些案件中,法官行使的仍

---

① 谢庆奎,王懂棋. 中国府际财政关系研究——宪政分权的视角 [J]. 新视野,2009 (2):44.
② 石东坡. 创制中央地方互动程序规范的宪法思考——基于研究历程的反思和尝试 [J]. 甘肃政法学院学报,2009 (1):19-20.
③ 薛刚凌. 论府际关系的法律调整 [J]. 中国法学,2005 (5):56.

然仅仅是司法权,但间接影响两级政府间的权限划分。通过司法独立、司法权的适当统一、减少上级对下级法院行政干预和注入判例法因素等改革,司法可能在调整我国中央与地方关系上起到建设性的作用。① 在宪法和法律确定的框架下,应寻求一种合理有效的方式调整中央集权与地方分权的关系,以保障权力运行不偏离宪法确立的框架和结构。可以考虑由最高人民法院行政审判庭受理中央与地方政府的权限争议案件。通过修改《行政诉讼法》将此类案件列入法院的受理范围。② 由此建立针对中央与地方关系的司法审查制度。

(四)统筹安排积极推进相关配套制度改革

财政分权改革是一项复杂的系统工程,不仅直接涉及经济领域,而且需要政治体制改革与之配套。应恰当处理政府与市场之间的关系,清晰界定政府职能,合理划分政府间事权;推行减少政府层级的扁平化改革,合理配置政府间财政,缓解基层政府财政困难;推进干部任命和政府绩效考评机制改革,督促政府履行提供基本公共服务的职能等。③ 通过政治体制改革,推动我国建成统一、规范的分税分级财政管理体制。

---

① 刘海波. 中央与地方政府间关系的司法调节 [J]. 法学研究, 2004 (5): 41, 44.
② 熊文钊. 大国地方——中国中央与地方关系宪政研究 [M]. 北京: 北京大学出版社, 2005: 171.
③ 刘卓珺, 于长革. 中国财政分权演进轨迹及其创新路径 [J]. 改革, 2010 (6): 37.

参考文献

一、中文参考文献

（一）中文译著

1. ［加拿大］乔治·安德森. 联邦制导论［M］. 田飞龙，译. 北京：中国法制出版社，2009.

2. ［美］华莱士·E. 奥茨. 财政联邦主义［M］. 陆符嘉，译. 南京：译林出版社，2012.

3. ［美］罗伊·鲍尔. 中国的财政政策——税制与中央及地方的财政关系［M］. 许善达，等译. 北京：中国税务出版社，2000.

4. ［澳］布伦南，［美］布坎南. 宪政经济学［M］. 冯克利，等译. 北京：中国社会科学出版社，2004.

5. ［美］汉密尔顿. 杰伊，麦迪逊. 联邦党人文集［M］. 程逢如，在汉，舒逊，译. 北京：商务印书馆，2012.

6. ［澳］戈登·格林伍德. 澳大利亚政治社会史［M］. 北京编译社，译. 北京：商务印书馆，1960.

7. ［英］戴雪. 英宪精义［M］. 雷宾南，译. 北京：中国法制出版社，2001.

8. [英] K.C. 惠尔. 现代宪法 [M]. 翟小波, 译. 北京: 法律出版社, 2006.

9. [法] 托克维尔. 论美国的民主 [M]. 董果良, 译. 北京: 商务印书馆, 1988.

10. [澳] 帕瑞克·帕金森. 澳大利亚法律的传统与发展（第三版）[M]. 陈苇, 等译. 北京: 中国政法大学出版社, 2011.

11. [美] 威尔逊. 国会政体 [M]. 熊希龄, 吕德本, 译. 北京: 商务印书馆, 1986.

12. [英] 沃尔特·白芝浩. 英国宪法 [M]. 夏彦才, 译. 北京: 商务印书馆, 2005.

（二）中文著作

1. 葛克昌. 税法基本问题——财政宪法篇 [M]. 台北: 元照出版有限公司, 2005.

2. 王世涛. 财政宪法学研究——财政的宪政视角 [M]. 北京: 法律出版社, 2012.

3. 刘剑文. 中央与地方财政分权法律问题研究 [M]. 北京: 人民出版社, 2009.

4. 周刚志. 财政分权的宪政原理: 政府间财政关系之宪法比较研究 [M]. 北京: 法律出版社, 2010.

5. 王宇博. 渐进中的转型: 联邦运动与澳大利亚民族国家的形成 [M]. 北京: 商务印书馆, 2010.

6. 吕晨飞. 澳大利亚均等化转移支付制度研究 [M]. 北京: 北京大学出版社, 2009.

7. 周刚志. 财政转型的宪法原理 [M]. 北京: 中国人民大学出版社, 2014.

8. 张志红. 当代中国政府间纵向关系研究［M］. 天津：天津人民出版社，2005.

9. 张千帆. 宪法学导论［M］. 北京：法律出版社，2004.

10. 王丽萍. 联邦制与世界秩序［M］. 北京：北京大学出版社，2000.

11. 黄茂荣. 税法总论（第一册增订二版）［M］. 台北：植根法学丛书编辑室，2005.

12. 刘剑文. 走向财税法治——信念与追求［M］. 北京：法律出版社，2009.

13. 张千帆. 国家主权与地方自治——中央与地方关系的法治化［M］. 北京：中国民主法制出版社，2012.

14. 王怡. 宪政主义：观念与制度的转捩［M］. 济南：山东人民出版社，2006.

15. 熊文钊. 大国地方——中国中央与地方关系宪政研究［M］. 北京：北京大学出版社，2005.

16. 林尚立. 国内政府间关系［M］. 杭州：浙江人民出版社，1997.

17. 张紧跟. 当代中国政府间关系导论［M］. 北京：社会科学文献出版社，2009.

18. 何勤华. 澳大利亚法律发达史［M］. 北京：法律出版社，2004.

19. 叶海波. 政党立宪研究［M］. 厦门：厦门大学出版社，2009.

20. 许志雄. 宪法之基础理论［M］. 台北：稻禾出版社，1992.

21. 王绍光，胡鞍钢. 中国国家能力报告［M］. 辽宁：辽宁人民出版社，1993.

（三）中文译文

1. 查尔斯·R. 汉克拉. 财政分权何时有利于治理？. ［J］. 王哲，译. 经济社会体制比较，2012（4）.

2. 凯思琳·沙利文. 联邦政府和州之间的权力平衡. 程迈译 [A]. 张千帆、[美] 葛维宝. 中央与地方关系的法治化 [M]. 南京: 译林出版社, 2009.

3. 乔纳森·罗登, 苏珊·罗斯-阿克曼. 联邦主义保护市场吗? . 牟效波译 [A]. 张千帆、[美] 葛维宝. 中央与地方关系的法治化 [M]. 南京: 译林出版社, 2009.

4. 安东尼·梅森爵士. 联邦制国家宪法法院的地位与作用——对于澳大利亚与美国的比较研究. 许章润译 [J]. 比较法研究, 1998 (4).

5. 英厄马尔·埃兰德. 伙伴制与城市治理. 项龙译 [J]. 国际社会科学杂志 (中文版), 2003 (2).

6. 布莱恩·R. 奥帕斯金. 联邦制下的政府间关系机制. 黄觉译 [J]. 国际社会科学杂志 (中文版), 2002 (1).

7. 戴维·卡梅伦. 政府间关系的几种结构. 张大川译 [J]. 国际社会科学杂志 (中文版), 2002 (1).

8. 汉斯·彼得, 施奈德. 联邦制国家财政自治的国际比较. 甘超英译 [EB/OL]. 北大法律网.

(四) 中文文章

1. 李龙, 朱孔武. 财政立宪主义论纲 [J]. 法学家, 2003 (6).

2. 张千帆. 中央与地方财政分权——中国经验、问题与出路 [J]. 政法论坛, 2011 (5).

3. 蒋震, 邢军. 地方政府"土地财政"是如何产生的 [J]. 宏观经济研究, 2011 (1)

4. 孙秀林, 周飞舟. 土地财政与分税制: 一个实证解释 [J]. 中国社会科学, 2013 (4).

5. 姚洋, 杨雷. 制度供给失衡和中国财政分权的后果 [J]. 战略与管理，2003（3）.

6. 刘承礼. 中国式财政分权的解释逻辑：从理论述评到实践推演［J］. 经济学家，2011（7）.

7. 杨利敏. 关于联邦制分权结构的比较研究［J］. 北大法律评论，2002（5）.

8. 范勇. 澳大利亚财政体制概况［J］. 计划经济研究，1990（6）.

9. 陈向明. 澳大利亚财税等方面的管理经验、政策经验及借鉴［J］. 财政研究，2007（7）.

10. 李克平. 澳大利亚财政转移支付制度［J］. 经济社会体制比较，1996（3）.

11. 王绍光. 分权的底线［J］. 战略与管理，1995（2）.

12. 刘薇. 财政分权理论研究新进展［J］. 财政研究，2005（9）.

13. 孔卫拿，张光. 功能性联邦主义的中国型态及其代价［J］. 公共行政评论，2013（5）.

14. 王志刚. 中国财政分权对地方政府财政支出的影响分析［J］. 首都经济贸易大学学报，2013（4）.

15. 王绍光. 中国财政转移支付的政治逻辑［J］. 战略与管理，2002（3）.

16. 顾敏康，王天. 从澳大利亚法律改革看香港普通法的发展方向［J］. 法学，2003（1）.

17. 李金早，张峰，魏勤. 澳大利亚中央与地方的经济关系及其改革方向［J］. 宏观经济研究，1992（6）.

18. 易立. 澳大利亚议会完善委员会议事功能的相关情况［J］. 中国人大，2011（6）.

19. 王丽萍. 论联邦制国家的特征与类型［J］. 北京大学学报（哲学社

会科学版），1997（1）.

20. 张千帆. 中央与地方关系的法治化——以中央与地方的监管分权为考察［J］. 求是学刊，2010（1）.

21. 刘祖云. 政府间关系：合作博弈与府际治理［J］. 学海，2007（1）.

22. 郭殊. 论中央与地方关系中司法体制的权力结构［J］. 浙江学刊，2008（6）.

23. 刘海波. 联邦主义与司法——兼论美国联邦主义的一种解读［A］. 刘海波. 政体初论［M］. 北京：北京大学出版社，2006.

24. 郭殊. 论中央与地方关系中的司法调节功能——以美国联邦司法判例为线索［J］. 法商研究，2008（5）.

25. 王宇博. 简析澳大利亚政党制度的起源与属性［J］. 江苏教育学院学报（社会科学版），2002（3）.

26. 范瑜. 独具特色的澳大利亚联邦选举制度［J］. 山东人大工作，2004（7）.

27. 陈健. 转票制（即刻复选制）分析——以澳大利亚选举及政党政治为例［J］. 法治湖南与区域治理研究，2011（5）.

28. 何海波. 多数主义的法院：美国联邦最高法院司法审查的性质［J］. 清华法学，2009（6）.

29. 朱光磊，张志红. "职责同构"批判［J］. 北京大学学报（哲学社会科学版），2005（1）.

30. 谷成. 中国财政分权的轨迹变迁及其演进特征［J］. 中国经济史研究，2009（2）.

31. 刘卓珺. 中国财政分权改革的路径依赖与体制创新［J］. 经济体制改革，2009（5）.

32. 刘卓珺，于长革．中国财政分权演进轨迹及其创新路径 [J]．改革，2010（6）．

33. 崔运政．我国财政分权程度的实证研究 [J]．地方财政研究，2011（10）．

34. 刘剑文，陈立成．中央与地方财税改革应走法治化道路 [N]．中国税务报，2013 – 10 – 23，B01．

35. 李波．中央与地方政府间税权划分问题研究 [A]．张千帆、[美] 葛维宝编．中央与地方关系的法治化 [M]．南京：译林出版社，2009．

36. 刘华．中国地方政府职能的理性归位——中央与地方利益关系的视角 [J]．武汉大学学报（哲学社会科学版），2009（4）．

37. 刘剑文．宪政与中国财政民主 [J]．税务研究，2008（4）．

38. 刘剑文．地方财源制度建设的财税法审思 [J]．法学评论，2014（2）．

39. 贾康，梁季．全面审视分税制改革 [J]．中国投资，2014（8）．

40. 张守文．税权的定位与分配 [J]．法商研究，2000（1）．

41. 谷成．财政分权下政府间税收划分的再思考 [J]．财贸经济，2008（4）．

42. 贾康．优化重构中央与地方财税关系 [N]．中国税务报，2013 – 07 – 01，A01．

43. 张永生．中央与地方的政府间关系——一个理论框架及其应用 [J]．经济社会体制比较，2009（2）．

44. 苗连营，王圭宇．地方"人格化"、财政分权与央地关系 [J]．河南社会科学，2009（2）．

45. 庞明川．中央与地方政府间博弈的形成机理及其演进 [J]．财经问题研究，2004（12）．

46. 王绍光. 公共财政与民主政治 [J]. 战略与管理, 1996 (2).

47. 房亚明. 超大空间的有效治理: 地方自治导向的分权？——论我国纵向府际关系的制度变革 [J]. 国家行政学院学报, 2009 (3).

48. 王理万. 中央与地方财政分权的合宪性检视 [J]. 上海政法学院学报, 2014 (1).

49. 谢庆奎, 王懂棋. 中国府际财政关系研究——宪政分权的视角 [J]. 新视野, 2009 (2).

50. 石东坡. 创制中央地方互动程序规范的宪法思考——基于研究历程的反思和尝试 [J]. 甘肃政法学院学报, 2009 (1).

51. 薛刚凌. 论府际关系的法律调整 [J]. 中国法学, 2005 (5).

52. 刘海波. 中央与地方政府间关系的司法调节 [J]. 法学研究, 2004 (3).

二、英文参考文献

(一) 英文著作

1. SAUNDERS C. The Constitution of Australia: A Contextual Analysis [M]. Oxford and Portland, Oregon: Hart Publishing, 2011.

2. JAMES D W. Intergovernmental Financial Relations in Australia [M]. Sydney: Australian Tax Research Foundation, Information Series No. 3, 1992.

3. CRISP L F. Australian National Government [M]. 4th ed. Melbourne: Longman Cheshire, 1978.

4. RATNAPALA S. Australian Constitutional Law: Foundation and Theory [M]. 2nd ed. Oxford: Oxford University Press, 2007.

5. HUNTER J S H. Federalism and fiscal balance: a comparative study [M]. Canberra: Australian National University Press and Centre for Research on Federal

Financial Relations, 1977.

6. MATHEWS R L, JAY W R C. Federal Finance – Intergovernmental Financial Relations in Australia since Federation [M]. Thomas Nelson (Australia) Ltd, 1972.

7. HANKS P, GORDON F, HILL G. Constitutional Law in Australia [M]. 3rd ed. LexisNexis Butterworths, Australia, 2012.

8. SMITH J. Fiscal Federalism in Australia: A Twentieth Century Chronology [M]. Canberra: Australian National University Federalism Research Centre, Discussion Papers No. 23, 1992.

9. ZINES L. The High Court and the Constitution [M]. 4th ed. Sydney: Butterworths, 1997.

10. HOWARD C, SAUNDERS C. Cases and Materials on Constitutional Law [M]. The Law Book Company Limited, 1979.

（二）书中文章

1. PETCHEY J, SHAPIRO P. An Economist's View on Section 90 of the Australian Constitution [M] //WARREN N A. Reshaping Fiscal Federalism in Australia, Australian Tax Research Foundation Conference Series No. 20 in association with Economic Society of Australia, New South Wales Treasury, 1997.

2. TER – MINASSIAN T. Intergovernmental Fiscal Relations in a Macroeconomic Perspective: An Overview [M] //TER – MINASSIAN T. Fiscal Federalism in Theory and Practice, International Monetary Fund, 1997.

3. NORREGAARD J. Tax Assignment [M] //TER – MINASSIAN T. Fiscal Federalism in Theory and Practice, International Monetary Fund, 1997.

4. SAUNDERS C. The Hardest Nut to Crack: The Financial Settlement in the Commonwealth Constitution [M] //CRAVEN G. The Convention Debates 1891 –

1898: Commentaries, indices and guide. Sydney: Legal Books Pty. Ltd, 1986.

5. GALLIGAN B, WARDEN J. The Design of the Senate [M] //CRAVEN G. The Convention Debates 1891 - 1898: Commentaries, indices and guide, Sydney: Legal Books Pty. Ltd, 1986.

6. GALLIGAN B. Fiscal Federalism: then and now [M] //APPLEBY G, ARONEY N, JOHN T. The Future of Australian Federalism: Comparative and Interdisciplinary Perspectives, Cambridge: Cambridge University Press, 2012.

7. ZINES L. The Federal Balance and the Position of the States [M] //CRAVEN G. The Convention Debates 1891 - 1898: Commentaries, indices and guide, Sydney: Legal Books Pty. Ltd, 1986.

8. MARK C L J, RATNAPALA S. The High Court and the Constitution: Literalism and Beyond [M] //CRAVEN G. The Convention Debates 1891 - 1898: Commentaries, indices and guide, Sydney: Legal Books Pty. Ltd, 1986.

9. COPER M. The Place of History in Constitutional Interpretation [M] //CRAVEN G. The Convention Debates 1891 - 1898: Commentaries, indices and guide, Sydney: Legal Books Pty. Ltd, 1986.

10. SAUNDERS C. The High Court, Section 90 and the Australian Federation [M] //WARREN N A. Reshaping Fiscal Federalism in Australia, Australian Tax Research Foundation Conference Series No. 20 in association with Economic Society of Australia, New South Wales Treasury, 1997.

11. CRAWFORD J. The Legislative Power of the Commonwealth [M] //CRAVEN G. The Convention Debates 1891 - 1898: Commentaries, indices and guide, Sydney: Legal Books Pty. Ltd, 1986.

12. CROMMELIN M. The Executive [M] //CRAVEN G. The Convention Debates 1891 - 1898: Commentaries, indices and guide, Sydney: Legal Books Pty.

Ltd, 1986.

13. MATHEWS R. The Future of Government Finance. [M] //Centre for Research on Federal Financial Relations, The Australian National University, Vol. XXXII, No. 2, 1973.

14. MATHEWS R. The Structure of Tax [M] //Centre for Research on Federal Financial Relations. Canberra: The Australian National University, 1980.

15. MATHEWS R. The Australian Loan Council: Co - operation of Public Debt Policies in a Federation [M] //Centre for Research on Federal Financial Relations. Canberra: The Australian National University, 1984.

16. MATHEWS R. The Commonwealth - State Financial Contract [M] //Centre for Research on Federal Financial Relations. Canberra: The Australian National University, 1982.

17. MOORE D. Development in Commonwealth - State Financial Relations [M] //Centre for Research on Federal Financial Relations. Canberra: The Australian National University, 1986.

18. LANE W R. Financial Relationships and Section 96 [M] //Centre for Research on Federal Financial Relations. Canberra: The Australian National University, Vol. XXXIV, No. 1, 1975.

19. ELSE - MITCHELL R. The Australian Grants Commission [M] //Centre for Research on Federal Financial Relations. Canberra: The Australian National University, Vol. VIII, No. 4, 1974.

20. MATHEWS R. The Changing Pattern of Australian Federalism [M] //Centre for Research on Federal Financial Relations. Canberra: The Australian National University, 1976.

21. MATHEWS R. Fiscal Federalism in Australian: Past and Future [M] //

Centre for Research on Federal Financial Relations. Canberra: The Australian National University, 1986.

22. MATHEWS R. Issues in Australian Federalism [M] //Centre for Research on Federal Financial Relations. Canberra: The Australian National University, 1978.

23. MATHEWS R. Changing the Tax Mix: Federalism Aspects [M] // Centre for Research on Federal Financial Relations. Canberra: The Australian National University, 1985.

24. MATHEWS R. Federal – State Fiscal Arrangements in Australia [M] // Centre for Research on Federal Financial Relations. Canberra: The Australian National University, November 1983.

(三) 期刊文章

1. WILLIAMS R. History of Federal – State Fiscal Relations in Australia: A Review of the Methodologies Used [J]. The Australian Economic Review, 2012, 45 (2).

2. WILSHIRE K. Australian Federalism: The Business Perspective [J]. University of New South Wales Law Journal, 2008, 31 (2).

3. TWOMEY A. Reforming Australia's Federal System [J]. Federal Law Review, 2008, 36 (1).

4. GALLIGAN B. WALSH C. Australian Federalism: Developments and Prospects [J]. Publius, 1990, 20 (4).

5. CRANSTO R. From Co – operative to Coercive Federalism and Back? [J]. Federal Law Review, 1979, 10 (2).

6. ALLAN J, ARONEY N. An Uncommon Court: How the High Court of Australia Has Undermined Australian Federalism [J]. SydneyLaw Review, 2008, 30

(2).

7. HOLLANDE R, PATAPAN H. Pragmatic Federalism: Australian Federalism from Hawke to Howard [J]. The Australian Journal of Public Administration, 2007, 66 (3).

8. WOOD D. The Senate, Federalism and Democracy [J]. Melbourne University Law Review, 1989, 17 (2).

9. LIPTON J. Responsible Government, Representative Democracy and the Senate: Options for Reform [J]. Uuniversity of Queensland Law Journal, 1997, 19 (2).

10. THOMPSON E. The Constitution and the Australian System of Limited Government, Responsible Government and Representative Democracy: Revisiting the Washminster Mutation [J]. University of New South Wales Law Journal, 2001, 24 (3).

11. WILLIAMS R. Fiscal Federalism: Aims, Instruments and Outcomes [J]. The Australian Economic Review, 2005, 38 (4).

12. FINLAY L. The Power of the Purse: An Examination of Fiscal Federalism in Australia [J]. Giornale di Storia Costituzionale/Journal of Constitutional History, 2012, 24 (II).

13. WECHSLER H. The Political Safeguards of Federalism: The Role of the States in the Composition and Selection of the National Government [J]. Columbia Law Review, 1954, 54 (4).

14. CROCK M, MCCALLUM R. Australia's Federal Courts: Their Origins, Structure and Jurisdiction [J]. South Carolina Law Review, 1995, 46.

15. GALLIGAN B. Judicial Review in the Australian Federal System: Its Origin and Function [J]. Federal Law Review, 1979, 10 (4).

16. FOLEY K E. Australian Judicial Review [J]. Washington University Global Studies Law Review, 2007, 6 (2).

17. GAGELER S. Foundation of Australian Federalism and the Role of Judicial Review [J]. Federal Law Review, 1987, 17 (3).

18. SAUNDER B B. The Commonwealth and the chaplains: Executive power after Williams v Commonwealth [J]. Public Law Review, 2012, 23 (3).

19. MASON A. The High Court of Australia: A Personal Impression of Its First 100 Years [J]. Melbourne University Law Review, 2003, 27 (2).

20. SELWAY B, WILLIAMS J M. The High Court and Australian Federalism [J]. Publius, 2005, 35 (3).

21. ALLAN J, ARONEY N. An Uncommon Court: How the High Court of Australia Has Undermined Australian Federalism [J]. Sydney Law Review, 2008, 30 (2).

22. THOMPSIN E. The Constitution and the Australian System of Limited Government, Responsible Government and Representative Democracy: Revisiting the Washminster Mutation [J]. University of New South Wales Law Journal, 2001, 24 (3).

23. LIPTON J. Responsible Government. Representative Democracy and the Senate: Options for Reform [J]. University of Queensland Law Journal, 1997, 19 (2).

24. WOOD D. The Senate, Federalism and Democracy [J]. Melbourne University Law Review, 1989, 17 (2).

(四) 英文案例

1. Cole v. Whitfield (1988) 165 CLR 360.

2. Dennis Hoterls Pty Ltd v. Victoria ("Liquor Licence case") (1960) 104

CLR 529.

3. Dickenson's Arcade Pty Ltd v. Tasmania (1974) 130 CLR 177.

4. Allders International Pty Ltd v. Commissioner of State Revenue (Victoria) (1996) 186 CLR 630.

5. Bank of New South Wales v. The Commonwealth ("Bank Nationalisation case") (1948) 76 CLR 1.

6. South Australia v. Commonwealth ("Railways Standardisation case") (1962) 108 CLR 130.

7. R v. Kirby; Ex parte Boilermakers' Society of Australia ("Boilermakers' case") (1956) 94 CLR 254.

8. Amalgamated Society of Engineers v. Adelaide Steamship Co. Ltd. ("Engineers' case") (1920) 28 CLR 129.

9. Clyde Engineering Co. Ltd. v. Cowburn (1926) 37 CLR 466.

10. Melbourne Corporation v. Commonwealth (1947) 74 CLR 31.

11. New South Wales v. The Commonwealth (Surplus Revenue Case) (1908) 7 CLR 179.

12. Matthews v. Chicory Marketing Board (1938) 60 CLR 263.

13. R v. Barger (1908) 6 CLR 41.

14. Fairfax v. Federal Commissioner of Taxation (1965) 114 CLR 1.

15. Peterswald v. Bartley (1904) 1 CLR 497.

16. Parton v. Milk Board (1949) 80 CLR 229.

17. Commonwealth v. South Australia (1926) 38 CLR 408.

18. John Fairfax and Sons Ltd v. New South Wales (1926) 39 CLR 139.

19. Bolton v. Madsen (1963) 110 CLR 264.

20. Ha v. New South Wales (1997) 189 CLR 465.

21. Hermatite Petroleum Pty Ltd v. Victoria ("Pipelines case") (1983) 151 CLR 599.

22. Betfair Pty Ltd v. Western Australia (2008) 234 CLR 418.

23. Victoria v. The Commonwealth (1926) 38 CLR 399.

24. South Australia v. The Commonwealth ("First Uniform Tax case") (1942) 65 CLR 373.

25. Queensland Electricity v. The Commonwealth (1985) 159 CLR 192

26. Deputy Federal Commissioner of Taxation (N. S. W.) v. W. A. Moran Pty. Ltd. ("Flour Tax case") (1939) 61 CLR 735.

27. Victoria v. The Commonwealth ("Second Uniform Tax case") (1957) 99 CLR 575.

28. Attorney – General for Victoria; Ex rel Black v. The Commonwealth (1981) 146 CLR 559.

29. ICM Agriculture Pty Ltd v. The Commonwealth (2009) 240 CLR 140.

30. Pye v. Renshaw (1951) 84 CLR 58.

31. PJ Magennis Pty Ltd v. The Commonwealth (1949) 80 CLR 382.

32. Spencer v. The Commonwealth (2010) 241 CLR 118.

33. Attorney – General (Vic); Ex rel Dale v. The Commonwealth ("Pharmaceutical Benefit case") (1945) 71 CLR 237.

34. Victoria v. The Commonwealth and Hayden (1975) 134 CLR 338.

35. Commonwealth v. Colonial Ammunition Co. Ltd. (1924) 34 CLR 198.

36. Burns v. Ransley (1949) 79 CLR 101.

37. Australian Communist Party v. Commonwealth (1951) 83 CLR 1.

38. Davis v. The Commonwealth (1988) 166 CLR 79.

39. Pape v. Federal Commissioner of Taxation (2009) 238 CLR 1.

40. Commonwealth v. Tasmania ("Tasmanian Dam case") (1983) 158 CLR 1.

41. New South Wales v. Commonwealth ("Work Choices case") (2006) 229 CLR 1.

42. Williams v. The Commonwealth (2012) 248 CLR 156.

43. The Commonwealth v. Colonial Combing, Spinning and Weaving Co Ltd (1922) 31 CLR 421.

44. Koowarta v. Bjelke-Petersen (1982) 153 CLR 1.

45. Re Dingjan; Ex parte Wagner (1995) 183 CLR 323.

46. Victoria v. Commonwealth ("Payroll Tax case") (1971) 122 CLR 353.

47. R v. Sutton (1908) 5 CLR 789.

48. Attorney-General (NSW) v. Collector of Customs (NSW) (1908) 5 CLR 818.

49. Williams v. The Commonwealth [2014] HCA 23.

(五) 立法文件

1. Income Tax (Arrangement with the States) Act 1978.

2. A New Tax System (Goods and Services Tax) Act 1999.

3. A New Tax System (Commonwealth-State Financial Arrangements) Act 1999.

4. Federal Financial Relations Act 2009.

5. A New Tax System (Goods and Services Tax Transition) Act 1999.

6. Administrative Decisions (Judicial Review) Act (the ADJR Act) 1977.

(六) 其他文件与电子文献

1. IMF Working Paper-The IMF's Government Finance Statistics Yearbook-Maps of Government for 74 Countries, prepared by Claudia Dziobek, Miguel

Alves, Majdeline EL Rayess, Carlos Gutierrez Mangas, and Phebby Kufa, 2011.

2. House of Representatives Standing and Sessional Orders.

3. The Agreement on Principles for the Reform of Commonwealth – State Financial Relations.

4. Intergovernmental Agreement on the Reform of Commonwealth – State Financial Arrangements.

5. Intergovernmental Agreement on Federal Financial Relations.

6. Issues Paper 1 – A Federation for Our Future, September 2014.

7. Payments to or for the States and Local Government Authorities, 1976 – 77, Budget Paper No. 7, 31.

8. Towards Responsible Government, The Report of the National Commission of Audit, February 2014.

9. Budget Paper No. 3, Federal Financial Relations 2017 – 2018.

10. Issues Paper 5 – COAG and Federal Finanical Relation, February 2015.

11. http://www.coag.gov.au/.

12. Williams [No 2] Symposium: Cheryl Saunders on the Executive Power of the Commonwealth after Williams [No 2] [EB/OL]. http://blogs.unimelb.edu.au/opinionsonhigh/2014/06/25/saunders-williams/.

致　谢

　　时间不等人，停笔之时并未如释重负，反而更为忐忑。本书是在我的博士研究生学位论文基础上修改而成。写作过程中时而因有所发现而欣喜，时而因遇到困难而焦虑。有太多要感谢的人，各种关心、指导、鼓励和帮助，都化为我越过艰难险阻的动力，促成我的点滴收获。

　　感谢武汉市社会科学院李立华院长、湛红好副院长、吴永保副院长、刘海虹副院长一直以来的指导和督促，并将本书纳入院里出版资助计划给予经费资助。感谢政法所田祚雄所长、科研处汪涛处长、文化与历史研究所陶维兵副所长、农村与生态研究所朱哲学副所长对我的科研工作和本书出版的关心和帮助。

　　感谢我的博士生导师北京大学法学院张千帆教授。毕业论文从选题、确定结构到数次修改直至定稿，老师都给予了细致耐心的指导。国外一年学习的顺利进行，也得益于老师的鼓励和推荐。老师为人正直，治学严谨，渊博的学识、敏锐的洞察力、强烈的学术情怀和社会责任感都深深感染着我。感谢宪法学与行政法学教研室的其他教授，满腹经纶，春风化雨，通过课堂学习、参加讲座和读书会讨论等多种形式，我获益良多。感谢我的硕士生导师武汉大学法学院江国华教授和教研室其他教授在我读博期间的继续帮助。感谢师兄弟姐妹和同学们的帮助和支持，这份同窗情谊也是多年求学生涯给予我的珍贵礼物。

感谢国家留学基金委员会提供奖学金使我有机会在澳大利亚墨尔本大学交流学习一年。感谢墨尔本大学法学院 Michael Crommelin 教授作为我的外方导师，对我在墨尔本的生活和学习提供了许多帮助和耐心指导。

感谢我的父母和先生。你们的陪伴、鼓励、支持和信任，是我最大的支撑和动力。路漫漫，愿能不忘初心，坚定前行。

感谢出版社和编辑的辛勤工作，使本书得以顺利出版。书稿虽几经修改，但难免还有错误和不当之处，敬请读者批评指正。

胡玉桃

2018.11.25 于武汉市社会科学院